1. 2019 年度国家自然科学基金项目——西藏民生满意度持续改善机制：基于拉萨市农牧区大型入户调查的实证研究（项目号：71964031）

2. 项目名称：藏财预指【2022】1 号中央支持地方部区合建环喜马拉雅人类活动与区域发展协同创新建设项目—环喜马拉雅人类活动与区域发展协同创新中心项目（项目号：00060872）

3. 国家社会科学基金一般项目"西藏农牧区巩固脱贫攻坚成果同乡村振兴有效衔接的现状调查研究"（项目号：22BMZ126）

环喜马拉雅人类活动与区域发展协同创新中心
北京大学新结构经济学研究院西藏分院　研究系列报告
西 藏 大 学 珠 峰 研 究 院

拉萨市农牧区民生
发展调查报告
（2023）

徐爱燕　杨丹　辛馨　著

人 民 出 版 社

序一

  民生是人民幸福之基、社会和谐之本。新发展阶段、新发展理念和新发展格局的根本宗旨是以人民中心，实现发展为了人民、发展成果由人民共享，这就要求不断增进民生福祉、改善生活质量。西藏是我国西南边陲的重要门户，西藏发展对于稳固边防有着非常重要的意义，以习近平同志为核心的党中央高度重视西藏工作，心系西藏各族人民群众。党的十八大以来，中央先后召开第六次、第七次西藏工作座谈会，在总结成功经验的基础上，形成了新时代的治藏方略，为做好新时代西藏工作提供了根本遵循。党的二十大报告也提出："坚持在发展中保障和改善民生，鼓励共同奋斗创造美好生活，不断实现人民对美好生活的向往。"①

  民生建设事关人民幸福、事关民族团结、事关全面建成小康社会全局，事关党在西藏的执政之基。西藏在民生发展领域，深入贯彻落实以人民为中心的发展思想，紧紧围绕创建"三区一高地"（全国民族团结进步模范区、高原经济高质量发展先行区、国家生态文明高地、国家固

———————
  ① 习近平：《高举中国特色社会主义伟大旗帜　为全面建设社会主义现代化国家而团结奋斗——在中国共产党第二十次全国代表大会上的报告》，人民出版社 2022 年版，第 46 页。

边兴边富民行动示范区），将改善民生、凝聚人心作为经济社会发展的出发点和落脚点，切实解决人民群众最关心最直接的利益问题。西藏集边疆民族地区于一体，位于祖国西南边陲和青藏高原的主体区域，平均海拔在 4000 米以上，被称为"世界屋脊""地球第三极"。青藏高原孕育了西藏复杂多样的地形地貌和气候环境，资源贫乏、缺土缺水，自然灾害多发，生存条件恶劣，特殊的自然环境孕育了独树一帜的民族与文化。即便面对恶劣的生存环境，西藏人民仍旧不屈不挠、艰苦奋斗。自西藏和平解放，经过 70 多年的不懈努力与奋斗，西藏经济社会发生了翻天覆地的变化，一个欣欣向荣的新西藏巍然矗立在世界之巅。但是，西藏民生改善之路仍旧漫长，在走向繁荣和现代社会的道路上，保障和改善民生仍是西藏经济社会发展的出发点和落脚点。

在谱写中华民族伟大复兴西藏篇章的恢宏征程中，无数学人将自己深深扎根在西藏这片净土里，与人民群众心连心、同呼吸、共命运，用自身所学所识来建设西藏美好未来。徐爱燕教授团队始终立足中国特色经济学学科体系、学术体系和话语体系，锚定西藏经济社会发展实际，深耕西藏减贫事业和民生发展领域，坚持将经济学一般原理融入中国发展实际和西藏发展实际，研究成果在服务地方经济社会发展过程中发挥了重要作用。徐爱燕教授团队先后于 2017 年、2018 年、2019 年、2021 年成功完成入户调查，用科学严谨的方法记录拉萨市农牧区的民生发展状况。西藏大学民生研究中心的老师与同学，齐心协力，克服种种困难，为西藏民生发展相关问题的研究提供了完备的数据支持和政策参考。

《拉萨市农牧区民生发展调查报告（2023）》是徐爱燕教授团队的最新研究成果。课题组在 2017 年、2018 年及 2019 年调研基础上做了更新调整，从宏观到微观，从理论到实践，建立了更为详细的民生满意度指标体系，在系列调研中具有承上启下的里程碑意义。该报告通过回返调研，收集了大量完备数据，通过构建指标体系，对拉萨市民生满意度进行了详细的评价，并基于此探讨了民生发展的动力因素，对西藏农牧区民生改善、经济发展提出了建设性意见。本书分为三个部分：第一部分为第一章到第四章，主要从居民生活、公共服务、公共安全与生态文明四个维度系统分析了拉萨市农牧民民生满意度、民生基本情况，并探讨了居民生活、公共服务、公共安全与生态文明四个方面之间的关联性；第二部分为第五章到第七章，分别探讨了家庭自生能力、合作社、普惠金融对民生发展的影响；第三部分为第八章到第十章，分别从电子商务、语言能力、家庭发展三个方面分析了民生发展的新业态、新变化。本书在保留了前三次调研精华部分的基础上，与时俱进地增加了新的议题，考虑了时代热点，为西藏民生改善提供了新素材、新思路。

党的十八大以来，以习近平同志为核心的党中央高度重视调查研究工作，习近平总书记强调指出，"调查研究是谋事之基、成事之道，没有调查就没有发言权，没有调查就没有决策权"①；"正确的决策离不开调查研究，正确的贯彻落实同样也离不开调查研究"②。西藏大学民生研究团队在徐爱燕教授的带领下深耕西藏减贫事业和民生发展，始终坚持用脚步丈量民情，始终坚持因地制宜，综合运用座谈访谈、随机走访、问卷调查、专家调查、抽样调查、统计分析等方式，提高调查研究的科学性和实效性；全面梳理汇总调研情况，运用习近平新时代中国特色社会主义思想的世界观、方法论和贯穿其中的立场观点方法，以严谨的态度研究西藏民生发展，对西藏的经济状况、贫困与民生等问题有着客观的认识和发现；经过多年的努力，课题团队形成了《拉萨市农牧区民生发展调查报告》系列成果，初步构建了高原民生发展微观数据库，奠定了深化高原民生研究的资料基础，拓展了学生深入学习西藏农牧区调查

---

① 中共中央党史和文献研究院编：《习近平关于力戒形式主义官僚主义重要论述选编》，中央文献出版社 2020 年版，第 89 页。

② 中共中央党史和文献研究院编：《习近平关于力戒形式主义官僚主义重要论述选编》，中央文献出版社 2020 年版，第 89 页。

的途径。西藏聚集了一批像徐爱燕教授的本土学者专家，他们始终深爱着这片雪域高原，他们对这片高原的热情必将一代一代传承下去，激励更多的人来扎根西藏这片净土。

　　特为之序。

林毅夫

2023 年 6 月 26 日

序二

党的十八大以来，西藏步入发展最好、变化最大、群众得实惠最多的新时代，农牧区发展取得历史性成就、发生历史性变革。西藏农牧民人均可支配收入先后跨过了 6000 元、7000 元、8000 元、9000 元、10000 元、15000 元大关，连续保持两位数增长、连续 7 年保持全国增速第一，2021 年达到 16935 元。2019 年底，西藏 74 个贫困县区全部摘帽，62.8 万建档立卡贫困人口全部脱贫，接续乡村振兴战略实施，基础设施从水桶到水管、从油灯到电灯、从土路到油路、从毡房到楼房、从外出务工到就近就便就业……拉萨市农牧区民生发展调查真实记录了近年来民生改善与保障的成就。

西藏农牧区建设已经发生历史性变革、取得历史性成就，但是改善和保障民生没有终点，只有连续不断的新起点，面对"人民日益增长的美好生活需要和不平衡不充分的发展之间的矛盾"，必须进一步做好民生发展调查研究工作。仔细品读《拉萨市农牧区民生发展调查报告》系列成果特别是本书发现，第 4 轮民生发展大型入户调查呈现出 3 个特点：一是注重与前 3 轮调查的对比研究，从纵向角度对比看新时代农牧区民生改善和保障情况，构建了西藏农牧区民生研究微观数据库，为监测西藏经济社会发展动态提供数据保障，为探索西藏农牧区民生发展前进方向提供事实依据；二是注重民生专项与其他专题的对比研究，从横向角度对比看民生改善和保障以及民生满意度与各专题之间的关系，与时俱进增加的电子商务、语言能力、家庭发展新议题、新热点，为西藏民生改善提供了新素材、新思路；三是着手探索将调查范围从拉萨市农牧区扩展到西藏全区农牧区，从系列调查报告可以看出，经过前面 3 轮的调查积累，拉萨市民生发展调查已经日臻成熟，从一个科研项目积累成西藏经济社会发展微观数据库，第 4 轮调查在继续追踪拉萨市农牧民家庭样本的基础上，还增加了日喀则、山南、林芝、那曲以及昌都 5 市的 10 个县区的部分样本家庭，是一次很好的尝试，更期待下一轮调查能直接面向西藏 74 县区展开。

西藏民生研究中心组织的拉萨市农牧区民生发展调查，自启动以来，已经先后实施了 2017 年、2018 年、2019 年和 2021 年 4 轮大型入户调查，公开出版 3 本调查报告，第 4 本调查报告即本书也即将付梓。系列民生发展调查报告采取"1+N"的模式，以杨丹教授等设计的西藏民生满意度主观评价指标体系下的居民生活、公共服务、公共安全和生态文明等 4 个方面为核心，同时设立与民生保障和改善紧密关联的健康、普惠金融、牦牛、社会关系和旅游等专题，全面展现农牧民民生发展状况以及民生发展满意度；4 轮以家庭为基本单位的入户追踪调查微观数据叠加，构建了研究西藏经济社会发展的微观数据库。从学术研究和社会发展两个角度来认识，民生发展调查是一项"功在当代，利在千秋"的科研项目，民生团队发扬"老西藏精神"，克服了调研过程的系列自然困难与人文障碍，取得了农牧区民生发展与改善的第一手资料，充分体现了板凳甘坐十年冷的勇气；系列报告充分肯定农牧区民生保障和改善的成绩，找准了短板弱项，提出了针对性意见建议，彰显了文章不写半句空的担当。

一直以来，徐爱燕教授领衔的西藏民生研究中心始终秉承"用脚步丈量土地，把文章写在大地"的理念，以实际行动服务高原经济高质量发展，希望该团队在继续做好做实做优西藏民生发展调查的基础上，深刻剖析西藏经济社会发展的成功经验，提炼边疆民族地区民生发展理论，阐释中国式现代化发展道路的西藏篇章。

王延中

2023 年 11 月

目　录

第一章

民生调查与研究概述

2021年7月1日，习近平总书记在"七一"重要讲话中庄严宣告，"我们实现了第一个百年奋斗目标，在中华大地上全面建成了小康社会，历史性地解决了绝对贫困问题"[①]。中国作为世界最大的发展中国家，减贫的巨大成就极大地鼓舞了其他发展中国家，并为其摆脱贫困、实现现代化提供了中国方案。

党的二十大提出"增进民生福祉，提高人民生活品质"[②]，高度重视民生改善工作。同时，自治区政府也一直将人民群众对美好生活的向往作为奋斗目标，以"财政再紧不能紧民生，政府再难不能难百姓"的担当与责任，团结西藏各族干部群众艰苦奋斗，急民之急、解民之困、化民之危，推动西藏民生持续改善。2021年拉萨市农牧区民生发展调查在2017年、2018年和2019年的基础上作出了实时更新与调整，从宏观到微观、理论到实践，构建起带有"糌粑味和酥油味"的拉萨市农牧区民生满意度指标评价体系，并通过收集拉萨市农牧区民生发展动态数据，建立拉萨市农牧区民生发展微观数据库，从更深层次追踪和比较分

---

① 《习近平谈治国理政》第四卷，外文出版社2022年版，第3页。

② 习近平：《高举中国特色社会主义伟大旗帜　为全面建设社会主义现代化国家而团结奋斗——在中国共产党第二十次全国代表大会上的报告》，人民出版社2022年版，第46页。

析拉萨市农牧区民生发展状况，为拉萨市农牧区民生持续改善等研究与相关政策制定提供数据支撑、事实依据和政策建议。

第一节 拉萨市概况

拉萨市作为西藏自治区首府，设立于 1960 年，现辖三区五县，分别是城关区、堆龙德庆区、达孜区、林周县、当雄县、尼木县、曲水县和墨竹工卡县。

拉萨市地理位置位于东经 91 度 7 分、北纬 29 度 39 分，东西跨距 277 公里、南北跨距 202 公里，降雨量 500 毫米，总面积 29518 平方公里，地处雅鲁藏布江支流拉萨河中游河谷平原，海拔 3658 米，是西藏重要的政治、经济、文化的中心和交通枢纽，也是藏传佛教的重要圣地，具有独特的地理位置、凉爽适宜的气候环境、悠久的人文历史和欣欣向荣的经济发展态势。由于其地处喜马拉雅山脉北侧，受下沉气流影响，全年多晴朗天气，降雨稀少，冬无严寒，夏无酷暑，属高原季风半干旱气候，最高气温 30 摄氏度，最低气温零下 16.5 摄氏度。拉萨市年平均气温 7.4 摄氏度；降雨集中在七、八、九月，年均 500 毫米左右；全年日照时间 3000 小时以上，素有"日光城"的美称，是国务院首批公布的 24 个历史文化名城之一。位于拉萨市中心的布达拉宫、大昭寺、罗布林卡分别于 1994 年、2000 年、2001 年入选《世界文化遗产名录》。

2020 年年末，拉萨市户籍人口为 57.11 万人，比 2019 年年末增加 1.23 万人。全年出生人口 1.05 万人，出生率为 18.3‰；死亡人口 0.44 万人，死亡率为 7.7‰。地区生产总值达到 678.16 亿元、增长 7.8%（注：第一、二、三产业增加值分别为 22.45 亿元、290.44 亿元、365.27 亿元，分别增长 11.2%、16.5%、2.1%）。进出口贸易总额 15.95 亿元，比 2019 年下降 61.2%，其中，出口 11.14 亿元，下降 67.7%；进口 4.81 亿元，下降 27.4%。接待国内外游客 2008.03 万人次，比 2019 年下降 14.1%。其中，入境游客 0.24 万人次，下降 99.0%；国内游客 2007.79 万人次，下降 13.2%。全年旅游总收入 301.84 亿元，比 2019 年下降 13.4%；旅游外汇收入 266.4 万美元，下降 98.3%。城镇居民人均可支配收入 43640 元，比 2019 年增长 10.0%，农村居民人均可支配收入 18268 元，比 2019 年增长 12.7%。城乡收入比为 2.39：1，城镇社会消费品零售额为 320.49 亿元，比 2019 年下降 4.8%，乡村社会消费品零售额为 48.87 亿元，增长 4.0%。居民消费价格总指数（CPI）累计比 2019 上年上涨 2.0%，其中，食品烟酒类价格上涨 4.6%。完成公共财政预算收入的 107.26 亿元，比 2019 年下降 8.4%，其中，各项税收 92.52 亿元，下降 12.2%。[①] 随着西藏逐步对外开放，口岸的建立使得其与周边邻国的对外经贸、技术合作和文化交流不断深化，但因受 2020 年新冠疫情的影响，对内开放与对外开放脚步停滞，拉萨市的经济社会发展出现波动。宏观经济的不景气是否对社会民生产生影响、产生了哪些影响，西藏农牧民的日常生活品质在疫情常态化下是否受到损失，这些思考引发深入的追问与考察。

第二节　项目概述

本项目是在拉萨市委、市政府的指导下，由西藏大学联合西南财经大学等高校与研究机构共同完成，以经济科学为基础，涵盖环境科学、医学、生物学、社会学、宗教哲学及藏学等多门学科，对人类在高原环境下的生存和发展展开全方位的研究。

2021 年拉萨市农牧区民生发展调查是在前三轮调查基础上继续进行的第四轮大型入户调查，旨在连续记录拉萨市农牧民生活状况，建立拉萨市民生发展动态微观数据库，为各学科领域研究提供可靠数据参考，同时，贯彻落实中央第七次西藏工作座谈会精神，佐证 2021 年西

---

① 相关数据来源于《拉萨市 2020 年国民经济和社会发展统计公报》。

藏拨款 52 亿元专项资金改善民生的实际效果，为奋力建设幸福美丽新西藏提供具有建设性的政策建议。

一、研究背景

西藏作为"两屏五地一通道"①，在党和国家的战略全局中具有极其重要的地位，拉萨市作为西藏自治区首府，政治地位、经济地位、文化地位和交通枢纽更加凸显。同时，拉萨市承担着新旧融合、率先实现现代化的责任，努力提升中心城市功能，放大城市经济规模效应、聚集效应和扩散效应，着力构建"一心两翼、南联北通，带动五县五区、辐射特色小城镇"的空间开发格局。探究其原因，主要有两个方面：一是服从国家"战略资源储备基地、高原特色农产品基地"战略需要；二是与社会经济发展实际相适应。地理环境的特殊性从根本上决定了拉萨市的主要产业类型为农牧产业，农牧产业是农牧民收入的主要来源，加之县（区）地理环境各异，催生了不同的产业类型和发展规模。

随着乡村振兴战略深入推进，要进一步解决"农民"问题，增加民生资金投入、提升民生政策实施成效是关键。2021 年拉萨市农牧区民生发展调查项目与政府工作导向不谋而合，政府工作力求持续深化拉萨市农牧区民生改善，调查项目则通过对拉萨市农牧民民生满意度的持续追踪，检验政策成效，致力于寻找短板弱项。

二、研究意义

当前，我国社会的主要矛盾仍是"人民日益增长的美好生活需要和不平衡不充分的发展之间的矛盾"。西藏自治区政府紧紧跟随党中央步伐，着力补齐在经济社会发展中存在的弱项短板，尤其是民生保障与改

---

① "两屏五地一通道"具体是指国家安全屏障和生态安全屏障；战略资源储备基地、高地特色农产品基地、中华民族特色文化保护和传承地、世界旅游目的地和清洁能源基地；面向南亚大通道。

善领域。本项目旨在实地入户调研的基础上，对拉萨市农牧区民生改善的实际状况进行追踪调查，记录其动态发展变化；以农牧民民生满意的现实状况，进一步验证巩固脱贫攻坚成果；以创新理论政策指导、完善公共基础设施、促进交流融合发展、夯实民生政策体系，扎实促进广大农牧区民生满意度提升。

（一）有利于提供具有西藏特点的理论参考

西藏自治区位于我国的西南边疆，外临尼泊尔、印度等国家和地区，内接新疆、青海、四川、云南等省（自治区），是一个少数民族自治、多民族共建的特殊地理区域，也是十分重要的战略要地，显著的高原环境特征为西藏蒙上了神秘的面纱。本研究旨在将西藏民生风貌淋漓尽致地展现在大众面前，并基于跨学科视野、立足西藏实际，构建具备"糌粑味"的民生满意度评价指标体系。

（二）有利于探索民生改善政策着力点

2021 年，社会主义建设取得巨大成就，经济社会发展也逐渐摆脱疫情影响，呈现出稳健的发展态势。民生保障和改善问题一直是国家持续关注的重点，但政策如何倾斜、资金如何分配等一系列问题也亟待解决。本项目通过使用相关数据，分析拉萨市民生基本情况，可进一步分析农牧民自生发展能力，包括农牧区普惠金融、合作社、电子商务、语言能力、家庭发展等，探究拉萨市农牧区民生改善的着力点与突破点，并提出民生持续改善的相关政策建议。

（三）有利于补充西藏民生研究的空白

作为边疆少数民族区域，西藏民生改善成果显著，但当前社会矛盾仍是人民日益增长的美好生活需要和不平衡不充分的发展之间的矛盾。推进以改善民生为重点的社会建设，是西藏经济社会发展的共识领域。同时，由于西藏特殊的自然地理环境与区位因素，使它成为各类调研和数据库的排除项，为相关研究带来巨大的困难，也为学界探索西藏带来巨大的障碍。本项目通过大型入户调研，收集西藏拉萨市民生发展相关数据，并通过持续追踪，构建动态数据库平台，为相关学术研究与政策制定提供数据支撑。

三、调研设计

本次调研以经济科学为基础，涵盖环境科学、医学、生物学、社会学、宗教哲学与民族学等多门学科，对人类在高原环境下的生存与发展展开全方位、多层次的研究。《拉萨市农牧区民生发展调查报告(2023)》作为一项严谨的科学研究成果，把民生概念丰富而深刻的内涵予以合理细化，形成了具体化、指标化、可观测、可描述、可度量的与本土相适宜的指标评价体系。学界在这一类指标体系的研究中，通常是构建树杈形指标层级关系，将抽象的待研究的目标作为树杈的顶端，而各类可观测的具体指标置于树杈的末梢，树杈结构多层次递进，相邻两层之间以加权建立联系。

本项目依据国务院发展研究中心"中国民生指数研究"课题组(2015)所构建的指标体系框架，结合西藏实际，构建起一套由四个层级25项细化指标组成的凸显西藏特点的民生满意度主观指标体系，具体参照杨丹等《拉萨市农牧区民生发展调查报告（2017)》，如表1—1所示。

表1—1　西藏民生满意度主观指标体系

一级指标	二级指标	三级指标	四级指标
总体民生满意度（25%）	居民生活（25%）	收入（25%）	（100%）您对您家今年的收入状况是否感到满意
		消费（25%）	（40%）今年的总消费与去年相比的变化
			（30%）对您家目前主要使用的能源方式感觉
			（30%）对目前电网的用电稳定性感觉

续表

一级指标	二级指标	三级指标	四级指标
总体民生满意度	居民生活（25%）	就业（25%）①	（100%）您对自己目前的工作状态是否感到满意
			（100%）您对近期找到工作的预期是
		居住（25%）	（100%）对目前的房屋居住状况感觉
	公共服务（35%）	教育（20%）	（100%）对目前政府提供的义务教育感觉
		医疗（20%）	（50%）对目前本村/镇卫生所或医院提供的医疗服务感觉
			（50%）对目前县医院提供的医疗服务感觉
		社会保障（25%）	（50%）对目前政府提供的社会养老保障感觉
			（50%）对今年从政府获得的各种补贴感觉
		社会服务（20%）	（50%）对目前乡/县政府的行政办事效率感觉
			（50%）对目前乡/县政府的行政办事态度感觉
		交通（15%）	（50%）对目前出行可选择公共汽车的方便程度感觉
			（50%）对目前本村/乡镇的道路状况感觉
	公共安全（20%）	公共安全（40%）	（50%）对目前在自然灾害发生后政府采取措施感觉
			（50%）对目前在治安安全事故发生后政府采取措施感觉
		生产安全（20%）	（50%）对目前在生产安全事故发生后政府采取的措施感觉
			（50%）对政府在牲畜传染病防治方面采取措施感觉
		卫生安全（20%）	（100%）对政府在人传染病防治方面采取措施感觉
		质量安全（20%）	（100%）对目前身边可购买的食品在食品安全方面感觉
	生态文明（20%）	垃圾处理（30%）	（100%）对您家目前日常的垃圾处理感觉
		水质达标（40%）	（100%）对您家目前饮用水的水质感觉
		周围环境（30%）	（100%）对目前您家周边的环境状况感觉

25项四级指标测量值通过问卷相关问题提问得到，每一个问题的

---

① 就业分项下的两个原始指标之间是互斥的，实际上任意受访对象只可能是"就业"与"非就业"这两种状态之一，因此两个分量对三级就业指标就业的贡献率均为100%。

回答选项均为"满意""比较满意""一般""比较不满意"和"不满意"五项；一、二、三级指标为民生满意度指标体系中的高级综合指标。为了更加科学合理的解读并分析结论，将各项高级综合指标得分所处区间 [0，100] 分为五个区段，然后由高到低划分为 5 档满意度进行标识，具体区段划分如表 1—2 所示。

表 1—2　民生满意度指标积分准则

一、二、三级指标的计分准则	
非常满意	［87.5，100］
比较满意	［62.5，87.5］
一般	［37.5，62.5］
比较不满意	［12.5，37.5］
非常不满意	［0，12.5］
四级指标的计分准则	
满意	100
一般	50
不满意	0

经过前三轮调查的经验积累，本项目在调查问卷本土化的基础上不断进行完善，全面增加西藏民生发展调查的可及性和覆盖面，提升调查精准度，确保调查结果准确、翔实地反映当地发展状况。前三轮调查结果显示，本项目采用的民生满意度指标体系能够较准确地反映拉萨市农牧民的民生满意度状况。2021 年第四轮持续调研，一是在前三轮调查积累基础上不断完善与创新，使得问卷设计更加合理，调查内容更加深入，调查结果跨期可比；二是加强对外交流与合作，加强培训，完善调研问卷，提升调查数据质量。

2021 年的民生调查是往期调查的接续，以期将拉萨市农牧区微观层面的民生发展动态持续记录下来，以阐释西藏民生发展规律，为正确有效地解决突发情况下的拉萨市民生问题，以及为西藏其他地（市）、中国其他高原区域，乃至世界范围内的高原地区如何保持经济社会稳定发展，持续保障和改善民生提供遵循和方向，是具有"世界平面的广度、中国本土的深度、西藏未来的高度"的重要研究。期望未来的持续研究能够逐步推进，真正打造出具有"中国方案、西藏经验"的民生发展数据库，为解决西藏乃至中国涉藏地区民生发展问题，实现农业农村现代化贡献力量。

四、调研样本

本次调查样本抽取采取与前三轮同样的方法，在持续追踪 2017 年、2018 年和 2019 年的基础上，采取随机抽样方法，抽取拉萨市七县区（除城关区）63 个村，每村受访户为 12 户（注：实际操作中出于道路不通、城镇化与移民搬迁等原因，部分村入样受访户没有达到 12 户），得到有效样本 715 户，结果如表 1—3 所示。

表 1—3　抽样与人口普查的人口比例

地市	县（区）	七普常住人口数（人）	各县（区）常住人口占总常住人口比（%）	入样户数（户）	县（区）入样户占总抽样户比（%）	入样人口数（人）	县（区）入样人口占总抽样人口比（%）
拉萨市	林周县	50596	14.74	140	19.58	728	20.21
	当雄县	47900	13.95	111	15.52	637	17.67
	尼木县	29989	8.74	84	11.75	462	12.82
	曲水县	41851	12.19	82	11.47	350	9.71
	堆龙德庆区	91065	26.53	100	13.99	430	11.93
	达孜区	32318	9.42	71	9.93	288	7.99
	墨竹工卡县	49511	14.43	127	17.76	709	19.67
合计		343230	100.00	715	100.00	3604	100.00

数据来源：西藏自治区第七次全国人口普查主要数据公报及拉萨市农牧区民生发展调查（LLDR，2021）。

本轮入户调研总有效家庭样本为715户。第一，全部有效家庭样本通过两阶段随机抽样获取，第一阶段按照拉萨市各县（区）人口比重随机抽取样本村，第二阶段从抽取的样本村全体户籍列表中以户主为对象随机抽取样本家庭；第二，以经济关系为判断依据界定家庭成员（注：不是以户籍家庭成员为判断依据），所有与该户户主构成共同家庭经济关系的个人均被看作同一个家庭内的成员。从抽样设计的角度来看，研究所选取的样本在总体人群中具有一定代表性。以2021年人口普查中拉萨市常住人口为总体样本信息，本次拉萨市农牧区入户调研有效抽样人口约占总人口的1.0%，与国家统计局非普查年的"小普查"①抽样比例基本相同。

五、样本特征分析

（一）家庭规模

在调研的715户家庭有效样本中，平均家庭人口规模为5.04人，本次入户调查家庭户籍人数差异依然较大，家庭户籍人口最少为1人，有23户；户籍人口最多为16人，有1户。户籍人口数量较集中的是3人（11.89%）、4人（20.98%）、5人（19.30%）和6人（13.43%）的家庭，这些家庭人口规模构成占总家庭人口规模的65.6%，结果如图1—1所示。

西藏自治区第七次全国人口普查数据显示，2020年西藏平均每个家庭的人口为3.19人，比2010年第六次全国人口普查的4.23人减少1.04人②。就调研结果而言，拉萨市农牧区平均家庭规模呈上升趋势，

---

① 国务院2010年颁布的《全国人口普查条例》明确规定，人口普查每10年进行一次，尾数逢0的年份为普查年度。我国作为世界上人口最多的国家，经济发展速度快，社会流动规模大，经过10年的发展，人口结构必然会发生很大的变化，所以又建立了在两次全国人口普查之间的1%人口抽样调查制度，又称为"小普查"，最近的一次小普查是在2015年。

② 数据来源：《西藏自治区第七次全国人口普查主要数据公报》。

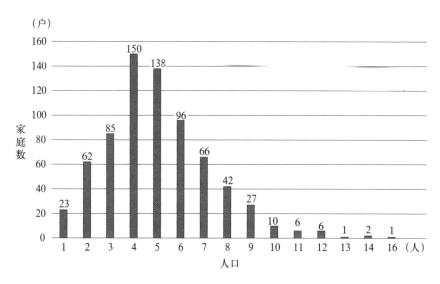

图 1—1 样本家庭人口数量构成

2018 年平均家庭规模为 3.8 人，2019 年平均家庭规模为 4.76 人，2021 年平均家庭规模为 5.04 人。对历年调查家庭平均人口规模进行比较发现，拉萨市农牧区实际家庭规模大于普查平均家庭规模，造成此差异的原因可能是农牧区家庭结构的选择性偏向：农牧区家庭既为保证家庭内部的财产不被分割，也为拥有较为充足的劳动力保证务农放牧的顺利进行，因此大多家庭选择多代同堂。这就造成本次调查对象与人口普查样本选取相比有偏差，从而产生了本项目中家庭人口规模偏多的现象。

（二）性别与年龄

本次调查的 715 户样本中，第一受访人为男性的有 460 人，占比 64.34%，为女性的有 255 人，占比 35.66%，结果见图 1—2A。2017—2020 年年末全区人口性别统计数据及占比情况亦呈现男多女少人口的性别特征，可见本次调查样本抽查的性别比与统计数据的性别构成比相一致，如表 1—4 所示。2019 年调研对象的男女性别构成情况为，男性有 450 人，占 60.40%，女性有 295 人，占 39.60%，可知，2021 年调研中受访人群中男性样本数呈上升趋势，女性样本数则表现为下降趋势。

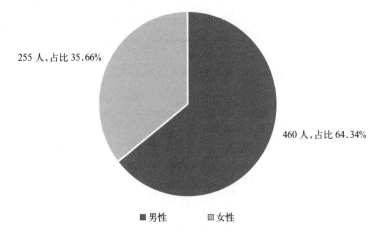

图1—2A 样本人口性别构成情况

表1—4 统计人口与抽样人口的性别比例构成

年份	全区总人口数（万人）	全区男性人口数（万人）	男性人口占比（%）	全区女性人口数（万人）	女性人口占比（%）	样本男性占比（%）	样本女性占比（%）
2017	337.15	171.24	50.79	165.91	49.21	52	48
2018	343.82	175.28	50.98	168.54	49.02	54	46
2019	350.56	174.58	49.80	175.98	50.20	60.40	39.60
2020	364.81	191.36	52.45	173.45	47.55		

数据来源：《西藏统计年鉴（2020）》及西藏自治区第七次全国人口普查主要数据公报。

　　以10年作为一个年龄分段区间，对受访样本的人口年龄分布密度进行分析，人口最多的年龄段分布在40—49岁和50—59岁，共有393人、占比54.97%，其次为60—69岁，有126人、占比17.62%，余下依次是30—39岁、70—79岁、20—29岁、80—89岁、10—19岁，占比依次为13.71%、8.81%、2.52%、2.10%、0.28%，受访对象没有90岁以上人口，抽样人群的平均年龄为52岁，比2019年的51.56岁提高了0.44岁，结果见图1—2B。可见，一是拉萨市农牧区40—59岁的人数最多；二是相对来讲，农牧区富裕劳动力较多；三是未来农牧区人口老龄化趋势已初现端倪。

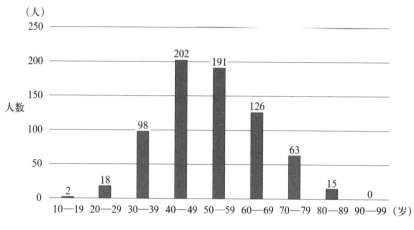

图 1—2B 样本人口年龄构成情况

分性别分析样本人口年龄发现，男性平均年龄为 52.33 岁，女性平均年龄为 51.58 岁，各年龄段性别构成中 40—49 岁和 50—59 岁人数最多，40—49 岁的有 252 人，占比 54.78%，50—59 岁的有 141 人，占比 55.29%，且男性人数均高于女性。可见，男性是拉萨市农牧区的主要劳动力，结果见图 1—2C。

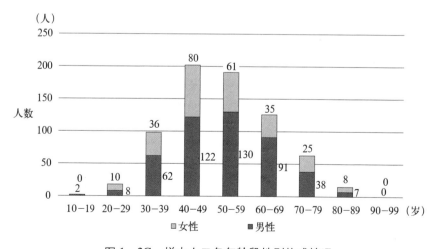

图 1—2C 样本人口各年龄段性别构成情况

（三）身高与体重

受访的 715 户样本中，样本平均身高为 166.74cm，身高处于 161—170cm 的人口居多，有 385 人，占比 53.85%；其次是 171—180cm，有 168 人，占比 23.5%；再次是 151—160cm，有 132 人，占比 18.46%，结果见图 1—3A。

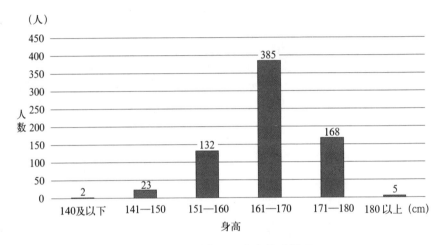

图 1—3A 样本人口身高构成情况

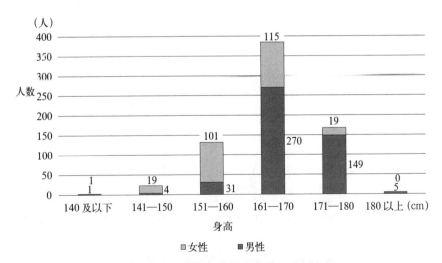

图 1—3B 样本人口不同身高段性别构成情况

分性别分析样本人口身高发现，男性平均身高为169.23cm，女性平均身高为162.18cm。且女性在161cm及以上，有134人，占比44.37%，男性在161cm及以上，有424人，占比92.18%，结果见图1—3B。本次调研所得男女平均身高数据较之2019年的169.06cm和159.34cm均有增加。这说明随着拉萨市经济社会不断发展，居民营养状况正在逐步改善，平均身高不断增加。

在受访样本中，平均体重为79.27kg，男性平均体重为83.74kg，女性平均体重为71.46kg。且体重最轻的为40kg，是39岁和46岁的两位女性以及一位61岁的男性；体重最重的达到180kg，是60岁和51岁的两位男性。人数最多的在61—80kg，有296人，占比41.40%；其次是41—60kg，有239人，占比33.43%，结果见图1—3C。可见，拉萨市农牧区居民平均体重高于全国平均水平，这可能与西藏饮食长期以高脂肪高蛋白高热量食物为主、习惯饮酒且缺乏充足蔬菜水果摄入的不均衡膳食结构有关。

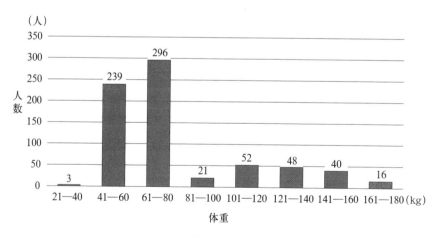

图1—3C 样本人口体重构成情况

（四）学历结构

西藏广大农牧区地形复杂且地广人稀，给西藏教育基础设施建设带来了极大困难。受访的715户样本中，小学学历人口数最多，有369人，占比51.61%；其次是未上过学，也未在寺庙学习过的，有221人，占比30.91%；学历最高的为大学本科，有7人，占比仅为0.98%，结果见图1—4。可知，拉萨市农牧区教育相对落后，受教育程度的结构差异问题较为突出。

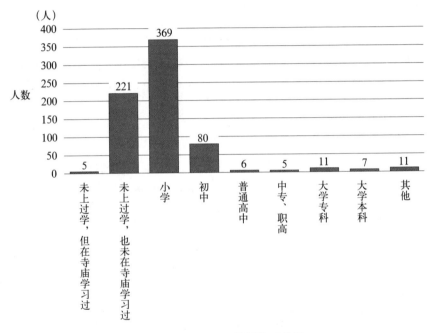

图1—4　样本人口学历构成情况

（五）婚姻状况

在本次调查的715户样本中，未婚的有52人，已婚的有634人，离婚的有9人，丧偶的有20人，结果见图1—5。可见，拉萨市农牧区婚姻状况良好，离婚率较低，家庭关系稳定。这与藏文化中"小富即安"的思想有很大关系，对传统文化习俗的认同、简单的价值追求给他们带来了较高的满足感。

（六）户籍结构

2020年年末，西藏自治区常住人口中，城镇居住人口为130.34万人，占 35.73%；在乡村居住人口为 234.46 万人，占比 64.27%。^① 在本次调查的 715 户样本中，农业户籍人口 699 人，占比 97.76%，结果见图 1—6。

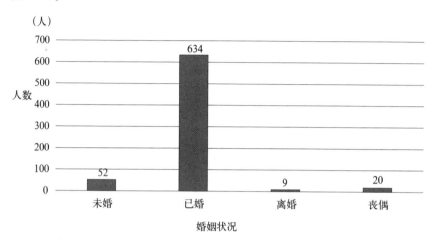

图 1—5　样本人口婚姻状况

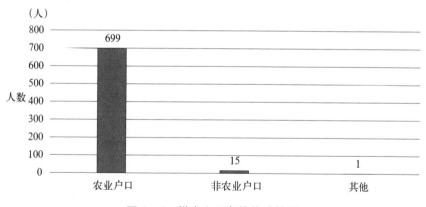

图 1—6　样本人口户籍构成情况

（七）职业结构

剔除 1 个空白数据，得到有效样本数 714 个，其中以务农、放牧为

---

① 数据来源：西藏自治区统计局。

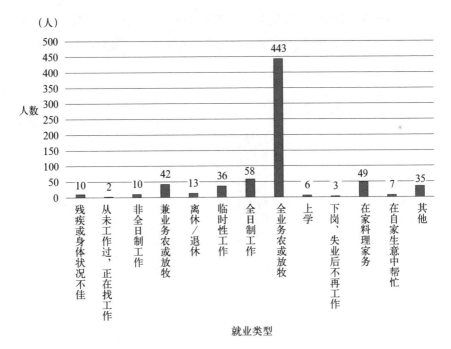

图1—7A　样本人口就业状况

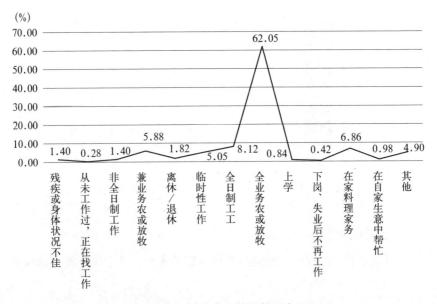

图1—7B　样本人口就业状况占比

全职者高达 443 人，占比 62.05%，其余样本人口数多均匀分布于全日制工作、兼业务农或放牧、临时性工作及在家料理家务等职业中，结果见图 1—7A 与图 1—7B。这可能是因为农牧区居民以农业户籍为主，大多数家庭以务农或放牧为生，收入来源和结构相对单一。

剔除 29 个空白数据，得到有效样本数 686 个，其中从业人数最多的职业是务农，为 387 人，占比 56.41%；其次是放牧，为 161 人，占比 23.47%，结果见图 1—8A 与 1—8B。说明拉萨市农牧区全业务农、放牧的从业人数最多，占比最高。

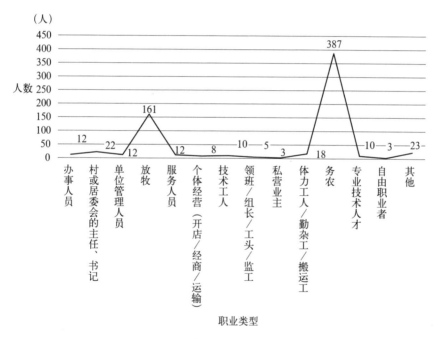

图 1—8A　样本人口职业类型构成

通过对调研样本的家庭规模、性别与年龄、身高与体重、学历结构、婚姻状况、户籍结构、职业结构进行分析发现：其一，农牧民的健康状况、身体素质及婚姻稳定性都明显提高；其二，农牧区青壮年受教育程度普遍偏低，加强其职业教育水平、培养其谋生手段是当前农牧区可持续发展的重中之重；其三，要关注农牧区当前人口呈现的"橄榄形"

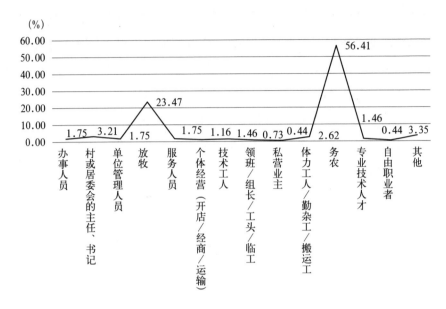

图1—8B　样本人口职业类型构成占比

结构，30—69岁人口过多，意味着未来拉萨市农牧区将面临严重的老龄化风险。

六、调查问卷

问卷设计在保留之前调查问卷的理论先验性、地方特色性和内容实践性的基础上，一是继续借鉴国务院发展研究中心"中国民生指数研究"课题组（2015）关于民生问题的研究、西南财经大学关于全国中心城市民生满意度调查研究中关于问卷设计的成熟做法，以及西藏地域文化特色的本土化设计对问卷进行打磨。二是紧跟时事政治，引入疫情防控效果调查以及实现巩固脱贫攻坚成果与乡村振兴战略有效衔接等专题，增强了问卷的普适性。三是充分考虑并综合反思前三轮入户调研中出现的问题，有针对性地作出调整，彰显了问卷内容的实践性。

2021年拉萨市农牧区民生发展调查问卷由督导问卷的117个问题和入户问卷的355个问题组成，表1—1"西藏民生满意度主观指标体系"

详细罗列了涉及民生满意度的 25 个具体指标。拉萨市农牧区民生发展调查是一个持续追踪过程，远景目标是建立动态民生发展微观数据库，为政府政策制定、农牧民生活改善提供重要参考依据。目前已经组织实施了四轮入户调查，此后还将继续开展，并不断完善问卷，使其"西藏经验性"更加凸显。

七、调查实施

本次入户调研由项目前期准备、项目预调研、正式调研三个阶段组成，从首次派出入户访问队伍（预调研）到最后入户调研完成，全过程用时 30 天，行程累计超过 10 万公里。

内地城市较为成熟的大型入户调研一般采取的形式可以归纳为三个步骤。第一步，派出前站队到入样村，与相关负责人联系，获取户籍列表信息，记录交通、住宿等地理生活环境信息。第二步，根据前站队提供的信息制定出访规划，包括时间、路线等具体内容。第三步，培训结束后，派出正式入户访问调研队，由督导带队进入受访户完成问卷。

2021 年第四轮入户调研与上述常规工作步骤基本相同，但是在西藏农牧区开展大型入户调研还要面临四重困难。

第一重，疫情暴发带来的挑战。自 2020 年新冠疫情的暴发以来，疫情防控工作便被放在了至关重要的位置。西藏的疫情防控工作一直成效显著，严格的防控要求和管理导致调研时间一推再推，人力、物力、财力的巨大沉没成本让本就拮据的经费更加捉襟见肘。

第二重，交通与地理环境恶劣。西藏 320 万常住人口居住在约 120 万平方公里的广袤土地上，呈现出"聚居少，散居多"的空间分布特点，尤其是牧区分为夏季牧场和冬季牧场，广阔的调查地理范围增加了入户困难，高海拔地区天气多变，出访路途碰上雨雪是常见的经历，大部分时间与精力都耗费在路途交通上，1—2 个小时的车程都是难得的"近距离"，像当雄这样的县区仅单程驾车就要花费 5 个小时以上，再遇到雨雪天气，交通状况就变得更加危险艰难；因为是高原牧区，在草场腹地没有方便通达的公路设施和便捷的公共交通工具可选，所以只能选择租用越野车，增加了调研成本；受访农牧民家庭所在地周边环境生活资源匮乏，更没有餐馆等基础设施，参与调研的师生只能矿泉水就干粮果腹。

第三重，语言文化差异。西藏农牧民常年生活在农牧区，汉语能力较差，大多数农牧民几乎不能使用汉语进行正常交流，这就要求入户访谈必须使用藏语，因此出访队伍标准人员结构是"1 名访员 +1 名藏语翻译"①，这造成出访队伍庞大，且通过翻译来沟通的面访过程与内地入户访问相比，访问任务完成的效率要低一些，又增加了较高的时间成本；地缘辽阔的藏区存在着多样的藏语"方言"，藏语翻译与受访对象使用的如果不是同一种藏语方言，会存在歧义以及误解，给访问过程带来极大的困难，极端情况下无法进行访谈。

第四重，生理适应。本次拉萨市农牧区随机抽样的家庭所处海拔最低为 3454 米，最高达到 4976 米，入户调研的访员主要由西藏大学的汉族老师和汉族研究生构成，对于高海拔环境的生理承受能力相对较弱，即使是藏族老师与藏语翻译以及藏族司机师傅，在经过 1000 米以上的海拔爬升到受访户家庭后，身体承受着巨大压力，还要在高海拔地区完成入户访谈工作的任务，这些都对他们的生理适应带来了巨人挑战。

八、四轮入户调研比较

2017 年民生调查研究对拉萨市农牧区家庭饮用水安全进行的评价，由天津大学—西藏大学高原水化学联合实验室毛国柱课题组进行，形成

---

① 本次入户，访员队伍的基本构成是西藏大学的老师，大多数是汉族老师，因此需要配备藏语翻译，藏语翻译来自藏语水平较好的西藏大学藏族大学生。同时，入户访问的规则是一个入户小组必须由两名队员构成，因此即使是藏族老师入户访问，我们也配备藏语翻译，或者是一藏一汉两名老师的搭配。

了拉萨市农牧区饮用水化学测试以及健康安全风险评估报告。2018年民生调查则采集了被访人的头发样本，以期对农牧区的健康因素及遗传基因进行进一步的研究，但囿于资金等因素的制约，样本目前还在集中保存中，未做深入研究。2019年民生调查在社会关系中新加入了个体感知、社会支持、家庭代际等维度，这是对农牧民家庭状况的综合评估。

2021年拉萨市农牧区民生调查进行的调整，主要有以下三个方面：一是丰富了西藏农牧区民生发展指标体系，增加了符合当下时政的选题；二是继续秉持着科学、客观和真实的原则，进行科学深度访谈、科学抽样和入户调查，继续推进西藏民生研究科学化进程；三是为民生改善政策制定提供了更加精确、丰富和连续的微观数据动态。同时，本次调研还在各地市进行了试调研，新增样本119户，其中昌都市12份、林芝市36份、那曲市35份、日喀则市24份和山南市12份，为下一步开展西藏全区民生调查做准备。

第三节　本书内容体系

2023年的民生发展调查报告，各项专题更加符合当前政策以及高原地区农牧民的需求状况，并且在前三轮调查基础上更好地反映了农牧民家庭在高原独特文化背景下的发展诉求。根据前三轮民生调查中发现的新问题，以及百姓关注的民生领域的焦点与痛点，我们对研究专题做了一些调整，2021年的民生发展调查增加了巩固脱贫攻坚成果同乡村振兴有效衔接、自生能力、合作社、电商、语言发展、家庭发展等方面的内容。这也是我们持续调查的特色与创新，有保留专题，也有民生领域新话题的植入，有接续有发展，以期全面系统科学认识西藏民生的动态发展变化。

本书主要包括以下三个部分：

第一部分为第一章，主要介绍拉萨市经济社会发展概况，农牧区民生发展调研的背景、意义、设计和实施。

第二部分为第二章至第四章，主要描述分析拉萨市农牧区民生满意度、民生基本情况和关联情况。

第三部分为第五章至第十章，主要对拉萨市民生发展专题进行分析，其中包括：民生发展内生动力——自生能力提升、民生发展重要助力——合作社、民生发展外部助力——普惠金融、民生发展新业态——电子商务、民生发展新变化——语言能力、民生发展协同——家庭发展六个专题。

第二章

民生满意度分析

　　民生是人民幸福之基，社会和谐之本。保障和改善民生是经济社会发展的根本目的，通过对拉萨市农牧区民生满意度现状进行分析，进一步把握和评估农牧区民生保障、改善及发展的成效，对于推动农牧区民生持续改善具有重要参考意义。本章根据拉萨市农牧区民生满意度主观评价指标体系、民生满意度计分准则，使用拉萨市农牧区民生发展调查（LLDR，2021）相关数据，对民生满意度进行测量和分析，进而探究拉萨市民生满意度现状。

第一节　总体民生满意度

一、总体民生满意度评价

　　为全面了解拉萨市农牧区民生发展情况，使用民生满意度一、二、三级指标评分进行展示，并从家庭生产方式、海拔高度、地区和有无村干部家庭成员的满意度评分进行异质性对比分析。表 2—1 展示了民生满意度指标体系在前述计分准则下，根据715户受访样本的具体回答得到的民生满意度一、二、三级指标评分情况。其中，样本量是指计算该指标所涉及的全体有效样本的数量，但由于个别指标的有效样本缺失值过大，影响高级综合指标的分析，因此这里采用平均值法进行差值处理补全样本，以此在指标综合度更高的情况下尽可能增加有效样本量。

从具体结果来看，此次调研总体民生满意度指标的有效样本为 715 户，样本满意度评分为 91.85 分，位于"非常满意"评分区间内，可以看出拉萨市（除城关区）七县（区）农牧区居民的总体民生满意度水平较高。

表 2—1　描述性分析

指标	样本量（户）	均值（分）	标准差	变异系数	最小值（分）	最大值（分）
一级指标						
民生满意度	715	91.85	5.52	0.06	0	100
二级指标						
居民生活	715	83.83	2.73	0.03	0	100
公共服务	715	93.59	1.55	0.02	0	100
公共安全	715	97.37	13.22	0.17	0	100
生态文明	715	93.31	1.44	0.02	0	100
三级指标						
收入	715	81.54	29.62	0.36	0	100
消费	715	85.72	14.59	0.17	35	100
就业	715	81.33	30.01	0.37	0	100
住房	715	86.71	28.96	0.33	0	100
教育	715	93.71	18.59	0.20	0	100
医疗	715	94.06	17.61	0.19	0	100
社会保障	715	95.80	15.65	0.17	0	100
社会服务	715	92.40	17.73	0.19	0	100
交通	715	90.70	23.13	0.25	0	100
公共安全	715	98.78	33.21	0.46	0	100
生产安全	715	98.32	37.80	0.66	0	100
卫生安全	715	97.06	12.63	0.13	0	100

续表

指标	样本量（户）	均值（分）	标准差	变异系数	最小值（分）	最大值（分）
质量安全	715	93.92	16.99	0.18	0	100
垃圾处理	715	92.59	20.86	0.23	0	100
水质达标	715	93.71	19.51	0.21	0	100
周围环境	715	93.50	18.17	0.19	0	100

二、总体民生满意度分样本分析

（一）2017—2021 年总体民生满意度变化情况

从 2017—2019 年，拉萨市农牧区总体民生满意度评分不断提升，但 2021 年民生满意度略有下降，评分为 91.85，具体如图 2—1 所示。从 2017 年的 79.12 分到 2021 年的 91.85 分，共增长 12.73 分，涨幅 16.09%，从"比较满意"的水平跃升至"非常满意"。其中 2017—2018 年增长了 11.86 分，涨幅 14.99%，跃升最为明显；2018—2019 年增长了 2.35 分，涨幅 2.58%；2019—2021 年降低了 1.48 分，降幅 1.59%，满意度有一定的下降。可以看出，五年来农牧区民生建设总体成效显著，但由于 2020 年新冠疫情的冲击，对社会各个方面都产生了较大影响，致使 2021 年民生满意度相较于 2019 年有所下降。

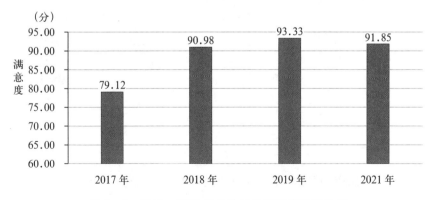

图 2—1 2017—2021 年总体民生满意度比较分析

（二）不同生产方式家庭的总体民生满意度状况

按照家庭生产方式差异，将样本家庭划分为农业家庭、牧业家庭、半农半牧业家庭三种类型。由表2—2和图2—2可见，三类家庭的总体民生满意度评分均达到"非常满意"水平，且极差较小，只有4.15分。其中，农业家庭评分最高，达到94.20分，高于总体平均水平2.35分，其他两类家庭评分则略低于平均水平，其中半农半牧业家庭为90.72分，牧业家庭为90.05分。

表2—2　不同生产方式家庭的总体民生满意度评分

项目	样本量（户）	评分（分）
全体样本	715	91.85
农业家庭	262	94.20
牧业家庭	157	90.05
半农半牧业家庭	296	90.72
极差	—	4.15

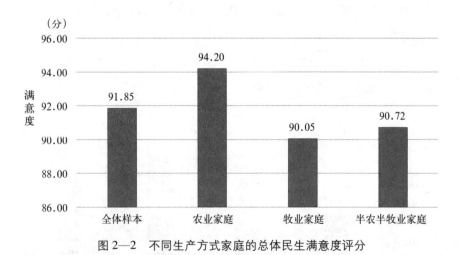

图2—2　不同生产方式家庭的总体民生满意度评分

（三）不同海拔高度家庭的总体民生满意度状况

由于海拔高度差异，居民生活条件、身体感知差异较大，因而民生满意度也有差异。将海拔高度划分为 3500 米以下、3500—4000 米、4000—4500 米、4500 米以上四种类型，据此考察生活在不同海拔高度家庭的总体民生满意度评分。由表 2—3 和图 2—3 可见，总体民生满意度评分随着海拔高度的提升而依次递减，按照海拔从高到低评分依次为 94.50 分、92.27 分、90.14 分和 90.15 分，但极差不超过 5 分，且均达到"非常满意"水平，其中海拔在 4000 米以下的家庭评分处于总体平均水平之上。

表 2—3 不同海拔高度家庭的总体民生满意度评分

项目	样本量（户）	评分（分）
全体样本	715	91.85
3500 米以下	84	94.50
3500—4000 米	401	92.27
4000—4500 米	145	90.14
4500 米以上	85	90.15
极差	—	4.36

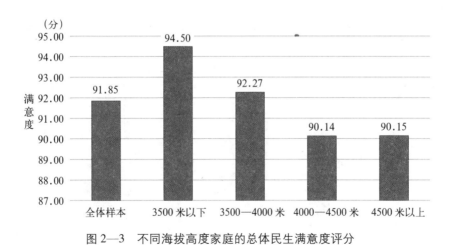

图 2—3 不同海拔高度家庭的总体民生满意度评分

（四）不同地区总体民生满意度状况

本次调研地区包括拉萨市城关区外的七县（区），即堆龙德庆区、墨

竹工卡县、尼木县、当雄县、曲水县、林周县与达孜区。由表2—4和
图2—4可见，七县（区）按总体满意度评分由高到低排序依次为曲水县
（94.10分）、尼木县（93.80分）、达孜区（93.13分）、堆龙德庆区（91.99
分）、林周县（91.79分）、墨竹工卡县（91.55分）当雄县（88.17分），
均达到"非常满意"水平，且差异较小，极差为5.93分。其中，曲水县、
尼木县、达孜区和堆龙德庆区的满意度评分均高于总体满意度评分。

表2—4 不同县（区）总体民生满意度评分

项目	样本量（户）	评分（分）
全体样本	715	91.85
堆龙德庆区	71	91.99
墨竹工卡县	111	91.55
尼木县	100	93.80
当雄县	140	88.17
曲水县	127	94.10
林周县	84	91.79
达孜区	82	93.13
极差	—	5.93

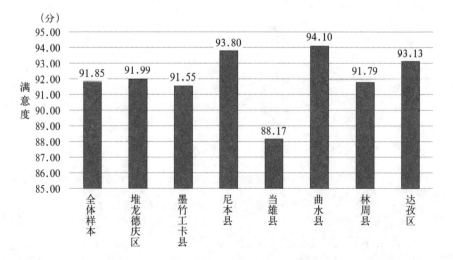

图2—4 不同县（区）总体民生满意度评分

（五）家庭成员中有无村干部家庭的总体民生满意度状况

从表2—5和图2—5来看，家庭成员中无村干部的家庭总体民生满意度为91.55分，低于家庭成员中有村干部的家庭，两类家庭之间的极差为0.97分，两类家庭总体民生满意度评分均处于"非常满意"的水平。

表2—5　家庭成员中有无村干部家庭的总体民生满意度评分

项目	样本量（户）	评分（分）
全体样本	715	91.85
无村干部	490	91.55
有村干部	225	92.52
极差	—	0.97

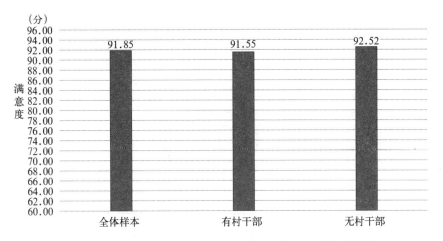

图2—5　家庭成员中有无村干部家庭的总体民生满意度评分

第二节　二级指标满意度

一、二级指标满意度及2017—2021年比较分析

为深入解析拉萨市农牧区民生发展动态，使用2017—2019年、2021年四年数据，对民生满意度指标体系中的二级指标进行分析，包括居民生活、公共服务、公共安全和生态文明4个二级指标，调查结果

如表2—6、图2—6A、图2—6B所示。从2021年的调查结果具体来看，评分从高到低依次是公共安全、公共服务、生态文明、居民生活。公共安全（97.37分）、公共服务（93.59分）和生态文明（93.31分）均高于总体民生满意度评分，处于"非常满意"水平；居民生活（83.83分）评分较低，但仍处于"比较满意"水平。

表2—6 2017—2021年四类二级指标满意度比较

项目	样本量	2021年	2019年	2018年	2017年	变化量
居民生活	715	83.83	85.45	80.59	65.34	18.49
公共服务	715	93.59	95.36	94.29	80.10	13.49
公共安全	715	97.37	95.60	91.91	85.57	11.80
生态文明	715	93.31	95.56	92.96	85.51	7.80
极差	—	13.54	10.15	13.70	20.23	—

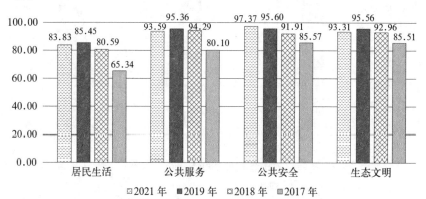

图2—6A 民生满意度四类二级指标2017—2021年评分比较

综合比较2017—2021年的结果发现，四类二级指标的满意度评分中的居民生活、公共服务、生态文明在这五年中均得到提升，其中评分提高最多的是居民生活，提高了18.49分，其次是公共服务（13.49分）、公共安全（11.80分）、生态文明（7.80分）。分年度来看，四类二级指标评分的极差也在降低，从 2017 年的 20.23 分降至 2021 年的 13.54 分，共降低 6.69 分，表明四类指标之间的评分差距在逐年缩小，趋于均衡发展。

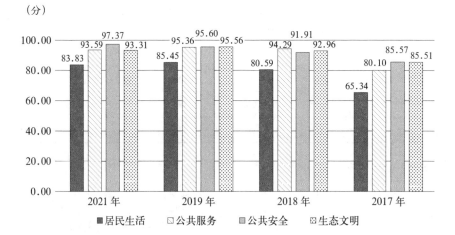

图 2—6B　四类二级指标 2017—2021 年民生满意度评分比较

二、不同生产方式家庭二级指标满意度

根据当地农牧业生产的不同情况，本书将生产方式分为农业、半农半牧业和牧业三类。不同生产方式家庭的民生二级指标满意度评分结果如表 2—7、图 2—7A、图 2—7B 所示。具体来看，居民生活满意度，三种生产方式家庭满意度评分都达到"比较满意"水平，且极差较小，只有 4.07 分；公共服务满意度，三种生产方式家庭满意度评分由高到低依次为农业家庭 95.93 分，半农半牧业家庭 92.90 分，牧业家庭 90.97 分，均处于"非常满意"状态，且得分较高，极差为 4.96 分；公共安全满意度，三种生产方式家庭满意度评分从高到低依次是农业家庭、牧业家庭和半农半牧业家庭，极差为 1.93 分，半农半牧业家庭满意度评分最低为 96.66 分；生态文明满意度，农业家庭满意度评分较高，为 96.58 分，牧业家庭和半农半牧业家庭满意度评分相对较低，为 91.21 分和 91.52

分，均处于"非常满意"水平内。此外，三类家庭的公共安全评分均为4类指标中最高。

表2—7 不同生产方式家庭二级指标满意度评分

单位：分

项目	居民生活	公共服务	公共安全	生态文明	极差
农业家庭	86.35	95.93	98.59	96.58	12.24
牧业家庭	82.51	90.97	96.69	91.21	14.18
半农半牧业家庭	82.28	92.90	96.66	91.52	14.38
极差	4.07	4.96	1.93	5.37	—

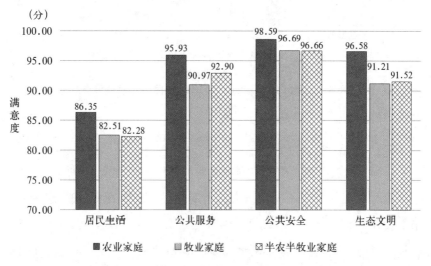

图2—7A 不同生产方式家庭二级指标满意度评分

总体来看，不同生产方式家庭二级指标满意度评分呈现出两大特点：第一，各种生产方式家庭的公共安全满意度评分差异最小，且评分处于"非常满意"水平；第二，农业家庭4类指标满意度评分均最高，表明农业家庭比牧业家庭和半农半牧业家庭的民生满意度更高。

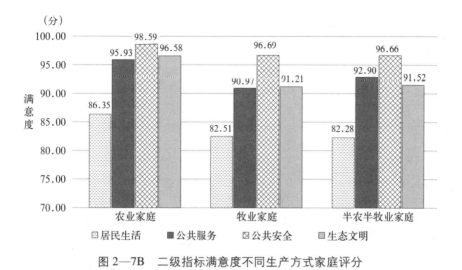

图2—7B　二级指标满意度不同生产方式家庭评分

三、不同海拔高度家庭二级指标满意度评分

不同海拔高度亦会影响民生二级指标满意度，结果如表2—8、图2—8A、图2—8B所示。具体来看，居民生活满意度均处于"比较满意"及以上水平，但满意度评分随着海拔高度上升而呈现递减趋势，依次为89.66分、83.68分、82.35分和81.24分，极差最大为8.42分。公共服务满意度评分同样均处于"非常满意"水平，依次为96.41分、94.18分、90.61分和93.06分。公共安全满意度评分均处于"非常满意"水平，其中满意度评分最高的是在3500—4000米的家庭，为97.71分，评分最低的是4000—4500米的家庭，为96.21分。生态文明的满意度均达到"非常满意"水平，满意度评分随着海拔高度的上升而依次递减，为94.23分、94.20分、93.00分和88.71分，满意度评分极差最低为5.52分。

表2—8　不同海拔高度家庭居民生活维度的二级指标满意度评分

单位：分

项目	居民生活	公共服务	公共安全	生态文明	极差
3500米以下	89.66	96.41	97.50	94.23	7.84

续表

项目	居民生活	公共服务	公共安全	生态文明	极差
3500—4000 米	83.68	94.18	97.71	94.20	14.03
4000—4500 米	82.35	90.61	96.21	93.00	13.86
4500 米以上	81.24	93.06	97.65	88.71	16.41
极差	8.42	5.80	1.50	5.52	—

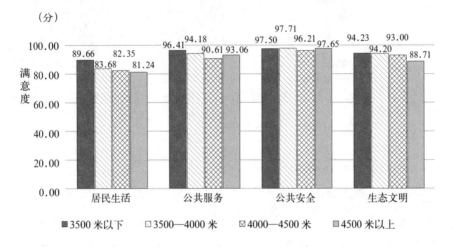

图 2—8A　不同海拔高度家庭二级指标满意度评分

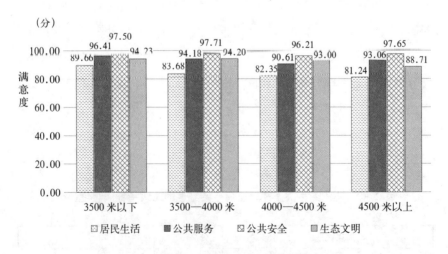

图 2—8B　二级指标满意度不同海拔高度家庭评分

四、不同县（区）家庭二级指标满意度

不同县（区）家庭的民生二级指标满意度评价结果如表2—9、图2—9A、图2—9B。具体来看，居民生活满意度方面，七县（区）均处于"比较满意"水平，评分最高的是墨竹工卡县，最低的是当雄县，为6.88分。公共服务满意度方面，七县（区）均达到"非常满意"水平，评分最高的是曲水县，最低的是当雄县，满意度评分极差在4个维度中最高，为7.36分。公共安全满意度方面，七县（区）均处于"非常满意"水平，评分最高的是尼木县，最低的是当雄县，满意度评分极差在4个维度中最低，为2.74分。生态文明满意度七县（区）均处于"非常满意"水平，评分最高的为尼木县，最低为当雄县。

此外，分县（区）居民生活满意度评分最高的是墨竹工卡县，其次是曲水县、达孜区，且高于总体居民生活满意度。分县（区）公共服务满意度评分最高的是曲水县，其次是尼木县、达孜区，且高于总体公共服务满意度。分县（区）公共安全满意度评分最高的是尼木县，其次是达孜区、曲水县、林周县，且高于总体公共安全满意度。分县（区）生态文明满意度评分最高的是尼木县，其次是曲水县、林周县和堆龙德庆区，且高于总体生态文明满意度。当雄县各二级指标的评分差异最大，达到16.51分，其次是林周县。

总体来看，第一，不同县（区）家庭居民生活满意度评分较低，且与公共服务、公共安全、生态文明三个维度相比较满意度差距较大；第二，不同县（区）家庭的公共服务满意度差异最大；第三，当雄县整体满意度评分偏低，均处于最后一名。

表2—9 不同县（区）家庭居民生活维度的二级指标满意度评分

单位：分

项目	居民生活	公共服务	公共安全	生态文明	极差
堆龙德庆区	83.63	94.06	96.30	94.50	12.67

续表

项目	居民生活	公共服务	公共安全	生态文明	极差
墨竹工卡县	86.32	93.14	96.61	90.24	10.29
尼木县	84.24	96.24	98.69	96.61	14.45
当雄县	79.44	89.09	95.95	89.68	16.51
曲水县	85.98	96.45	98.17	96.10	12.19
林周县	82.93	92.90	98.14	94.57	15.21
达孜区	85.30	95.67	98.45	93.17	13.15
极差	6.88	7.36	2.74	6.93	—

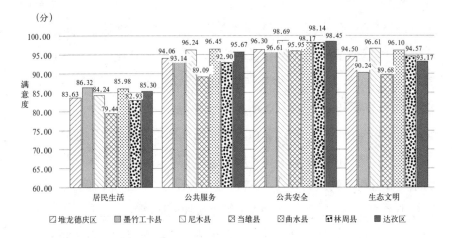

图 2—9A 不同县（区）二级指标满意度评分

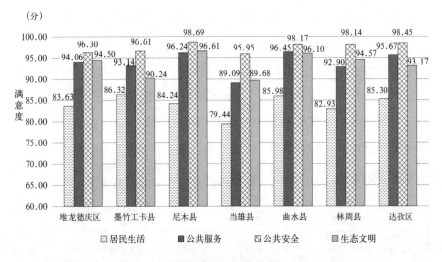

图 2—9B 二级指标满意度不同县（区）评分

五、家庭成员中有无村干部的二级指标满意度

家庭成员中有无村干部对民生二级指标满意度亦会产生影响，结果如表2—10、图2—10A、图2—10B所示。具体来看，居民生活满意度家庭成员中有无村干部均处于"比较满意"水平，家庭成员中有村干部评分为86.16分，家庭成员中无村干部评分为82.79分。公共服务、公共安全和生态文明三个维度中，家庭成员有无村干部均处于"非常满意"水平，且满意度评分极差相较于居民生活维度均较小，其中公共服务满意度评分极差在4个维度中最低，为0.42分。此外，家庭成员中无村干部的各二级指标评分差异最大，极差达到14.40分，家庭成员中有村干部的评分极差为11.61分。

表2—10　家庭成员中有无村干部居民生活维度的二级指标满意度评分

单位：分

项目	居民生活	公共服务	公共安全	生态文明	极差
无村干部	82.79	93.46	97.19	93.52	14.40
有村干部	86.16	93.88	97.77	92.84	11.61
极差	3.37	0.42	0.58	0.68	—

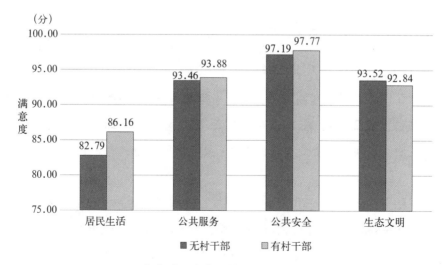

图2—10A　家庭成员中有无村干部二级指标满意度评分

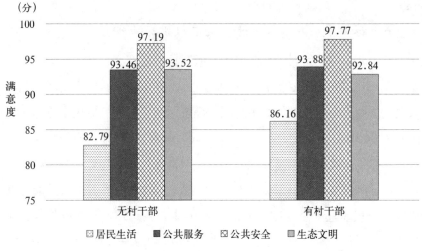

图2—10B　二级指标满意度家庭成员中有无村干部评分

总体来看，第一，家庭成员中有无村干部的居民生活与公共服务、公共安全和生态文明三个维度的满意度评分相比较差异为最大，极差为3.37分；第二，家庭成员中有村干部的居民生活、公共服务、公共安全满意度较高，原因在于政治资本影响社会地位以及获取资源的机会，这也可以很好地解释大学生就业偏好公务员的现实。

第三节　三级指标满意度

一、居民生活及其三级指标满意度

居民生活满意度由收入、消费、就业、居住满意度四个三级指标构成。由表2—11、图2—11A、图2—11B可见，其2021评分由高到低依次为居住、消费、收入和就业，极差为5.38分，均为"比较满意"水平。

综合比较2017—2021年的结果发现，居民生活下的三级指标满意度评分在这四年中均得到了提升，其中评分提高最多的是居住，共提高21.80分，其次分别是收入(21.47分)、消费(21.28分)、就业(10.38分)。

表 2—11 2017—2021 年居民生活三级指标满意度比较

项目	2021 年	2019 年	2018 年	2017 年	变化量
收入	81.54	79.93	76.23	60.07	21.47
消费	85.72	89.21	87.12	64.44	21.28
就业	81.33	86.04	84.34	70.95	10.38
居住	86.71	86.04	74.2	64.91	21.80
极差	5.38	9.28	12.92	10.88	—

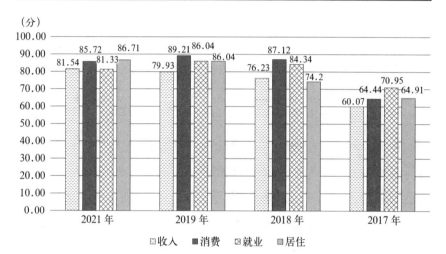

图 2—11A 居民生活维度的三级指标满意度 2017—2021 年评分比较

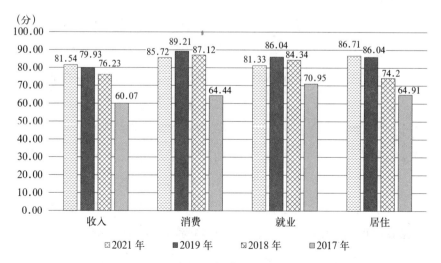

图 2—11B 2017—2021 年居民生活维度的三级指标满意度评分比较

分年度来看，四类三级指标评分的极差在2018年略升高后（12.92分），2021年则降低至5.38分，共降低7.54分，呈现出在波动中均衡发展的态势。

（一）不同生产方式家庭居民生活维度的三级指标满意度状况

不同生产方式家庭居民生活维度下三级指标满意度如表2—12、图2—12A、图2—12B所示。收入满意度评分均处于"比较满意"水平，满意度评分由高到低依次是农业家庭83.59分，牧业家庭82.17分，半农半牧业家庭79.39分，极差为4.20分；消费满意度评分均处于"比较满意"水平以上，评分由高到低依次是农业家庭88.36分，半农半牧业家庭84.88分，牧业家庭82.90分，极差为5.46分，农业家庭满意度评分超过总体样本平均水平；就业满意度评分均处于"比较满意"水平，满意度评分由高到低依次是农业家庭85.50分，牧业家庭80.25分，半农半牧业家庭78.21分，极差为7.29分；住房满意度评分均处于"比较满意"水平以上，满意度评分由高到低依次是农业家庭87.98分，半农半牧业家庭86.66分，牧业家庭84.71分，总体差异较小，极差为3.27分。

不同生产方式家庭居民生活维度下三级指标的住房满意度较高，消费满意度次之。三种生产方式家庭的就业满意度差异较大，极差为7.29。由此可见，在就业方面不仅要提高整体就业水平，还要缩小农业、牧业、半农半牧业家庭之间的就业差距。同种生产方式家庭居民生活维度，各指标满意度差异较大，其中半农半牧业家庭各指标满意度极差达到8.45分，农业家庭和牧业家庭满意度极差分别为4.77和4.46分。

综上，三种生产方式家庭居民生活维度下，三级指标满意度评分存在四个特点：第一，在不同生产方式家庭之间，住房满意度差异较小，就业满意度差异较大；第二，不同生产方式家庭存在不同程度指标满意度的差异，其中半农半牧业家庭各指标差异最大，牧业家庭各指标差异最小；第三，从收入满意度来看，半农半牧业家庭低于其他两种生产方式家庭；第四，为实现居民生活满意度持续均衡改善，就业是未来民生政策调整的重点领域，半农半牧业区域是政策有所倾斜的区域。

表 2—12 不同生产方式家庭居民生活维度的三级指标满意度评分

单位：分

项目	收入	消费	就业	住房	极差
农业家庭	83.59	88.36	85.50	87.98	4.77
牧业家庭	82.17	82.90	80.25	84.71	4.46
半农半牧业家庭	79.39	84.88	78.21	86.66	8.45
极差	4.20	5.46	7.29	3.27	—

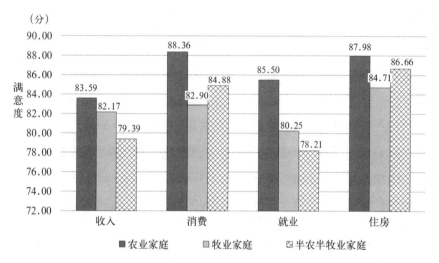

图 2—12A 居民生活维度的三级指标满意度不同生产方式家庭评分

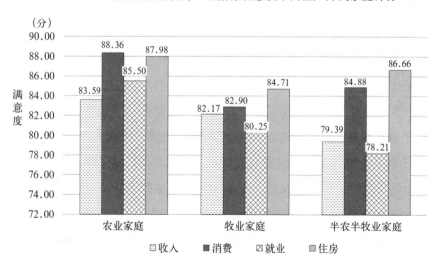

图 2—12B 不同生产方式家庭居民生活维度的三级指标满意度评分

（二）不同海拔高度家庭居民生活维度的三级指标满意度状况

不同海拔高度家庭居民生活维度下三级指标满意度如表2—13、图2—13A、图2—13B所示。不同海拔高度家庭收入满意度均处于"比较满意"水平以上，评分最高的是居住在海拔3500米以下的家庭，为88.69分，且超过总体平均水平，评分最低的是居住在海拔3500—4000米的家庭，为79.68分，且低于总体平均水平，极差为9.01分；不同海拔高度家庭消费满意度差异较小，极差只有2.37分，其中，居住在海拔3500米以下的家庭满意度最高；不同海拔高度家庭就业满意度评分均处于"比较满意"水平以上，极差为11.01分，居住在海拔3500米以下的家庭就业满意度超过平均水平，居住在海拔3500—4000米的家庭和4000—4500米的家庭满意度评分较低，分别为80.30分和78.28分，极差为11.01分；不同海拔高度家庭住房满意度评分随着海拔上升而下降，依次是居住在海拔3500米以下的家庭94.05分，居住在3500—4000米的家庭88.53分，居住在4000—4500米的家庭83.79分，居住在4500米以上的家庭75.88分，极差为18.17分。

相同海拔高度家庭居民生活维度各指标满意度差异较大，其中居住在海拔3500米以下的家庭，各指标满意度极差为7.44分，海拔3500—4000米的家庭各指标满意度极差为8.85分。居住在海拔4000—4500米的家庭满意度极差为5.96分，居住在海拔4500米以上家庭极差最大为9.06分。

综上，在不同海拔高度家庭居民生活维度下，三级指标满意度评分存在三个特点：第一，不同海拔高度家庭的住房满意度差异最大，就业满意度次之，消费满意度差异最小；第二，相同海拔高度家庭居民生活维度下，各指标满意度差异较大，海拔4500米以上的家庭差异最大，海拔4000—4500米的家庭差异最小；第三，为实现居民生活满意度持续均衡改善，居住在海拔4500米以上的家庭应重点解决住房问题。

表 2—13　不同海拔高度家庭居民生活维度的三级指标满意度评分

单位: 分

项目	收入	消费	就业	住房	极差
3500 米以下	88.69	86.61	89.29	94.05	7.44
3500—4000 米	79.68	86.23	80.30	88.53	8.85
4000—4500 米	83.10	84.24	78.28	83.79	5.96
4500 米以上	80.59	84.94	83.53	75.88	9.06
极差	9.01	2.37	11.01	18.17	—

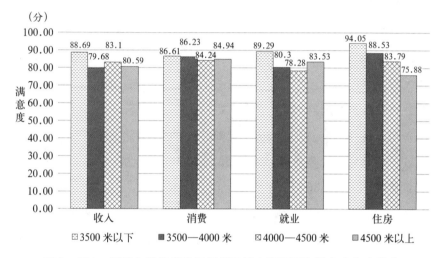

图 2—13A　居民生活维度的三级指标满意度不同海拔高度家庭评分

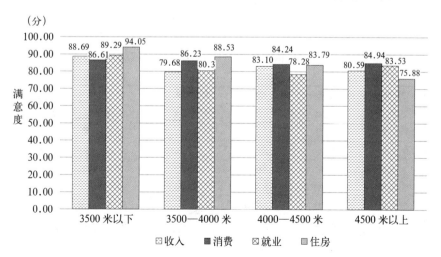

图 2—13B　不同海拔高度家庭居民生活维度的三级指标满意度评分

（三）不同县（区）家庭居民生活维度的三级指标满意度评分

不同县（区）家庭居民生活维度下三级指标满意度如表2—14、图2—14A、图2—14B所示。七县（区）收入满意度均处于"比较满意"水平，由高到低依次是墨竹工卡县、曲水县、尼木县、林周县、达孜区、堆龙德庆区和当雄县，极差为7.84分；尼木县消费满意度处于"非常满意"水平，其余各县（区）消费满意度均处于"比较满意"水平，由高到低依次是尼木县、达孜区、堆龙德庆区、林周县、曲水县、墨竹工卡县和当雄，极差为8.09分；就业满意度从高到低依次是达孜区、尼木县、墨竹工卡县、林周县、当雄县、曲水县和堆龙德庆区，极差为8.42分；住房满意度由高到低依次是曲水县、堆龙德庆区、墨竹工卡县、达孜区、林周县、尼木县和当雄县，极差为15.23分。

同一县（区）家庭居民生活维度各指标满意度存在差异，其中曲水县各指标满意度极差最高，为15.85分；堆龙德庆区次之，为14.00分；当雄县最小，为2.88分。

在居民生活维度方面，不同县（区）家庭各指标满意度均衡发展最好的是当雄县，但是总体水平较低；堆龙德庆区和当雄县家庭在收入满意度方面亟待改善；曲水县和堆龙德庆区家庭居民生活三级指标评分极差较大的原因须进一步明确。

表2—14 不同县（区）家庭居民生活维度的三级指标满意度评分

单位：分

项目	收入	消费	就业	住房	极差
堆龙德庆区	79.50	86.00	77.50	91.50	14.00
墨竹工卡县	86.22	85.83	83.86	89.37	5.51
尼木县	80.95	89.35	85.71	80.95	8.40
当雄县	78.38	81.26	78.83	79.28	2.88
曲水县	84.76	85.98	78.66	94.51	15.85
林周县	80.36	86.00	80.36	85.00	5.64
达孜区	80.28	86.97	85.92	88.03	7.75
极差	7.84	8.09	8.42	15.23	—

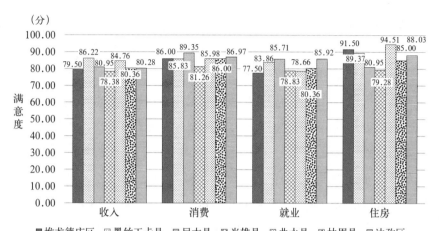

图 2—14A　居民生活维度的三级指标满意度的不同县（区）家庭评分

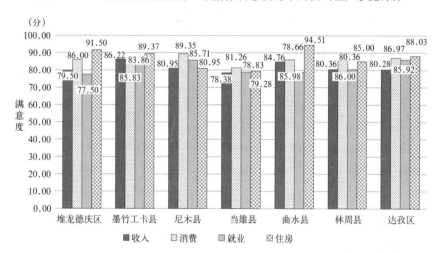

图 2—14B　不同县（区）家庭居民生活维度的三级指标满意度评分

综上，不同县（区）家庭居民生活维度下三级指标满意度评分存在三个特点：第一，在不同县（区）家庭之间收入满意度差异最小，住房满意度差异最大；第二，不同县（区）家庭存在不同程度指标满意度的差异，当雄县相对均衡，但总体水平较低，而曲水县在就业和住房满意度之间的差距较大；第三，当雄县在收入、就业两方面满意度评分相对更低，为实现居民生活满意度持续均衡改善，应更加重视就业与人民收入问题。

（四）家庭成员中有无村干部居民生活维度的三级指标满意度状况

家庭成员中有无村干部的居民生活维度下三级指标满意度如表2—15、图2—15A、图2—15B所示。两类家庭收入满意度评分均处于"比较满意"水平，家庭成员中有村干部收入满意度评分为86.36分，高于家庭成员中无村干部的79.39分，极差为6.97分；两类家庭消费满意度评分均达到"比较满意"水平，家庭成员中有干部消费满意度评分为86.68分，高于家庭成员中无村干部的85.29分，极差为1.39分；家庭成员中有村干部的就业满意度评分为83.86分，家庭成员中无村干部的就业满意度为80.20分，极差为3.66分；两类家庭住房满意度评分均处于"比较满意"水平，家庭成员中有村干部住房满意度为87.73分，家庭成员中无村干部住房满意度为86.26分，极差为1.47分。

表2—15 家庭成员中有无村干部居民生活维度的三级指标满意度评分

单位：分

项目	收入	消费	就业	住房	极差
无村干部	79.39	85.29	80.20	86.26	6.87
有村干部	86.36	86.68	83.86	87.73	3.87
极差	6.97	1.39	3.66	1.47	—

两类家庭中收入满意度差异较大，极差最大，由此可见，家庭成员中有村干部可以明显改善收入状况并增加收入，应在消除冗员的前提下增加村官名额，倡导当地村民积极参与村干部的竞选。

在居民生活维度方面，家庭成员中有村干部的各指标满意度均衡发展较好且总体满意度较高，家庭成员中无村干部的收入方面需要重点关注。

综上，两类家庭居民生活维度下三级指标满意度评分存在三个特点：第一，两类家庭的各项满意度都存在差异，无村干部家庭对收入、消费、住房和就业的满意度评价普遍低于有村干部的家庭；第二，两类家庭存在不同程度指标满意度的差异，家庭成员中无村干部的满意度差异较大；第三，为实现居民生活满意度持续改善和均衡发展，要发挥村干部忠诚履职、踏实工作的作用，实现资源的合理配置，缩小两类家庭的发展差距。

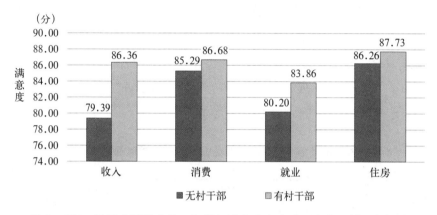

图 2—15A　居民生活维度的三级指标满意度家庭成员中有无村干部评分

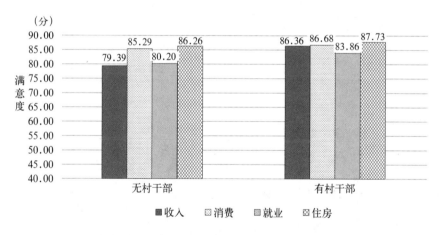

图 2—15B　家庭成员中有无村干部居民生活维度的三级指标满意度评分

二、公共服务及其三级指标满意度

公共服务满意度由教育、医疗、交通、社会服务、社会保障五项三级指标构成。满意度评分由高到低依次是社会保障、教育、医疗、社会服务、交通，极差为4.03分，全部指标均处于"非常满意"水平，具体结果如表2—16、图2—16A、图2—16B所示。

综合比较2017—2021年的调查结果发现，公共服务下的三级指标的满意度评分在这三年中均得到了提升，其中评分提高最多的是交通，共提高33.76分，其次是医疗（16.39分）、社会服务（13.09分）、社会保障（8.95分）、教育（2.29分）。四类三级指标评分的极差有大幅下降，从2017年的34.48分到2018年、2019年的12—13分，到2021年的5.10分，主要得益于交通满意度评分的改善。

表2—16　2017—2021年公共服务维度的三级指标满意度评分比较

单位：分

项目	样本量	2021年	2019年	2018年	2017年	变化量
教育	715	93.71	99.26	98.77	91.42	2.29
医疗	715	94.06	94.63	94.21	77.67	16.39
社会保障	715	95.80	97.38	93.55	86.85	8.95
社会服务	715	92.40	94.60	92.31	79.31	13.09
交通	715	90.70	86.04	86.04	56.94	33.76
极差	—	5.10	13.22	12.73	34.48	—

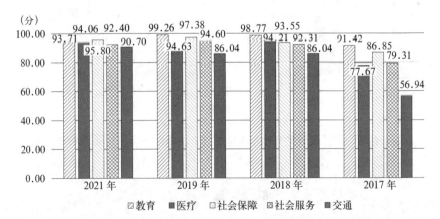

图2—16A　公共服务维度的三级指标满意度2017—2021年评分比较

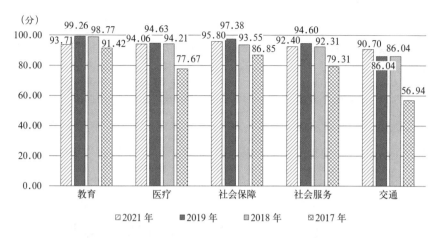

图 2—16B 2017—2021 年公共服务维度的三级指标满意度评分比较

（一）不同生产方式家庭公共服务维度的三级指标满意度状况

不同生产方式家庭的公共服务维度下三级指标满意度如表 2—17、图 2—17A、图 2—17B 所示。三种生产方式家庭教育满意度评分均在 90 分以上，满意度评分由高到低依次是农业家庭 95.80 分、半农半牧业家庭 93.24 分、牧业家庭 91.08 分，极差为 4.72 分；三种生产方式家庭医疗满意度评分均在"非常满意"水平，满意度评分从高到低依次是农业家庭 95.90 分、半农半牧业家庭 94.09 分、牧业家庭 90.92 分，极差为 4.98 分；三种生产方式家庭社会保障满意度评分均在 90 分以上，满意度评分从高到低依次是农业家庭 98.28 分、牧业家庭 95.54 分、半农半牧业家庭 93.75 分，极差为 4.53 分；三种生产方式家庭社会服务满意度评分均在"非常满意"水平，从高到低依次是农业家庭 94.90 分、半农半牧业家庭 92.40 分、牧业家庭 88.22 分，极差为 6.68 分；三种生产方式家庭交通满意度评分均在"比较满意"水平以上，从高到低依次是农业家庭 93.61 分、半农半牧业家庭 90.12 分、牧业家庭 86.94 分，极差为 6.67 分。

不同生产方式家庭公共服务维度下三级指标的教育和社会保障满意度较高，均超过 85.00 分，交通满意度差异较大，极差为 6.67 分。由此可见，在交通方面不仅要提高交通设施建设覆盖率，还要兼顾农业、牧业、半农半牧业不同生产方式对地区道路的不同要求，提升运输服务水平。

同种生产方式家庭公共服务维度各指标满意度差异较大，牧业家庭各指标满意度极差最大，为 8.60 分，主要在于交通满意度评分较低。半农半牧业家庭各指标满意度极差为 3.97 分，农业家庭各指标满意度极差为 4.67 分。

在公共服务维度方面，三种生产方式家庭各指标满意度均衡发展最好的是半农半牧业家庭，农业家庭次之，总体满意度水平较高。

表 2—17　不同生产方式家庭公共服务维度的三级指标满意度评分

单位：分

项目	教育	医疗	社会保障	社会服务	交通	极差
农业家庭	95.80	95.90	98.28	94.90	93.61	4.67
牧业家庭	91.08	90.92	95.54	88.22	86.94	8.60
半农半牧业家庭	93.24	94.09	93.75	92.40	90.12	3.97
极差	4.72	4.98	4.53	6.68	6.67	—

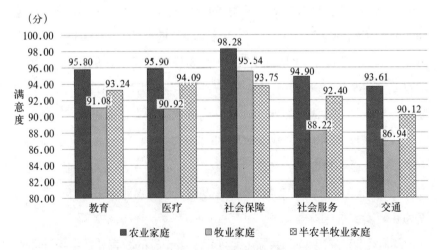

图 2—17A　公共服务维度的三级指标满意度不同生产方式家庭评分

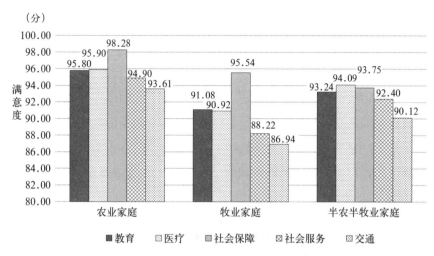

图 2—17B　不同生产方式家庭公共服务维度的三级指标满意度评分

综上，三种生产方式家庭公共服务维度下三级指标满意度评分存在四个特点：第一，在不同生产方式家庭之间，教育满意度差异最小，社会服务和交通满意度差异较大；第二，不同生产方式家庭存在不同指标满意度的差异，其中牧业家庭各指标差异最大，半农半牧业家庭各指标差异最小；第三，从交通满意度上来看，牧业家庭显著低于农业家庭和半农半牧业家庭；第四，公共交通是提升未来牧业家庭公共服务满意度的重点领域，须加大相关政策倾斜力度，合理确定资金投入比例。

（二）不同海拔高度家庭公共服务维度的三级指标满意度状况

不同海拔高度家庭公共服务维度下三级指标满意度评分如表 2—18、图 2—18A、图 2—18B 所示。教育满意度评分均在 90 分以上，极差为 2.92 分，居住在海拔 4000—4500 米的家庭教育满意度评分较低，为 91.72 分；医疗满意度评分由高到低依次是居住在海拔 3500 米以下的家庭 97.32 分，居住在海拔 3500—4000 米的家庭 94.70 分，居住在4500 米以上的家庭 94.71 分，居住在海拔 4000—4500 米的家庭 90.00 分，极差为 7.32 分；社会保障满意度评分均在 90 分以上，极差为 5.23 分，四类家庭均处于"非常满意"水平；社会服务满意度均处于"非常满意"

水平，极差为 5.89 分；在交通满意度指标下，居住在海拔 3500 米以下的家庭满意度评分最高，为 97.62 分，居住在 4000 米以上的两类家庭满意度评分较低，极差较大，为 10.03 分。

通过比较不同海拔高度家庭公共服务维度下三级指标满意度，发现四类家庭满意度评分最高的都是社会保障。各三级指标之间满意度评分差距最大的是居住在海拔 4500 米以上的家庭，极差为 8.82 分；评分差异最小的是居住在海拔 3500—4000 米的家庭，极差为 4.99 分，发展较为均衡。

表 2—18　不同海拔高度家庭公共服务维度的三级指标满意度评分

单位：分

项目	教育	医疗	社会保障	社会服务	交通	极差
3500 米以下	93.45	97.32	98.51	94.94	97.62	5.06
3500—4000 米	94.64	94.70	95.95	93.42	90.96	4.99
4000—4500 米	91.72	90.00	93.28	89.05	87.59	5.69
4500 米以上	92.94	94.71	96.76	90.74	87.94	8.82
极差	2.92	7.32	5.23	5.89	10.03	—

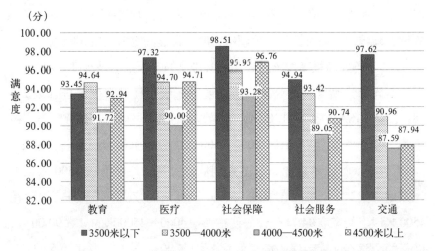

图 2—18A　公共服务维度的三级指标满意度不同海拔高度家庭评分

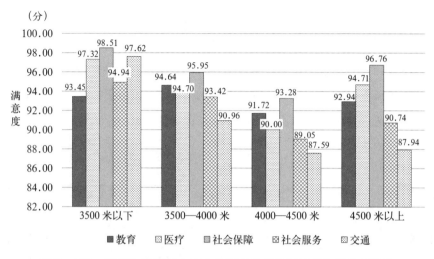

图2—18B 不同海拔高度家庭公共服务维度的三级指标满意度评分

综上，不同海拔高度家庭公共服务维度下三级指标满意度评分存在两个特点：第一，不同海拔高度家庭的教育、医疗和社会保障满意度较高；第二，不同海拔高度家庭之间在公共服务维度的三级指标满意度上的评分存在一定差异，居住在海拔4500米以上的家庭指标满意度评分差异最大。

（三）不同县（区）家庭公共服务维度的三级指标满意度状况

不同县（区）家庭公共服务维度下三级指标满意度如表2—19、图2—19A、图2—19B所示。在教育满意度方面，达孜区家庭教育满意度最高，为99.30分，处于"非常满意"水平，其余六县（区）也均处于"非常满意"水平，极差为9.66分；在医疗满意度方面，各县（区）均处于"非常满意"水平，极差为9.63分；在社会保障满意度方面，七县（区）家庭均高于90分，处于"非常满意"水平；在社会服务满意度方面，除当雄县处于"比较满意"水平外，其余六县（区）均达到"非常满意"水平，极差为10.68分；在交通满意度方面，除当雄县和林周县外，其余五县（区）均处于"非常满意"水平，但差异较大，曲水县满意度最高，为97.87分，当雄县满意度最低，为85.59分，极差为12.28分。

通过比较不同县（区）家庭生态文明维度下三级指标，发现林周县满意度最高的指标是医疗，达孜区满意度最高的指标是教育，堆龙德庆区、墨竹工卡县、尼木县、当雄县满意度最高的是社会保障，曲水县满意度最高的是交通。分析家庭内部各指标间满意度评分，当雄县差异最大，极差为9.01分；曲水县差异最小，极差为3.36分。

表2—19　不同县（区）家庭公共服务维度的三级指标满意度评分

单位：分

项目	教育	医疗	社会保障	社会服务	交通	极差
堆龙德庆区	93.50	93.00	96.25	94.50	92.00	4.25
墨竹工卡县	93.31	94.09	94.69	91.73	90.94	3.75
尼木县	93.45	97.92	99.70	95.54	92.86	6.84
当雄县	89.64	88.29	94.37	85.36	85.59	9.01
曲水县	94.51	96.34	97.56	96.04	97.87	3.36
林周县	94.29	94.46	93.57	93.84	86.61	7.85
达孜区	99.30	96.48	97.18	90.85	93.66	8.45
极差	9.66	9.63	6.13	10.68	12.28	—

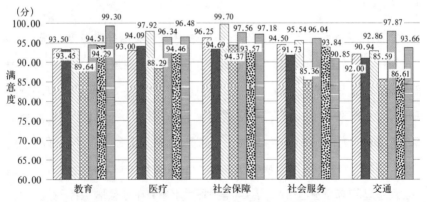

图2—19A　公共服务维度的三级指标满意度不同县（区）家庭评分

综上，不同县（区）家庭公共服务维度下三级指标满意度评分存在两个特点：第一，不同县（区）家庭之间各三级指标满意度评分存在不

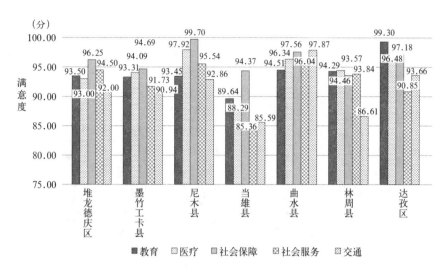

图2—19B　不同县（区）家庭公共服务维度的三级指标满意度评分

同程度差异；第二，不同县（区）交通满意度整体差异最大。

（四）家庭成员中有无村干部社会保障维度的三级指标满意度评分

家庭成员中有无村干部的公共服务维度下三级指标满意度如表2—20、图2—20A、图2—20B所示。各项指标在两类家庭间差别较小且均处于"非常满意"水平，分析两类家庭内部各项三级指标满意度，家庭成员中有无村干部满意度最高的都是社会保障，满意度最低的都是交通。

综上，家庭成员中有无村干部公共服务维度的三级指标满意度评分存在两大特点：第一，家庭成员中有村干部的各项指标满意度均高于家庭成员中无村干部满意度；第二，两类家庭内部各指标间满意度评分差异较为接近。

表2—20　家庭成员中有无村干部社会保障维度的三级指标满意度评分

单位：分

项目	教育	医疗	社会保障	社会服务	交通	极差
无村干部	93.33	93.99	95.45	92.47	90.91	4.54
有村干部	94.55	94.20	96.59	92.22	90.23	6.36
极差	1.22	0.21	1.14	0.25	0.68	—

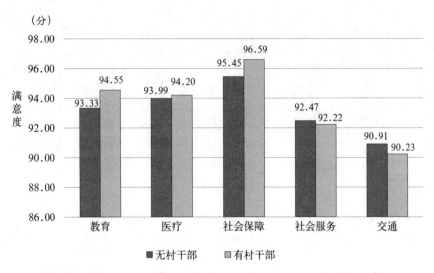

图2—20A　社会保障维度的三级指标满意度家庭成员中有无村干部评分

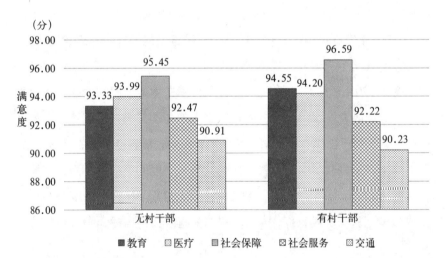

图2—20B　家庭成员中有无村干部社会保障维度的三级指标满意度评分

三、公共安全三级指标满意度及分样本分析

公共安全满意度由公共安全、生产安全、卫生安全、质量安全四项三级指标构成。满意度评分由高到低依次是公共安全（98.78分）、生产安全（98.32分）、卫生安全（97.06分）、质量安全（93.92分），均处于

"非常满意"水平。具体结果如表2—21、图2—21A、图2—21B所示。

表2—21 2017—2019年公共安全维度的三级指标满意度评分比较

单位：分

项目	样本量	2021	2019	2018	2017	变化量
公共安全	715	98.78	95.57	88.36	85.1	13.68
生产安全	715	98.32	96.24	95.89	88.74	9.58
卫生安全	715	97.06	97.79	98.2	89.49	7.57
质量安全	715	93.92	92.82	85.77	77.41	16.51
极差	—	4.86	4.97	12.43	12.08	—

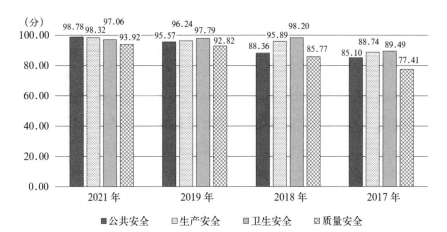

图2—21A 公共安全维度的三级指标满意度2017—2021年评分比较

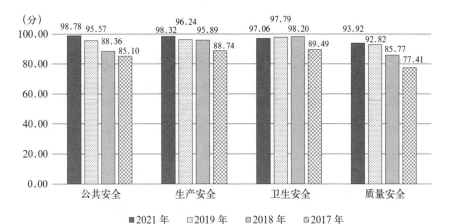

图2—21B 2017—2021年公共安全维度的三级指标满意度评分比较

综合比较 2017—2021 年调查结果发现，公共安全三级指标满意度在这五年中均得到了提升，其中评分提高最多的是质量安全，提高 16.51 分；其次是公共安全，提高 13.68 分。

从动态变化来看，四类三级指标评分的极差有大幅下降，从 2017 年的 12.08 分下降到 2021 年的 4.86 分，整体得到了提高。

（一）不同生产方式家庭公共安全维度的三级指标满意度状况

不同生产方式家庭的公共安全维度下三级指标满意度如表 2—22、图 2—22A、图 2—22B 所示。在公共安全方面，农业家庭满意度评分为 99.62 分，牧业家庭满意度评分为 99.36 分，半农半牧业家庭满意度评分为 97.72 分，极差为 1.90 分，处于"非常满意"水平；在生产安全方面，农业家庭满意度评分为 99.43 分，牧业家庭满意度评分为 98.09 分，半农半牧业家庭满意度评分为 97.47 分，极差为 1.96 分；三种生产方式家庭卫生安全和质量安全满意度评分均在 90 分以上，达到"非常满意"水平，总体差异较小，极差分别为 4.52 分和 3.12 分。

不同生产方式家庭公共安全维度下三级指标满意度最高的指标相同，均为公共安全。同种生产方式家庭公共安全维度各指标满意度存在差异，其中牧业家庭各指标满意度极差为 6.68 分，差距最大；半农半牧业家庭各指标满意度极差为 4.81 分，差距次之；农业家庭各指标满意度极差最小，为 3.82 分。

表 2—22　不同生产方式家庭公共安全维度的三级指标满意度评分

单位：分

项目	公共安全	生产安全	卫生安全	质量安全	极差
农业家庭	99.62	99.43	98.47	95.80	3.82
牧业家庭	99.36	98.09	93.95	92.68	6.68
半农半牧业家庭	97.72	97.47	97.47	92.91	4.81
极差	1.90	1.96	4.52	3.12	—

综上，三种生产方式家庭公共安全维度下三级指标满意度评分存在两个特点：第一，在不同生产方式之间公共安全满意度差异最小，卫生安全满意度差异最大；第二，不同生产方式家庭存在不同程度指标满意度的差异，其中牧业家庭各指标差异最大，农业家庭各指标差异最小。

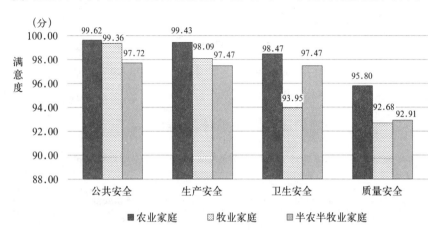

图2—22A　公共安全维度的三级指标满意度不同生产方式家庭评分

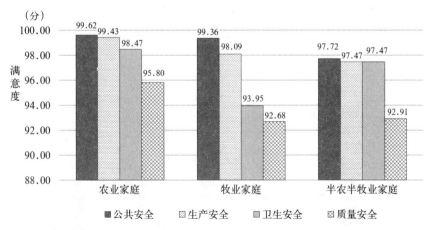

图2—22B　不同生产方式家庭公共安全维度的三级指标满意度评分

（二）不同海拔高度家庭公共安全维度的三级指标满意度状况

不同海拔高度家庭公共安全维度的三级指标满意度评分如表2—23、图2—23A、图2—23B所示。在公共安全指标方面，满意度评分最高的是居住在海拔 4500 米以上的家庭 99.41 分，其次分别是居住在海拔 3500 米以下的家庭 99.40 分，居住在海拔 3500—4000 米的家庭 98.88 分，居住在海拔 4000—4500 米的家庭 96.55 分，极差为 0.84 分。在生产安全指标方面，整体评分较高，极差为 2.85 分；在卫生安全方面，四类家庭满意度评分均在 90 分以上，满意度评分从高到低依次是居住在海拔 3500—4000 米的家庭 97.88 分、居住在海拔 3500 米以下的家庭 97.62 分、居住在海拔 4500 米以上的家庭 95.88 分、居住在海拔 4000—4500 米的家庭 95.17 分，极差为 2.71 分。在质量安全方面，四类家庭均处于"非常满意"水平，极差为 4.21 分。

表 2—23　不同海拔高度家庭公共安全维度的三级指标满意度评分

单位：分

项目	公共安全	生产安全	卫生安全	质量安全	极差
3500 米以下	99.40	99.40	97.62	91.67	7.73
3500—4000 米	98.57	98.88	97.88	94.64	4.24
4000—4500 米	98.62	96.55	95.17	92.07	6.55
4500 米以上	99.41	97.65	95.88	95.88	3.53
极差	0.84	2.85	2.71	4.21	—

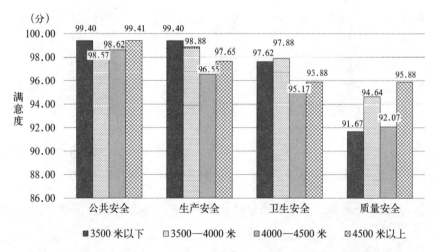

图 2—23A　公共安全维度的三级指标满意度不同海拔高度家庭评分

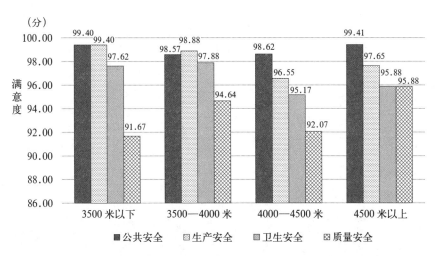

图 2—23B 不同海拔高度家庭公共安全维度的三级指标满意度评分

综上，不同海拔高度家庭公共安全满意度三级指标满意度评分存在两个特点：第一，不同海拔家庭公共安全三级指标均处于"非常满意"水平；第二，公共安全满意度总体较高且差异较小。

（三）不同县（区）家庭公共安全维度的三级指标满意度评分

不同县（区）家庭公共安全维度下三级指标满意度见表 2—24、图 2—24A、图 2—24B 所示。在公共安全方面，满意度评分最高为尼木县 100 分，最低为堆龙德庆区 96.25 分，极差为 3.75 分；在生产安全方面，七个县（区）均处于"非常满意"水平，极差为 2.61 分；在卫生安全和质量安全方面，各县(区)满意度评分均在 90 分以上，处于"非常满意"水平，极差分别为 6.66 分和 6.03 分。

表 2—24 不同县（区）家庭公共安全维度的三级指标满意度评分

单位：分

项目	公共安全	生产安全	卫生安全	质量安全	极差
堆龙德庆区	96.25	97.00	99.00	93.00	6.00
墨竹工卡县	98.03	99.61	95.67	91.73	7.88
尼木县	100.00	97.62	98.81	97.02	2.98

续表

项目	公共安全	生产安全	卫生安全	质量安全	极差
当雄县	99.10	98.20	92.34	90.99	8.11
曲水县	99.39	98.78	98.17	95.12	4.27
林周县	99.64	98.21	98.21	95.00	4.64
达孜区	99.30	98.59	98.59	96.48	2.82
极差	3.75	2.61	6.66	6.03	—

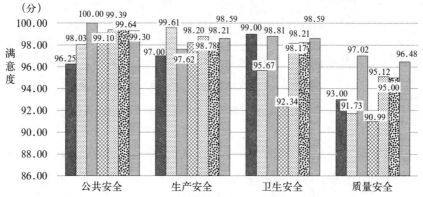

图 2—24A　公共安全维度的三级指标满意度不同县（区）家庭评分

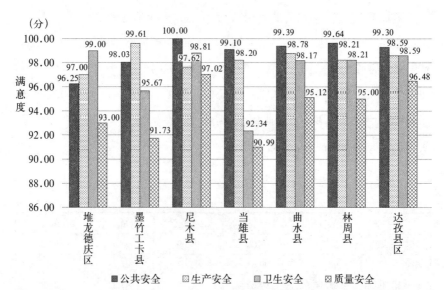

图 2—24B　不同县（区）家庭公共安全维度的三级指标满意度评分

同一县（区）家庭公共安全维度各指标满意度存在差异，其中当雄县各指标满意度极差最高，为 8.11 分，墨竹工卡县次之，为 7.88 分，达孜区最小为 2.82 分。

综上，不同县（区）家庭居民生活维度下三级指标满意度评分存在两个特点：第一，各县（区）内部四项指标评分均存在差异，以当雄县最为突出；第二，不同县（区）公共安全三级指标整体水平较高。

（四）家庭成员中有无村干部公共安全维度的三级指标满意度状况

家庭成员中有无村干部的公共安全维度下三级指标满意度如表 2—25、图 2—25A、图 2—25B 所示。在公共安全方面，家庭成员中有村干部满意度为 99.55 分，家庭成员中无村干部满意度为 98.43 分，极差为 1.12 分；在生产安全方面，家庭成员中有村干部满意度为 99.09 分，家庭成员中无村干部满意度 97.98 分，极差为 1.11 分；在卫生安全方面，两类家庭满意度评分均超过 90 分，家庭成员中有村干部满意度为 97.27 分，家庭成员中无村干部满意度为 96.97 分，极差为 0.30 分；在质量安全方面，家庭成员中有村干部满意度为 93.41 分，家庭成员中无村干部满意度为 94.14 分，极差为 0.73 分。

分析两类家庭内部各指标满意度评分，发现评分最高的均是公共安全，评分最低的均是质量安全。家庭成员中有村干部的各项极差为 6.41 分，家庭成员中无村干部的各项极差为 4.29 分。

综上，家庭成员中有无村干部公共安全维度的三级指标满意度评分存在一个特点：两类家庭公共安全三级指标极差都较小。

表 2—25　家庭成员中有无村干部公共安全维度的三级指标满意度评分

单位：分

项目	公共安全	生产安全	卫生安全	质量安全	极差
无村干部	98.43	97.98	96.97	94.14	4.29
有村干部	99.55	99.09	97.27	93.41	6.14
极差	1.12	1.11	0.30	0.73	—

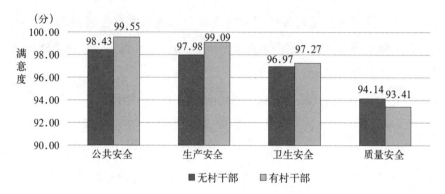

图2—25A 公共安全维度的三级指标满意度家庭成员中有无村干部评分

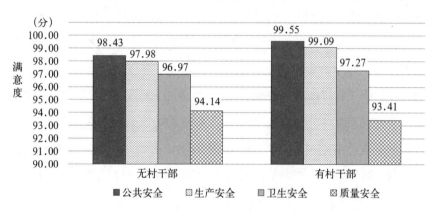

图2—25B 家庭成员中有无村干部公共安全维度的三级指标满意度评分

四、生态文明及其三级指标满意度

生态文明满意度由垃圾处理、水质达标、周围环境三项三级指标满意度构成。如表2—26、图2—26A、图2—26B所示，2021年满意度评分由高到低依次是水质达标（93.71分）、周围环境（93.50分）、垃圾处理（92.59分），三项指标均处于"非常满意"水平，极差为1.12分。

综合比较2017—2021年调查结果发现，三项三级指标的满意度评分在这五年中均得到了提升，其中评分提高最多的是周围环境，提高了11.59分，其次分别是水质达标（6.81分）、垃圾处理（5.43分）。

分年度来看，三类二级指标评分的极差也在降低，从2017年的

5.16 分降到 2021 年的 1.12 分，表明三类指标之间的评分差距在逐年缩小，更加趋于均衡发展。

表 2—26 2017—2021 年生态文明维度的三级指标满意度比较

项目	样本量	2021	2019	2018	2017	变化量
垃圾处理	715	92.59	94.50	94.22	87.16	5.43
水质达标	715	93.71	95.50	90.65	86.90	6.81
周围环境	703	93.50	96.71	94.15	82.00	11.59
极差	—	1.12	2.21	3.57	5.16	—

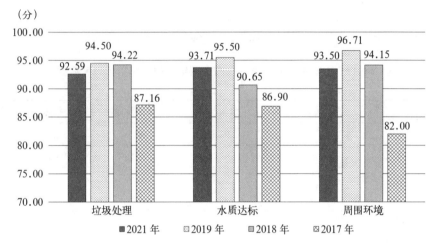

图 2—26A 生态文明维度的三级指标满意度 2017—2021 年评分比较

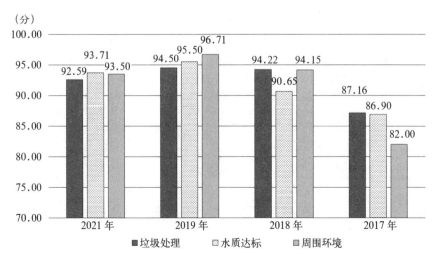

图 2—26B 2017—2021 年生态文明维度的三级指标满意度比较

（一）不同生产方式家庭生态文明维度的三级指标满意度状况

不同生产方式家庭的生态文明维度的三级指标满意度如表2—27、图2—27A、图2—27B所示。三类生产方式家庭垃圾处理、水质达标和周围环境三个指标满意度评分均处于"非常满意"水平，极差分别为5.62分、6.11分和6.37分。

半农半牧业家庭垃圾处理和水质达标指标评分最低，由此可见，要引导半农半牧业家庭使用清洁能源，从源头上降低牧业家庭产生有害垃圾的可能性，引导牧业家庭接受多元化的垃圾处理方式，还要利用相关技术发掘安全水源，并加大水质净化投资力度。

表2—27　不同生产方式家庭生态文明维度的三级指标满意度评分

单位：分

项目	垃圾处理	水质达标	周围环境	极差
农业家庭	95.99	97.33	96.18	1.34
牧业家庭	91.08	92.36	89.81	2.55
半农半牧业家庭	90.37	91.22	93.07	2.70
极差	5.62	6.11	6.37	—

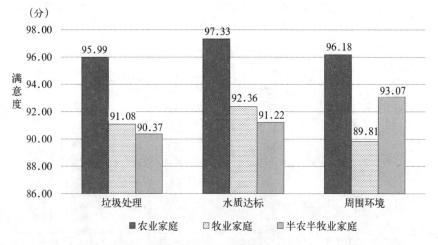

图2—27A　生态文明维度的三级指标满意度不同生产方式家庭评分

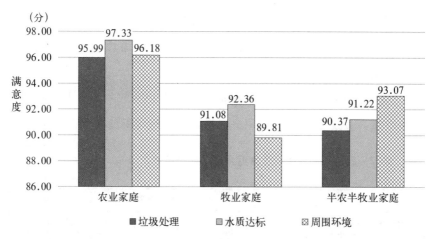

图 2—27B　不同生产方式家庭生态文明维度的三级指标满意度评分

同种生产方式家庭生态文明维度中各指标的满意度差异，半农半牧业家庭最大，极差为 2.70 分，其次是牧业家庭 2.55 分，最后是农业家庭 1.34 分。

综上，三种生产方式家庭生态文明维度下三级指标满意度评分存在两个特点：第一，不同生产方式家庭存在不同程度指标满意度的差异，其中半农半牧业家庭各指标差异最大，农业家庭各指标差异最小；第二，半农半牧业家庭在垃圾处理和水质达标两项指标上均低于其他两种生产方式家庭。

（二）不同海拔高度家庭生态文明维度的三级指标满意度评分

不同海拔高度家庭生态文明维度的三级指标满意度如表 2—28、图 2—28A、图 2—28B 所示。不同海拔高度家庭垃圾处理、水质达标和周围环境满意度均处于"非常满意"水平，极差分别为 3.39 分、8.18 分、6.42 分。

通过比较不同海拔高度家庭生态文明维度下三级指标满意度，发现居住在海拔 3500 米以下家庭、居住在海拔 3500—4000 米家庭和居住在海拔 4000—4500 米的家庭满意度评分由高到低依次是水质达标、周围环境和垃圾处理，极差分别为 4.76 分、1.37 分和 0.34 分。居住在海拔

4500 米以上的家庭满意度评分从高到低依次是垃圾处理、周围环境和水质达标，极差为 2.35 分。由此可知，四类家庭垃圾处理满意度评分普遍较低，要重视垃圾分类回收的问题。

生态文明维度方面，海拔 4000—4500 米的家庭各指标满意度均衡发展最好，海拔 3500 米以下家庭各指标满意度均衡发展最低。

表 2—28　不同海拔高度家庭生态文明维度的三级指标满意度评分

单位：分

项目	垃圾处理	水质达标	周围环境	极差
3500 米以下	91.07	95.83	95.24	4.76
3500—4000 米	93.39	94.76	94.26	1.37
4000—4500 米	92.76	93.10	93.10	0.34
4500 米以上	90.00	87.65	88.82	2.35
极差	3.39	8.18	6.42	—

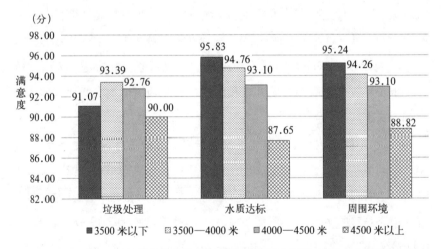

图 2—28A　生态文明维度的三级指标满意度不同海拔高度家庭评分

综上，不同海拔高度家庭生态文明维度下三级指标满意度评分存在三个特点：第一，家庭对生态文明维度的三级指标总体满意度较高；第二，各类指标满意度评分在不同海拔高度的家庭间存在一定差异，其中水质达标在不同海拔家庭间的满意度评分差异最大，为8.18分；第三，应该着重解决垃圾处理问题。

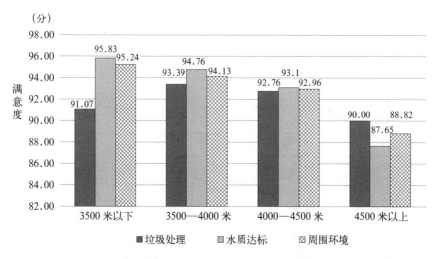

图2—28B　不同海拔高度家庭生态文明维度的三级指标满意度评分

（三）不同县（区）家庭生态文明维度的三级指标满意度评分

不同县（区）家庭生态文明维度下三级指标满意度如表2—29、图2—29A、图2—29B所示。在垃圾处理满意度方面评分由高到低依次是曲水县（96.95分）、尼木县（95.24分）、堆龙德庆区（94.50分）、林周县（94.29分）、达孜区（93.66分）、当雄县（89.19分）和墨竹工卡县（87.01分），极差为9.94分；在水质达标方面，评分由高到低依次是曲水县（97.56分）、尼木县（96.43分）、林周县（96.07分）、堆龙德庆区（94.50分）、达孜区（92.96分）、当雄县（91.44分）和墨竹工卡县（88.58分），极差为8.98分；在周围环境方面，评分由高到低依次是尼木县（98.21分）、墨竹工卡县（95.67分）、堆龙德庆区（94.50分）、曲水县（93.29分）、达孜区（92.96分）、林周县（92.86分）和当雄县（87.84分），极差为10.37分。

通过比较不同县（区）家庭生态文明维度下三级指标，发现当雄县整体评分较低，极差为3.60分。墨竹工卡县水质达标满意度较低，极差为 8.66 分，为七县（区）中最大。

综上，不同县（区）家庭生态文明维度下三级指标满意度评分存在两个特点：第一，各类指标满意度评分在七县（区）之间差异最大的是周围环境；第二，当雄县整体评分较低，着力提高当雄县生态文明水平是今后生态文明工作的重点内容。

表 2—29 不同县（区）家庭生态文明维度的三级指标满意度评分

单位：分

项目	垃圾处理	水质达标	周围环境	极差
堆龙德庆区	94.50	94.50	94.50	0.00
墨竹工卡县	87.01	88.58	95.67	8.66
尼木县	95.24	96.43	98.21	2.97
当雄县	89.19	91.44	87.84	3.60
曲水县	96.95	97.56	93.29	4.27
林周县	94.29	96.07	92.86	3.21
达孜区	93.66	92.96	92.96	0.70
极差	9.94	8.98	10.37	—

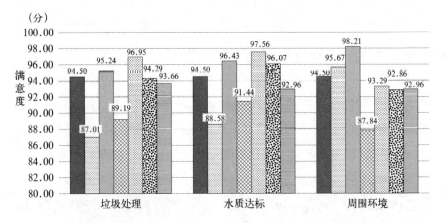

图 2—29A 居民生活维度的三级指标满意度不同县（区）家庭评分

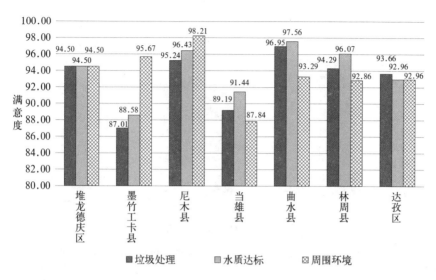

图 2—29B　不同县（区）家庭居民生活维度的三级指标满意度评分

（四）家庭成员中有无村干部生态文明维度的三级指标满意度状况

家庭成员中有无村干部的生态文明维度下三级指标满意度如表 2—30、图 2—30A、图 2—30B 所示。三类指标在两类家庭间差别较小，均处于"非常满意"水平。水质达标满意度的极差最大，为 1.74。家庭成员中有村干部满意度评分极差为 0.91，家庭成员中无村干部的极差为 1.71。

家庭成员中有无村干部生态文明维度的三级指标满意度评分存在两大特点：第一，生态文明三级指标均处于"非常满意"水平；第二，各类指标在两类家庭间评分差异较小。

表 2—30　家庭成员中有无村干部生态文明维度的三级指标满意度评分

单位：分

项目	垃圾处理	水质达标	周围环境	极差
无村干部	92.53	94.24	93.54	1.71
有村干部	92.73	92.50	93.41	0.91
极差	0.20	1.74	0.13	——

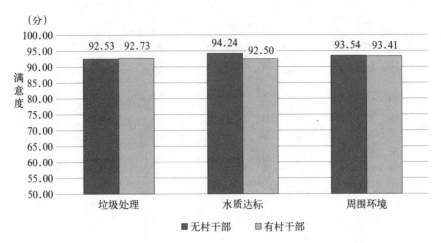

图 2—30A　生态文明维度的三级指标满意度家庭成员中有无村干部评分

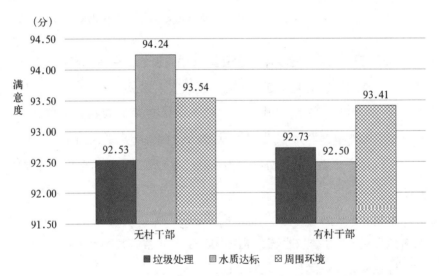

图 2—30B　家庭成员中有无村干部生态文明维度的三级指标满意度评分

第四节　本章小结

从 2021 年的调查情况来看，拉萨市农牧区总体民生满意度较高。2018—2019 年不同生产方式、海拔高度、地区、家庭成员的家庭间评分差距逐年减小，但在 2019—2021 年有差距扩大趋势，这主要是由于 2020 年新冠疫情的冲击，对社会各个方面都产生了较大影响。

在居民生活方面，收入与就业依然是居民生活模块下群众满意度相对较低的内容。对于增收，一方面，要求进一步扩大就业市场，鼓励更多企业扩展西藏市场，在借助外力的同时聚力自身发展，实现"内生驱动力逐步从要素驱动向科技创新驱动转变，最终迈向科技和制度双创新驱动"；另一方面，鼓励创业，培育新动能，壮大生力军。对于就业，一方面要加快保障住房建设进度，解决低收入家庭的居住困难问题；另一方面要做好市场对接，了解广大群众最迫切的消费需求，使其消费意愿可以就近就地得到充分满足。

在公共服务方面，教育、医疗、社会保障等民生问题始终是政府的核心任务。此次调研反映出当地群众对于社会服务的整体满意度较高，但各指标间依然存在差距。提高社会服务水平，既有赖于经济又好又快的发展，又考验政府提供公共服务的能力。要求继续提高财政在公共服务领域的倾斜力度，完善 15 年免费教育体系，不断提高义务教育阶段入学率。在医疗领域，一方面，要不断提升医疗卫生服务水平和能力，满足当地群众"大病不出藏、中病不出市地、小病不出县乡"的需求，提高就医便利度，提升就医质量；另一方面，继续加强医疗救助、基本医疗保险、大病保险的覆盖，防止因病致贫返贫。同时，进一步加大交通基础设施建设力度，统筹多种运输方式，实现交通运输发展服务经济社会发展、改善民生。

在公共安全方面，当地群众对于公共安全的整体满意度较高，这份民生成果需要继续保持和提高。一方面，要提高事后治理的水平，防患于未然、明察于秋毫、防微而杜渐，应对自然灾害要充分发挥科学、技术、本土经验的综合效应，建立完善的补偿机制，降低并尽可能避免群众的财产损失；另一方面，着力提高生产安全，建立严格的生产监督体制，提高生产安全标准。在公共卫生方面，及时做好疫苗接种，降低牲畜传染病的暴发概率，强化防治手段。在食品安全方面，要更加提高当地群众的卫生意识，做好食品质量监督工作。

在生态文明方面，拉萨农牧区人民群众对于生态文明的整体满意度较高，但就周围环境方面，尤其存在不同地区间的差距。一方面，仍然要把解决突出生态环境问题作为民生优先领域，实施生态保护奖励补助机制，鼓励广大农牧民走上生态就业、生态致富的道路，大力发展绿色产业，积极推进清洁能源产业，发展绿色工业；另一方面，继续实施生态安全屏障保护与建设工程，充分结合现代科技与农牧民本土的经验智慧，保障基础设施的充足配置，为人民群众创造良好生产生活环境。

第三章

民生状况基本分析

中国特色社会主义进入新时代，我们党坚持以人民为中心的发展思想，聚焦人民群众最关心、最直接、最现实的利益问题，不断提升人民群众的获得感、幸福感、安全感。2021年年底召开的中央经济工作会议强调稳中求进，把持续改善民生作为2022年经济工作的重要内容之一。当前，我国民生需求呈现新的特征，人民对美好生活的向往更加强烈，期盼有更好的教育、更稳定的工作、更满意的收入、更可靠的社会保障、更高水平的医疗卫生服务、更舒适的居住条件、更优美的环境、更丰富的精神文化生活。为深入了解拉萨市农牧区的民生状况，本章将从居民生活、公共服务、公共安全与生态文明四个方面进行深入探析。

第一节　居民生活

居民生活水平是指在某一社会生产发展阶段中，居民用以满足物质、文化生活需要的社会产品和劳务的消费程度。本书以家庭年收入、总消费、工作状况等指标衡量拉萨市农牧区居民生活。

一、家庭年收入情况

家庭年收入的变化情况是反映居民生活的重要指标，收入保障居民消费和支出。2021 年，42.80%的受访家庭表示家庭年收入有所增加，相较于 2019 年同比下降了 5.12%；12.58%的受访家庭表示家庭年收入减少，较 2019 年同比上升 1.57%；与此同时，有 44.62%的受访家庭表示年收入没有发生变化，比 2019 年略微上升 3.55%；同 2019 年一样，没有受访家庭不清楚自己的家庭收入，如图 3—1 所示。究其原因，年收入减少可能是受疫情的影响，须进一步拓宽农牧民增收渠道，完善农牧民的收入结构。

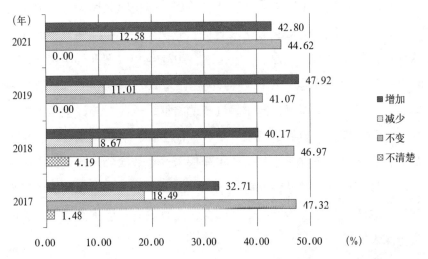

图 3—1　2017—2019 年、2021 年拉萨市农牧区居民家庭年收入变动情况比较

注：2017 年调查 N=746；2018 年调查 N=692；2019 年调查 N=745；2021 年调查 N=715。

二、家庭总消费情况

2021 年拉萨市农牧区受访家庭全年总消费呈上升态势，如图 3—2 所示。2021 年，52.87%的受访家庭表示家庭全年总消费较 2019 年有所增加，较 2019 年同比下降 12.36%；3.92%的受访家庭表示家庭总消费减少，较 2019 年上升 1.15%；同时也有 43.21% 的受访家庭表示家庭的总消费不变，较 2019 年同比上升 11.21%。

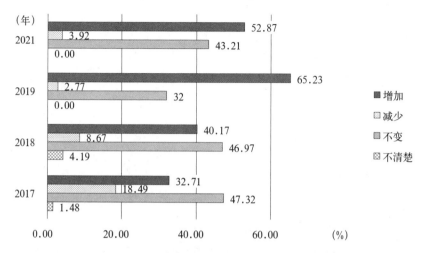

图 3—2 2017—2019 年、2021 年拉萨市农牧区居民家庭总消费变动情况比较

注：2017 年调查 N=746；2018 年调查 N=692；2019 年调查 N=745；2021 年调查 N=715。

三、工作状况满意度

2021 年拉萨市农牧区居民对工作情况基本满意，相较于 2019 年有所下降，如图 3—3 所示。2021 年，68.95% 的受访者家庭表示对当前工作状态感到满意，较 2019 年同比下降 7.66%；24.76% 的受访者家庭表示对当前工作状况感到一般，较 2019 年同比上升 4.76%；6.29% 的受访者家庭表示对当前工作状况感到不满意，较 2019 年同比上升 2.9%[①]。2021 年为更细化受访者家庭对当前工作状况感受，将问题回答的设置由三级标准变为五级标准，即非常不满意、比较不满意、一般、比较满意、非常满意。2021 年，13.29% 的受访者家庭表示对当前工作状况感到非常满意；55.66% 的受访者家庭表示对当前工作状况感到比较满意；

————————

① 由于 2021 年问卷答案采用 5 级量表，即"非常满意、比较满意、一般、比较不满意、非常不满意"5 项，为了与 2017 年、2018 年、2019 年数据进行对比，将"非常满意、比较满意"简化为"满意"；"非常不满意、比较不满意"简化为"不满意"进行分析。后文将不再进行赘述。

24.76%的受访者家庭对当前工作状况感到一般；仅1.39%的受访者家庭
对当前工作状况感到非常不满意，具体如图3—4所示。

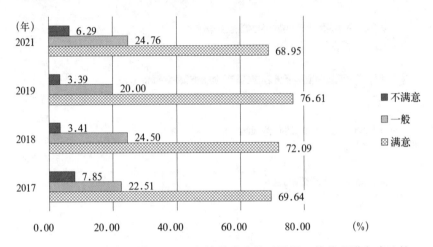

图3—3　2017—2019年、2021年拉萨市农牧区居民工作状况满意度比较

注：2017年调查N=746；2018年调查N=692；2019年调查N=745；2021年调查N=715。

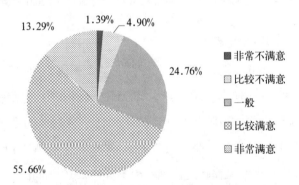

图3—4　2021年拉萨市农牧区居民工作状况满意度

注：2021年调查N=715。

四、自有住房情况

　　拉萨市农牧区居民的住房绝大多数为政府与个人合资建房，建成后
为农牧区居民自有。截至2021年年底，拉萨市农牧区居民居住房屋大
多为自有住房，只有极少部分居民居住在他人住房内，或租或借，自有

住房与 2019 年相比呈上升趋势，如图 3—5 所示。2021 年，有 97.20%
的受访家庭目前居住房屋属于自有房屋，较 2019 年同比上升 1.09%；
而仅有 2.80% 的受访家庭居住的房屋不属于自有住房，与 2019 年相比
有所下降。

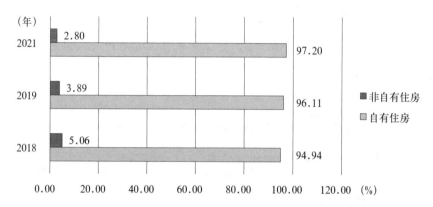

图 3—5　2018 年、2019 年、2021 年拉萨市农牧区居民居住房屋是否自有
情况比较

注：2018 年调查 N=692；2019 年调查 N=745；2021 年调查 N=715。

　　2021 年，拉萨市农牧区自有住房满足家人居住情况良好，整体呈
上升趋势，如图 3—6 所示。92.45% 的拥有自有住房的受访家庭表示

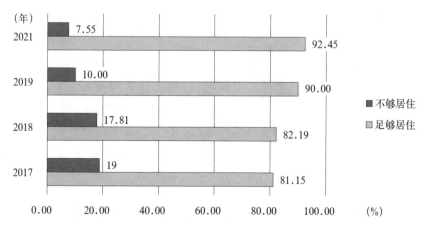

图 3—6　2017—2019 年、2021 年拉萨市农牧区居民房屋情况比较

目前房屋足够家人居住，较 2019 年增加了 2.45%；而在拥有自有住房的受访家庭中，仍有 7.55% 的受访家庭表示目前自有住房不够家人居住。

五、居住满意度

2021 年，拉萨市农牧区居民对于房屋居住情况的满意程度整体呈现上升趋势，如图 3—7 所示。80.42% 的受访家庭都对房屋居住情况

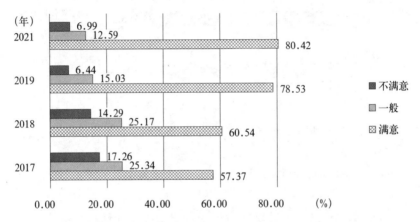

图 3—7 2017—2019 年、2021 年拉萨市居民房屋居住状况满意度比较

注：2017 年调查 N=746；2018 年调查 N=692；2019 年调查 N=745；2021 年调查 N=715。

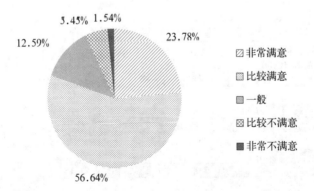

图 3—8 2021 年拉萨市农牧区居民房屋居住情况满意度

注：2021 年调查 N=715。

表示满意，其中23.78%的居民对房屋表示非常满意，有56.64%的受访家庭对房屋的居住情况表示比较满意，相对于2019年，同比增长了1.89%；12.59%的受访家庭对房屋的居住情况表示一般，比2019年下降了2.44%；仍有6.99%的受访家庭对房屋居住情况表示不满意，有5.45%的受访家庭比较不满意，更有1.54%的受访家庭表示非常不满意，相较于2019年增加了0.55%，具体如图3—8所示。

第二节　公共服务

公共服务是指政府部门、国有企事业单位和相关中介机构依据法律、法规、规章或者行政机关的规范性文件设定，履行法定职责，依据公民、法人或者其他组织的要求，提供帮助或者办理有关事务的行为。具体表现为相关部门或机构，灵活运用各种机制、方式，提供各种物质形态或非物质形态的公共物品，不断回应社会公共需求偏好、维护公共利益。公共服务是21世纪公共行政和政府改革的核心理念，包括加强城乡公共设施建设，发展教育、科技、文化、卫生、体育等公共事业，为社会公众参与社会经济、政治、文化活动等提供保障。公共服务以合作为基础，包括加强城乡公共设施建设，强调政府的服务性，强调公民的权利。本书以教育、医疗、政府补贴、公共交通等方面以及使用手机等现代化通信工具情况来衡量公共服务建设水平。

一、义务教育满意度

2021年拉萨市农牧区居民对义务教育的满意度较高，如图3—9所示。2021年，88.81%的受访家庭对义务教育表示满意，其中有46.85%的家庭表示比较满意，41.96%的受访家庭表示非常满意，如图3—10所示，相较于2019年下降了2.52%；有9.79%的受访家庭对于义务教育的满意程度表示一般，较2019年同比上升了1.12%；2021年，对义务教育不满意的受访家庭约占总受访家庭的 1.40%，相比 2019 年上升了 1.4%，其中表示非常不满意的家庭占比 0.56%，表示比较不满意的家庭占比 0.84%。人们对义务教育的追求，已经从"有学上"转变为"上好学"，对优质教育资源的追求是经济社会发展到较高水平的必然趋势。

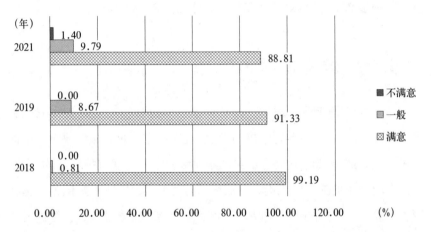

图 3—9 2018 年、2019 年、2021 年拉萨市农牧区居民义务教育满意度情况比较

注：2018 年调查 N=588；2019 年调查 N=745；2021 年调查 N=715。

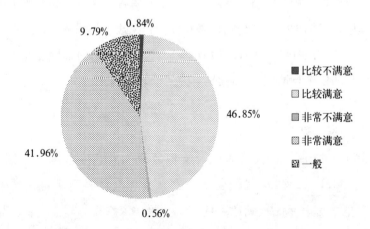

图 3—10 2021 年拉萨市农牧区居民义务教育满意度

注：2021 年调查 N=715。

二、选择就医机构情况

2021 年，拉萨市农牧区大多数居民就医首选仍为基层卫生医疗机构，如图 3—11 所示。2021 年，66.90%的受访家庭表示看病首选去村或乡镇卫生所或医院进行医治，较 2019 年下降 12.00%；21.97%的受访家庭表示会首选去县城卫生所或医院，较 2019 年同比上升了 5.77%；7.23%的受访家庭表示会去拉萨市医院进行治疗，比 2019 年上升了 4.83%；仅有 3.32%的受访家庭表示会首选藏医以及到藏医院进行治疗，比 2019 年上升了 0.82%；仅有 0.58%的受访家庭会选择请活佛或喇嘛诊断。这说明，一方面，拉萨市的基层医疗卫生水平发展缓慢，农牧民选择基层医疗的比例下降；另一方面，拉萨市农牧民更加信赖市或县级医院，对现代医疗水平的越来越认同。

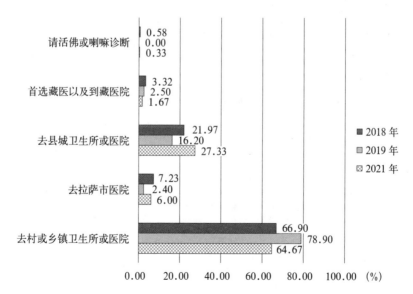

图 3—11　2018 年、2019 年、2021 年拉萨市农牧区居民家人生病首选医治方式对比

注：2018 年调查 N=588；2019 年调查 N=745；2021 年调查 N=715。

三、基层医疗卫生服务满意度

由图 3—12 可知，村或乡镇基层医疗卫生服务机构在拉萨市农牧区居民的民生保障中发挥着越来越重要的作用。2021 年拉萨市农牧区居民受访家庭中共有 209 户选择前往乡镇、村级基层医疗卫生服务机构，受访结果呈现出较高的满意度。去过村或镇卫生所或医院的受访家庭中，有 83.73% 的受访家庭对其提供的医疗服务表示满意，其中 40.19%

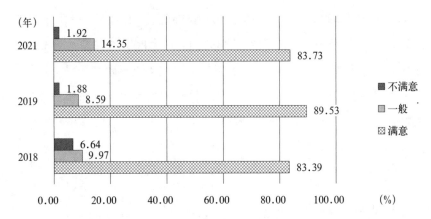

图 3—12　2018 年、2019 年、2021 年拉萨市农牧区居民基层医疗卫生服务满意度比较

注：2018 年调查 N=588；2019 年调查 N=745；2021 年调查 N=715。

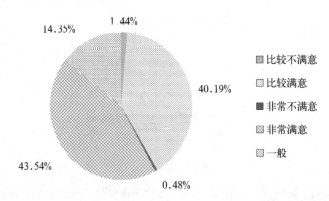

图 3—13　2021 年拉萨市农牧区居民基层医疗卫生服务满意度

注：2021 年调查 N=715。

的访户表示比较满意，43.54%的访户表示非常满意，较 2019 年下降5.8%；14.35%的受访家庭表示对本村或乡镇卫生所或医院提供的医疗服务表示一般，较 2019 年上升了 5.76%；仅有 1.92%的受访家庭对其医疗卫生服务表示不满意，有 1.44%的访户表示比较不满意，0.48%的访户表示非常不满意，较 2019 年上升了 0.03%，可忽略不计，具体如图 3—13 所示。

四、县医院就医满意度

2021 年拉萨市农牧区居民对县（区）医院提供的医疗服务满意度较高，如图 3—14 所示。90.75%的受访家庭对县（区）医院提供的医疗服务表示满意，其中有 44.51%的受访家庭表示比较满意，46.24%的受访家庭表示非常满意，较 2019 年下降了 1.19%；8.67%的受访家庭对其提供的医疗服务表示一般，较 2019 年上升了 1.99%；0.58%的受访家庭表示对县（区）医院提供的医疗服务表示不满意，其中 0.58%的受访家庭表示比较不满意，没有受访家庭表示非常不满意，具体如图 3—15 所示。

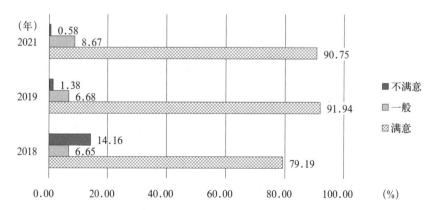

图 3—14 2018 年、2019 年、2021 年拉萨农牧区居民对县（区）医院服务满意度比较

注：2018 年调查 N=588；2019 年调查 N=745；2021 年调查 N=715。

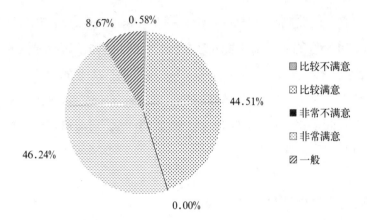

图 3—15　2021 年拉萨市农牧区居民对县（区）医院服务满意度

注：2021 年调查 N=715。

五、社会养老保障满意度

2021 年拉萨市农牧区居民对政府提供的社会养老保障表现出较高的满意度，如图 3—16 所示。71.64% 的受访者家庭表示对政府提供的社会养老保障非常满意；26.86% 的受访者家庭表示对政府提供的社会养老保障比较满意；0.75% 的受访家庭对政府提供的养老保障表示一般；仅不到 1% 的受访者家庭表示对政府提供的社会养老保障不满意。

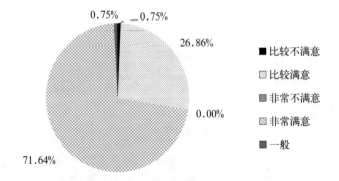

图 3—16　2021 年拉萨市农牧区居民对政府提供的社会养老保障满意度

注：2021 年调查 N=715。

六、政府补贴满意度

2021 年，拉萨市农牧民家庭对国家发放各种补贴的满意度较 2019 年有所下降，如图 3—17 所示。2021 年，89.08% 的受访家庭对政府补贴力度表示满意，其中 53.28% 的受访家庭表示比较满意，35.80% 的受访家庭表示非常满意，较 2019 年下降了 6.69%；10.48% 的受访家庭对政府的各项补贴表示一般，较 2019 年上升了 6.73%；仍有 0.44% 的受访家庭对政府补贴表示不满意，较 2019 年，同比下降了 0.04%。

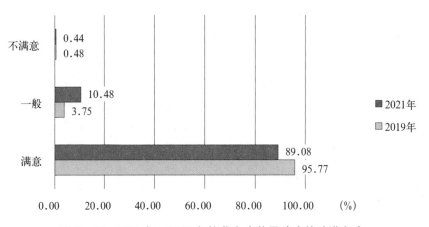

图 3—17　2019 年、2021 年拉萨市农牧民政府补贴满意度

注：2019 年 N=745；2021 年调查 N=715。

七、公共交通满意度

2021 年拉萨市农牧区的公共交通满意度与 2019 年相比呈上升趋势，如图 3—18 所示。2021 年，89.43% 的受访家庭对当前出行可选择的公共汽车方便程度表示满意，其中有 66.04% 的受访家庭表示比较满意，23.39% 的受访家庭表示非常满意，较 2019 年提高了 3.13%；8.30% 的受访家庭对目前出行可选择的公共汽车的方便程度表示一般；对目前出行可选择的公共汽车的方便程度表示不满意的受访家庭有 2.27%，同

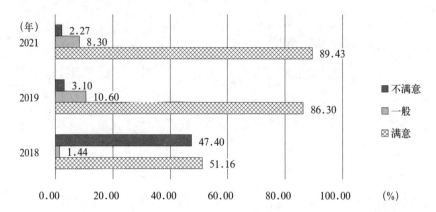

图 3—18　2018 年、2019 年、2021 年出行可选择的公共汽车方便程度满意度对比

注：2018 年调查 N=692；2019 年调查 N=745；2021 年调查 N=715。

2019 年相比下降了 0.83%。

2021 年拉萨市农牧区居民对于交通道路状况满意度创历史新高，呈持续上升趋势，如图 3—19 所示。2021 年，85.73% 的受访家庭对本村或乡镇道路状况表示满意，较 2019 年上升了 11.78%；分别有 10.35% 和 3.92% 的受访家庭对目前本村或乡镇道路状况表示不满意和一般，较 2019 年同比分别下降了 2.70% 和 9.08%。

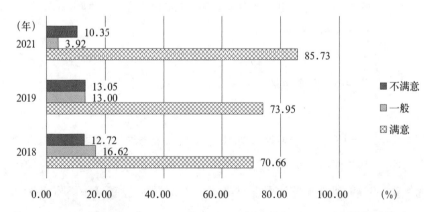

图 3—19　2018 年、2019 年、2021 年本村或乡镇道路状况满意度对比

注：2018 年调查 N=692；2019 年调查 N=745；2021 年调查 N=715。

第三节　公共安全

公共安全是社会和公民个人从事和进行正常生活、工作、学习、娱乐和交往所需要的稳定外部环境和秩序。公共安全类型多样，既有信息安全、食品安全、公共卫生安全，也有公众出行规律安全、避难者行为安全、人员疏散、建筑安全、城市生命线安全、恶意与非恶意的人身安全等。根据拉萨市农牧民生活的客观情况和调研目的，公共安全具体包括生产安全、自然灾害、公共治安、传染病防治与食品安全五个方面。

一、生产安全事故及应急措施满意度

生产安全事故是指人们在生产生活中，突然发生的违反人们意愿，并有可能使有目的活动发生暂时性或永久性中止，造成人员伤亡或财产损失的意外事件。拉萨市位于青藏高原，特殊的地理位置使得居民对于生产安全的关注度逐渐上升，进一步影响居民生活的满意度。

在本次拉萨市开展的民生调查中，生产安全主要考察矿山、建筑、修路等行业中发生的危害健康的事故，公民个人在农业或牧业生产中操作

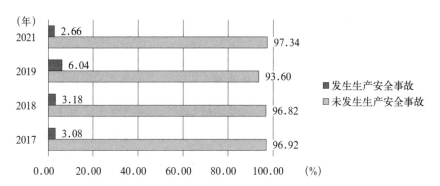

图3—20　2017—2019年、2021年拉萨市农牧区居民发生过生产安全事故情况比较

注：2017年调查N=746；2018年调查N=588；2019年调查N=745；2021年调查N=715。

农业机械发生的危及人身安全的事故。2021 年拉萨市农牧区生产安全事故发生率有所下降，如图 3—20 所示。2021 年，2.66%的受访家庭表示发生过生产安全事故，相较于 2019 年，事故发生率下降了 3.38%，这说明生产安全已经引起了一定程度的重视，生产安全事故的发生率逐步下降。

在 2021 年，拉萨市农牧区居民对生产事故发生后政府措施满意度如图 3—21 所示。10.53%的受访家庭对生产事故发生后政府采取的措施表示非常满意；15.79%的受访家庭表示比较满意；57.89%的受访家庭对生产事故发生后政府采取的措施表示一般；分别有 10.53%和 5.26%的受访家庭表示比较不满意和非常不满意。这说明在生产事故发生后政府采取的措施还有待于进一步加强。

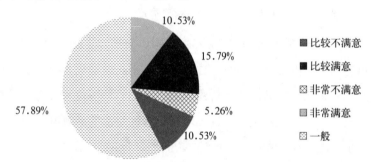

图 3—21　2021 年拉萨市农牧区居民对生产安全事故发生后政府措施评价满意度

注：2021 年调查 N=19（仅为发生过生产安全事故的受访家庭）。

二、自然灾害应急措施满意度

自然环境是人类赖以生存和发展的基础，自然灾害直接影响人类生产生活的进程和质量。2021 年拉萨市农牧民对自然灾害发生后政府采取的措施满意度较 2019 年有所下降，如图 3—22 所示。2021 年，21.44%的受访家庭对自然灾害发生后政府采取的措施表示非常满意；35.71%的受访家庭对其采取的措施表示比较满意；35.71%的受访家庭表示一般；另有 7.14%的农牧民对自然灾害发生后政府采取措施表示不

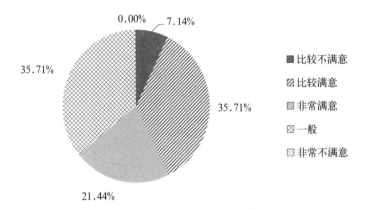

图 3—22　2021 年拉萨市农牧区居民对自然灾害发生后政府采取措施满意度

注：2021 年调查 N=35（仅为遭受过自然灾害的受访家庭）。

满意。这说明政府在灾后施策方面还有待进一步加强。

三、治安安全及应急措施满意度

2021 年，1.12%的受访家庭表示发生过治安安全事件，较 2019 年下降了 7.78%；98.88%的受访家庭表示未发生治安安全事件，较 2019

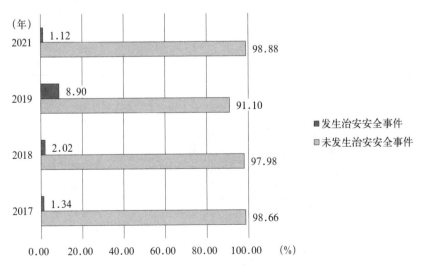

图 3—23　2017—2019 年、2021 年拉萨市农牧区发生治安安全事故对比

注：2021 年调查 N=8（仅为发生过治安安全的受访家庭）。

年上升了 7.78%，如图 3—23 所示。37.50% 的受访家庭对治安安全事故发生后政府采取的措施表示非常满意；表示比较满意和一般的受访家庭均占比 25.00%；另有 12.50% 的受访家庭对发生治安安全事故后政府采取的措施表示比较不满意，如图 3—24 所示。

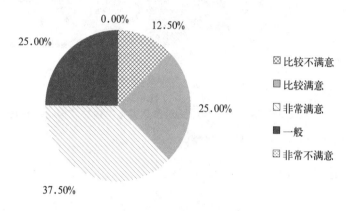

图 3—24　2021 年拉萨市农牧区居民对治安安全事故发生后政府采取措施满意度

注：2021 调查 N=715（仅为发生过治安安全事故的受访家庭）。

2021 年，52.73% 的受访家庭表示村镇比较安全；41.54% 的受访家庭表示村镇非常安全；41.54% 的受访家庭表示村镇比较安全；仅有

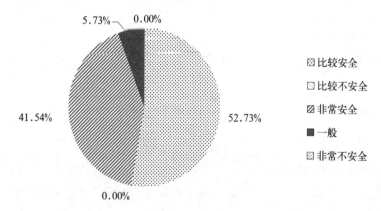

图 3—25　2021 年拉萨市农牧区居民村镇安全感知

注：2021 年调查 N=715。

5.73%的受访家庭表示村镇的安全性一般，如图 3—25 所示。

四、传染疾病防治措施满意度

拉萨市农牧区在传染病方面采取预防、控制与治疗的多重措施，防控效果显著，农牧区居民普遍感到满意，如图 3—26 所示。2021 年，有 94.55%的受访家庭对政府在人类传染病防治方面采取的措施表示满意，48.12%的受访家庭表示比较满意，46.43%的受访家庭表示非常满意，较 2019 年同比下降了 1.15%；5.03%的受访家庭对其采取的措施表示一般，比 2019 年上升了 0.83%；还有 0.42%的受访家庭表示对政府在人类传染病防治方面采取的措施表示比较不满意。

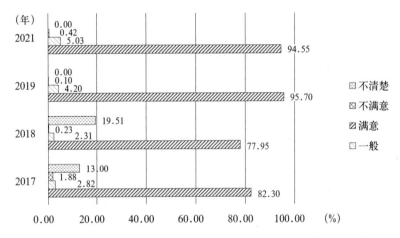

图 3—26　2017、2019 年、2021 年拉萨市农牧区居民对政府在人类传染病防治方面采取措施的满意度对比

注：2017 年调查 N=746；2018 年调查 N=588；2019 年调查 N=745；2021 年调查 N=715。

2021 年，拉萨市农牧区在牲畜传染病防治方面采取的措施获得了大部分农牧民的肯定，但还是有一部分的农牧民不是很满意，如图 3—27 所示。在发生过牲畜传染病的受访家庭中，50.00%的受访家庭对政府在牲畜传染病防治方面采取的措施表示满意，其中，10.00%的受访家庭表示非常满意，40.00%的家庭表示比较满意；20.00%的受访家庭

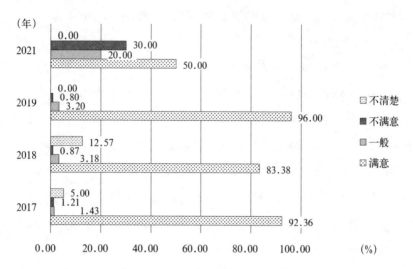

图 3—27 2017—2019 年、2021 年拉萨市农牧区居民对政府在牲畜传染病防治方面采取措施满意度对比

注：2017 年调查 N=746；2018 年调查 N=588；2019 年调查 N=745；2021 年调查 N=715。

表示一般；还有 30.00% 的受访家庭表示不满意。

五、食品安全及饮水安全

2021 年拉萨市农牧区居民对日常食品消费满意度保持在一个稳定的状态，如图 3—28 所示。2021 年，88.25% 拉萨市农牧区受访家庭对日常食品消费表示满意，较 2019 年并未发生大的变化；11.33% 的受访家庭对日常食品消费评价一般；0.42% 的受访家庭对日常食品消费表示不满意，较 2019 年同比下降了 2.08%。

拉萨市农牧区的饮水来源众多，有少部分的农牧民饮用地表自然水，如图 3—29 所示。55.95% 的受访家庭使用公共自来水厂集中供应的自来水；11.33% 的受访家庭使用来自地表水蓄水设施集中分户供水；6.85% 的受访家庭使用自家的水井；20.14% 的受访家庭使用自然地表水（溪水或河流）；5.31% 的受访家庭使用村里或乡镇的公用水井。这说明拉萨市农牧区自来水的供应范围还应该进一步扩大。

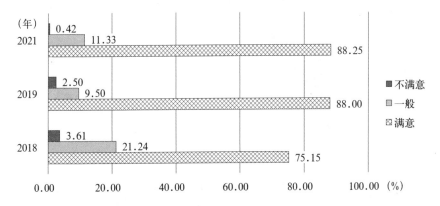

图 3—28 2018 年、2019 年、2021 年拉萨市农牧区日常食品消费安全满意度对比

注：2018 年调查 N=588；2019 年调查 N=745；2021 年调查 N=715。

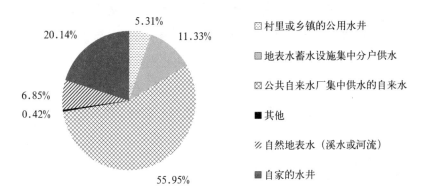

图 3—29 2021 年拉萨市农牧区居民日常生活饮用水来源

注：2021 年调查 N=715。

　　大部分拉萨市农牧民对日常饮用水表示满意，如图 3—30 所示。2021 年，58.60% 的拉萨市受访家庭对日常饮用水表示比较满意；30.91% 的受访家庭对日常饮用水表示非常满意；8.39% 的受访家庭表示一般；有 0.84% 的受访家庭对日常饮用水表示比较不满意；更有 1.26% 的受访家庭表示非常不满意。

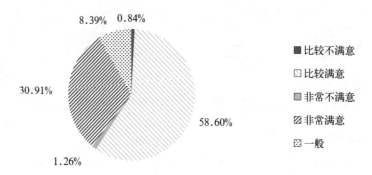

图3—30　2021年拉萨市农牧区居民日常生活饮用水满意度

注：2021年调查N=715。

六、居民对政府办事的满意度

2021年，拉萨市农牧区对政府行政办事效率、办事态度的满意度有所下降，如图3—31所示。85.73%的受访家庭对行政办事效率表示满意。其中，有58.04%的受访家庭表示比较满意，27.69%的受访家庭表示非常满意，较2019年同比下降4.47%；13.43%的受访家庭表示一般；0.84%的受访家庭对行政办事效率表示不满意，0.70%的受访家庭表示比较不满意，0.14%的受访家庭表示非常不满意，相比2019年下降1.06%。

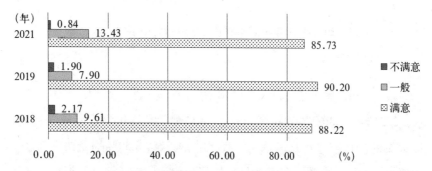

图3—31　2018年、2019年、2021年拉萨市农牧区对政府办事效率满意度对比

注：2018年调查N=588；2019年调查N=745；2021年调查N=715。

　　2021 年拉萨市农牧区居民对政府办事态度满意度相较于 2019 年呈下降趋势，如图 3—32 所示。85.73% 的受访家庭对政府办事态度持满意态度，其中有 58.04% 的受访家庭表示比较满意，27.69% 的受访家庭表示非常满意，较 2019 年同比下降 5.17%；13.43% 的受访家庭表示一般；0.84% 的受访家庭对政府办事态度表示不满意，其中 0.70% 的受访家庭表示比较不满意，0.14% 的受访家庭表示非常不满意，较 2019 年有所下降。

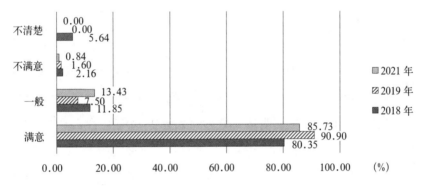

图 3—32　2018 年、2019 年、2021 年拉萨市农牧民对政府办事态度满意度对比

注：2018 年调查 N=588；2019 年调查 N=745；2021 年调查 N=715。

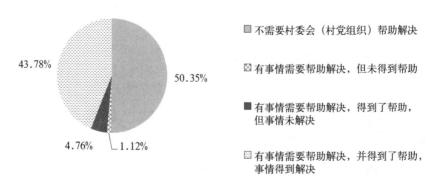

图 3—33　2021 年拉萨市农牧区居民得到政府帮助情况

注：2021 年调查 N=715。

村委会是乡村建设发展不可或缺的基层组织建设单位，在乡村建设中发挥着重要作用。2021年，50.35%的受访家庭表示没有发生事情不需要村委会（村党组织）帮助解决；43.78%的受访家庭表示有事情需要帮助解决，并得到了帮助，事情得到解决；4.76%的受访家庭表示有事情需要帮助解决，得到了帮助，但事情未解决；1.12%的受访家庭表示有事情需要帮助解决，但未得到帮助，如图3—33所示。这要求基层组织单位要进一步加强对困难农牧民群众的关心和帮助。

第四节　生态文明

生态文明是指人类积极改善和优化人与自然关系，建设有序的生态运行机制，为保护和建设美好生态环境而取得的物质成果、精神成果和制度成果的总和。生态文明是人类文明发展的一个新阶段，是以人与自然、人与人、人与社会和谐共生、良性循环、全面发展、持续繁荣为基本宗旨的社会形态。青藏高原是"亚洲水塔""地球第三极"，作为青藏高原主体，西藏境内江河纵横、湖泊密布，保护好青藏高原生态就是对中华民族生存和发展的最大贡献。本书采用日常能源方式、电力供给、生活垃圾处理和周边生活环境等指标分析拉萨市农牧区生态文明建设成果。

一、生活能源来源及生活满意度

在拉萨市农牧区，由于传统观念和客观条件的影响，牛粪在其家庭生活中仍然扮演着举足轻重的角色；同时，伴随着电力的通达和设施的完善，电力的使用量也大大增加。牛粪和电能源作为拉萨市农牧区家庭日常生活能源的主要来源，如表3—1所示。2021年，拉萨市农牧区受访家庭在日常的生活中，44.47%的受访家庭每天都使用电；66.43%的受访家庭每天都会使用牛粪；31.32%的受访家庭每天使用木柴；2.94%

的受访家庭每天都会使用煤炭；当然也有少部分受访家庭使用其他能源。从以上可以看出，农牧民使用能源种类具有多样性。

表3—1 2019年、2021年拉萨市农牧区居民家庭
日常生活能源方式选择情况比较

单位：%

能源类别	几乎从不使用		很少使用		有时使用		经常使用		每天使用	
年份	2019	2021	2019	2021	2019	2021	2019	2021	2019	2021
煤炭	92.70	77.48	3.20	8.54	1.70	6.44	1.20	4.42	1.20	2.94
牛粪	3.80	3.50	0.90	2.80	23.40	9.93	23.40	17.34	63.60	66.43
木柴/树枝	29.90	31.19	12.60	11.33	19.70	12.31	19.70	13.85	18.10	31.32
天然气/煤气/沼气	27.90	33.29	5.90	7.69	17.50	16.78	17.50	15.52	31.60	26.72
电	10.60	22.24	5.30	7.55	7.30	10.91	7.30	14.83	68.40	44.47
太阳能/风能	78.30	68.81	7.10	9.51	3.60	10.77	3.60	5.73	5.10	5.18

注：2019年调查 N=745；2021年调查 N=715。

2021年，85.87%的受访家庭对日常使用的能源表示满意，较2019年下降了10.33%；13.99%的受访家庭表示一般；仅有0.14%的受访家庭表示不满意，较2019年下降0.26%，如图3—34所示。

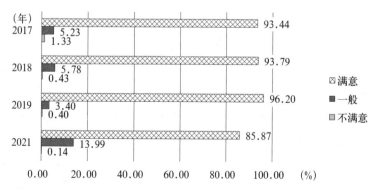

图3—34 2017—2019年、2021年拉萨市农牧区居民家庭日常生活能源满意度对比

注：2017年调查 N=746；2018年调查 N=588；2019年调查 N=745；2021年调查 N=715。

二、稳定供电方式及满意度

2021 年，拉萨市农牧区已几乎实现国家电网全覆盖，农牧区居民用电越来越稳定，如图 3—35 所示。99.58% 的受访家庭使用国家电网；0.28% 的受访家庭自行发电；0.14% 的受访家庭完全不使用电。随着国家在民生领域的大量投入和电力基础设施在拉萨以及西藏其他地区的不断完善，国家电网供电覆盖率逐步上升。

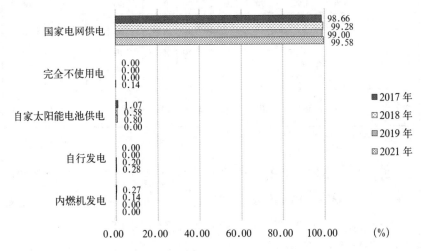

图 3—35　2017—2019 年、2021 年拉萨市农牧区居民用电来源

注：2017 年调查 N=746；2018 年调查 N=588；2019 年调查 N=745；2021 年调查 N=715。

2021 年，88.67% 的受访家庭对用电稳定性表示满意，其中，57.34% 的受访家庭表示比较满意，31.33% 的受访家庭表示非常满意；9.79% 的受访家庭表示一般；1.54% 的受访家庭对用电稳定性表示不满意，0.84% 的受访家庭表示比较不满意，0.70% 的受访家庭表示非常不满意。2021 年，用电稳定性满意度评价较 2019 年有所下降，如图 3—36 所示。

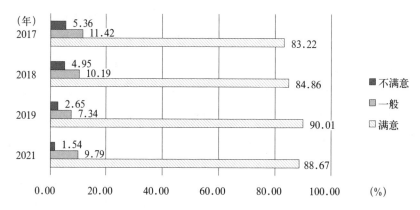

图3—36 2017—2019年、2021年拉萨市农牧区居民用电稳定性满意度

注：2017年调查N=746；2018年调查N=588；2019年调查N=745；2021年调查N=715。

三、生活垃圾处理满意度

生活垃圾处理专指对日常生活或者为日常生活提供服务的活动所产生的固体废弃物以及法律法规所规定的视为生活垃圾的固体废物的处理，包括生活垃圾的源头减量、清扫、分类收集、储存、运输、处理、处置及相关管理活动。

拉萨市农牧区生活垃圾产生具有明显的地域性、季节性，与居民

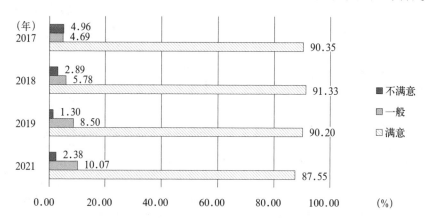

图3—37 2017—2019年、2021年拉萨市农牧区居民日常的垃圾处理满意度

注：2017年调查N=746；2018年调查N=588；2019年调查N=745；2021年调查N=715。

消费水平、生产生活方式有密切联系。2021 年，87.55%的受访家庭对对日常生活垃圾的处理表示满意，其中有 62.24%的受访家庭表示比较满意，25.31%的受访家庭表示非常满意；10.07%的受访家庭表示一般；2.38%的受访家庭表示不满意，其中有 2.10%的受访家庭表示比较不满意，0.28%的家庭表示非常不满意。2021 年，拉萨市农牧区居民对日常垃圾处理满意度较 2019 年有所下降，如图 3—37 所示。

四、污水排放方式及生活满意度

在 2021 年，72.73%的受访家庭表示污水是自己家单独自行排放；6.43%的受访家庭表示污水的排放采取其他方式；20.84%的受访家庭表示有污水排放管道系统接入家庭，较 2019 年同比上升了 19.94%，如图 3—38 所示。这说明拉萨市农牧区生活污水排放方式得到明显改进，污水排放管道系统正在逐渐深入广大农牧民的家庭。

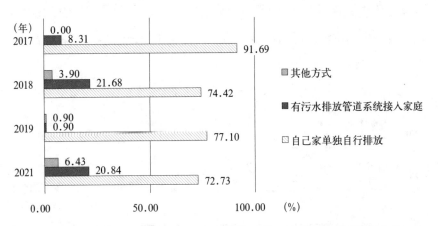

图 3—38 2017—2019 年、2021 年拉萨市农牧区家庭污水排放情况对比

注：2017 年调查 N=746；2018 年调查 N=588；2019 年调查 N=745；2021 年调查 N=715。

2021 年，11.61%的受访家庭对生活污水排放表示非常满意；51.61%的受访家庭表示比较满意；25.87%的受访家庭表示一般；8.95%的受访家庭表示比较不满意；还有 1.96%的受访家庭表示非常不满意，

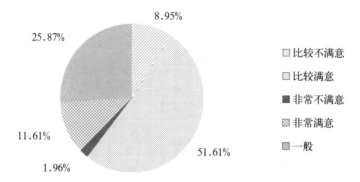

图3—39 2021年拉萨市农牧区居民生活污水排放满意度

注: 2021年调查N=715。

如图3—39所示。这说明对生活污水排放的整改还需进一步加强。

五、厕所使用状况

厕所的建立不仅关系高原生态文明, 更关系到广大人民群众工作生活。2021年, 拉萨市农牧区居民家庭的厕所普及程度有所提高, 如图3—40所示。81.12%的受访者家庭表示自家修建旱厕, 3.92%的受访者家庭表示自家修建冲水厕所, 自家拥有厕所总和达85.04%, 较2019年同比上升16.34%; 1.26%的受访者家庭表示有公共厕所, 较2019年同

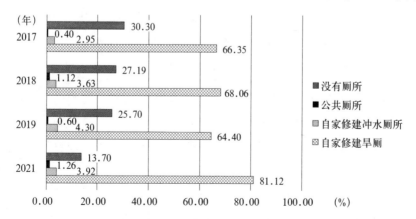

图3—40 2017—2019年、2021年拉萨市农牧区居民使用厕所情况

注: 2017年调查N=746; 2018年调查N=692; 2019年调查N=745; 2021年调查N=715。

比上升 0.66%；仍有 13.70% 的受访者家庭表示没有厕所，较 2019 年同比下降 12.00%。

第五节　结论与建议

一、主要结论

第一，拉萨市农牧区居民生活出现略微波动。2021 年，拉萨市农牧区居民对家庭年收入、总消费、就业满意度较 2019 年均呈现下降的趋势；但自有住房率、住房满意度较 2019 年都有一定比率的上升。其中，42.80% 的受访者家庭表示年收入增加，较 2019 年下降了 5.12%，说明农牧民家庭的增收渠道窄；52.87% 的受访者家庭表示总消费增加，较 2019 年下降了 12.36%，说明农牧民家庭的消费能力随着收入的减少而降低；68.95% 的受访者家庭表示对当前工作情况感到满意，较 2019 年下降 7.66%，说明农牧民家庭受疫情的影响导致就业问题凸显；80.42% 的受访者家庭表示对当前住房感到满意，较 2019 年上升了 1.89%，说明政府"两不愁，三保障"工作成效显著。

第二，拉萨市农牧区公共服务提供情况与满意度逐年上升。2021 年拉萨市农牧区居民对义务教育、县（区）医院、政府补贴、公共交通出行、道路状况的满意度都比较高，均超过 85% 的比率。其中，66.90% 的农牧民在基层医疗单位就医，21.97% 的农牧民前往县（区）医院就医，较 2019 年前往县（区）就医的比例上升，说明拉萨市农牧区基层医疗发展缓慢，农牧民更加信赖县（区）医院；85.73% 的农牧民对道路状况表示满意，较 2019 年上升了 11.78%，说明在农牧区道路改善方面取得了一定的成效。

第三，拉萨市农牧区公共安全意识与满意度不断上升。2021 年拉萨市农牧区居民生产安全事故发生率呈历年最低，为 2.66%，居民生产生活安全意识有进一步提升，但对政府在生产安全事故发生后有关工作的满意度基本持平。2021 年相对于 2019 年治安安全事件发生率更低，仅为 2.66%。疾病、食品饮用水安全等满意度均在 85% 以上。

第四，拉萨市农牧区生态文明程度不断优化。2021 年，厕所使用情况有明显的改善，普及率较 2019 年上升了 16.72%；农牧区电网覆盖范围更广，近乎 100%，但供电的不稳定导致供电满意度有所下降；日常垃圾处理满意度较 2019 年有所下降，垃圾处理方式仍须改善。

二、政策建议

一是在居民生活方面。不断增加农牧区居民收入，拓宽消费领域，优化消费结构，满足农牧民多样化的物质需求，进一步提升农牧民生活水平；鼓励农牧民参与就业，提升工资性收入在总收入中所占比例，进一步优化收入结构；同时，加大农牧区住房保障力度，确保农牧民有房可住、房屋够住，提升农牧民住房满意度。

二是在公共服务方面。加强基础设施投入，完善农牧区基础设施建设，在改善道路、供水、供电等设施的同时，实现城乡基础设施一体化建设，改善农牧区生活条件；建立与农牧区保障水平与生产力发展水平相适应的社会保障体系，以社会救助、社会福利为基础，以基本养老、基本医疗、最低生活保障制度为重点，以慈善事业、商业保险为补充，完善社会保障体系，加大社会保障投入。

三是在公共安全方面。完善拉萨市农牧区突发事件应急救援保障体系，不断加强从事前管理到事中、事后的善后管理工作，治安管理方面更要侧重及早发展、及早治理、及早善后的相关内容；总结经验和加强公共安全科学技术研究，充分利用各类科研资源，如高等院校、科研机构等社会团体，对公共安全进行理论研究和应用研究；提高拉萨市农牧区管理部门和公众的安全意识，要坚持理念创新，要改善体制机制，强化方法与手段，推动公共治安工作，致力于使工作更精细化、更信息化、更法治化，持续提升维护公共治安的能力，做到实时防范，解决和把控各种风险。

四是在生态文明方面。通过形式多样的宣传渠道引导农牧民树立正确的生态意识、环保意识、节约意识。把"厕所革命"贯彻落实到底，补齐影响群众生活品质的短板。采用政府引导、农牧民自愿、社会参与、梯次推进的工作思路，逐步推广公用厕所并适当配建公共厕所，引导农牧民改变传统卫生习惯；提升电网覆盖率与用电稳定性，促进拉萨市农牧区居民用电安全，用电稳定，进一步提升农牧民清洁能源使用率；加大对农牧区生态环境的保护力度，提高农牧民生态环境保护意识，遵循生态优先绿色发展的理念，引导农牧区奔向现代化，调动广大农牧民的积极性，推动农牧区实现共同振兴。

第四章

民生状况关联分析

民生并非一个孤立的概念，它是多层次、多维度的复杂概念，只有深入了解民生状况关联结构和特点，才能准确判断和把握一些必要的细节，对于拉萨市农牧区的民生状况亦是如此。本章从居民生活、公共服务、公共安全和生态文明四个维度出发，深入探索各维度之间可能的关联情况。

第一节 居民生活

居民生活能够直接并全面地反映群众生存发展的各项基本需求，一般包括收入、消费、工作状况和住房等方面。本节将对影响拉萨农牧区居民生活各个要素之间的关联情况进行分析，探索居民生活的关联状况。

一、不同生产方式家庭收入变化的差异

不同生产方式会影响家庭收入的变化。第一，年收入较上年增加占比由高到低依次是农业家庭（47.20%）、半农半牧业家庭（43.02%）、牧业家庭（33.12%）。年收入较上年减少占比由高到低依次是农业家

庭（14.80%）、半农半牧业家庭（11.76%）、牧业家庭（7.64%）。第二，年收入较上年不变家庭占比最高的是牧业家庭，为59.24%；半农半牧业家庭年收入较上年不变占比次之，为45.22%；农业家庭年收入较上年不变占比最低，为38.00%，如表4—1所示。究其原因，农业本身受自然条件等影响较多，加之疫情冲击，导致农业家庭的年收入有所波动。

表4—1 不同生产方式家庭年收入较上年变化情况

年收入较上年变化		家庭生产方式			合计
		农业	牧业	半农半牧业	
增加	家庭数（户）	118	52	117	287
	占全部生产方式家庭比重（%）	41.11	18.12	40.77	100.00
	占各类收入变化比重（%）	47.20	33.12	43.02	42.27
不变	家庭数（户）	95	93	123	311
	占全部生产方式家庭比重（%）	30.55	29.90	39.55	100.00
	占各类收入变化比重（%）	38.00	59.24	45.22	45.80
减少	家庭数（户）	37	12	32	81
	占全部生产方式家庭比重（%）	45.68	14.81	39.51	100.00
	占各类收入变化比重（%）	14.80	7.64	11.76	11.93
合计	家庭数（户）	250	157	272	679
	占全部生产方式家庭比重（%）	36.82	23.12	40.06	100.00
	占各类收入变化比重（%）	100.00	100.00	100.00	100.00

注：2021年调查N=679（剔除家庭生产方式空白数据）。

二、家庭货币支出与收入变化的关系

家庭年收入与年货币支出有紧密关系。在不同支出变化的家庭中，收入增加家庭占比最高的也是货币支出增加的家庭，为62.70%；收入不变家庭占比最高的也是货币支出不变的家庭，为74.43%；收入减少家庭占比最高的也是货币支出减少的家庭，为50.00%，如表

4—2 所示。究其原因，家庭收入会影响家庭货币支出，在家庭收入增加的同时，对消费水平和生活环境等要求也在不断提高，使得货币支出增加。

表 4—2　家庭年收入变化情况与家庭年货币支出变化情况

货币收入较上年变化		货币支出较上年变化			
		增加	不变	减少	合计
增加	家庭数（户）	237	61	8	306
	占货币收入变化的比重（%）	77.45	19.94	2.61	100.00
	占货币支出变化的比重（%）	62.70	19.74	28.57	42.80
不变	家庭数（户）	83	230	6	319
	占货币收入变化的比重（%）	26.02	72.10	1.88	100.00
	占货币支出变化的比重（%）	21.96	74.43	21.43	44.61
减少	家庭数（户）	58	18	14	90
	占货币收入变化的比重（%）	64.44	20.00	15.56	100.00
	占货币支出变化的比重（%）	15.34	5.83	50.00	12.59
合计	家庭数（户）	378	309	28	715
	占货币收入变化的比重（%）	52.87	43.22	3.91	100.00
	占货币支出变化的比重（%）	100.00	100.00	100.00	100.00

注：2021 年调查 N=715。除特别说明外，本章其他图表与此相同。

三、不同生产方式家庭对工作状况满意度的差异

不同生产方式家庭对工作状况满意度较低且差别较为明显。农业家庭对工作状况表示满意的占比最高，为 78.00%；牧业家庭对工作状况表示满意的占比次之，为 65.61%；半农半牧业家庭对工作状况表示满意的占比最低，为 62.87%，如表 4—3 所示。究其原因，近几年农业家庭将现代机械化的工具运用到农业生产，相比之前对抗自然灾害的能力显著增强，因此，农业家庭相对于半农半牧业家庭和牧业家庭的满意度更高。

表4—3　不同生产方式家庭对工作状况满意度情况

工作状况满意度		家庭生产方式			合计
		农业	牧业	半农半牧业	
非常满意	家庭数（户）	47	13	25	85
	占全部生产方式家庭比重（%）	55.30	15.29	29.41	100.00
	占工作状况满意度比重（%）	18.80	8.28	9.19	12.52
比较满意	家庭数（户）	148	90	146	384
	占全部生产方式家庭比重（%）	38.54	23.44	38.02	100.00
	占工作状况满意度比重（%）	59.20	57.33	53.68	56.56
一般	家庭数（户）	39	46	83	168
	占全部生产方式家庭比重（%）	23.21	27.38	49.41	100.00
	占工作状况满意度比重（%）	15.60	29.30	30.51	24.74
比较不满意	家庭数（户）	13	5	14	32
	占全部生产方式家庭比重（%）	40.63	15.62	43.75	100.00
	占工作状况满意度比重（%）	5.20	3.18	5.15	4.71
非常不满意	家庭数（户）	3	3	4	10
	占全部生产方式家庭比重（%）	30	30	40	100.00
	占工作状况满意度比重（%）	1.20	1.91	1.47	1.47
合计	家庭数（户）	250	157	272	679
	占全部生产方式家庭比重（%）	36.82	23.12	40.06	100.00
	占工作状况满意度比重（%）	100.00	100.00	100.00	100.00

注：2021 年调查 N=679（剔除家庭生产方式空白数据）。

四、不同生产方式家庭居住情况的差异

不同生产方式家庭房屋够住率存在一定差别。半农半牧业家庭表示自有住房够家人居住的占比最高，为94.85%；牧业家庭中表示自有住房够家人居住的占比次之，为91.08%；农业家庭表示自有住房够家人居住的占比最低，为90.00%，如表4—4所示。究其原因，农业追求利润最大化，经营规模较大，建造房屋的面积相对小，不便进行大规模修建，导致农业家庭房屋够住率较低。

表4—4　不同生产方式家庭自有住房满足家庭成员居住情况

自有住房是否够家人居住		家庭生产方式			合计
		农业	牧业	半农半牧业	
够住	家庭数（户）	225	143	258	626
	占全部生产方式家庭比重（%）	35.94	22.84	41.22	100.00
	占自有住房是否够住比重（%）	90.00	91.08	94.85	92.19
不够住	家庭数（户）	25	14	14	53
	占全部生产方式家庭比重（%）	47.16	26.42	26.42	100.00
	占自有住房是否够住比重（%）	10.00	8.92	5.15	7.81
合计	家庭数（户）	250	157	272	679
	占全部生产方式家庭比重（%）	36.82	23.12	40.06	100.00
	占自有住房是否够住比重（%）	100.00	100.00	100.00	100.00

注：2021 年调查 N=679（剔除家庭生产方式以及自有住房满足家庭空白数据）。

五、不同生产方式家庭网购频率的差异

不同生产方式与家庭网购频率有较大关系。半农半牧业家庭表示经常网购的占比最高，为 8.34%；农业家庭表示经常网购的占比次之，为 7.14%；牧业家庭表示经常网购的占比最低，为 4.55%，如表 4—5 所示。究其原因，牧区地广人稀、物流运输不便，加之许多农牧民并不知道如何进行网络购物，导致网购占比较低。

表4—5　不同生产方式家庭网购频率情况

网购频率		家庭生产方式			合计
		农业	牧业	半农半牧业	
几乎没有	家庭数（户）	1	0	4	5
	占全部生产方式家庭比重（%）	20.00	0.00	80.00	100.00
	占网购频率比重（%）	1.79	0.00	5.56	3.33
每年几次	家庭数（户）	25	10	32	67
	占全部生产方式家庭比重（%）	37.31	14.93	47.76	100.00
	占网购频率比重（%）	44.64	45.45	44.44	44.67

网购频率		家庭生产方式			合计
		农业	牧业	半农半牧业	
每月几次	家庭数（户）	26	11	30	67
	占全部生产方式家庭比重（%）	38.80	16.42	44.78	100.00
	占网购频率比重（%）	46.43	50.00	41.66	44.67
每周几次	家庭数（户）	4	1	4	9
	占全部生产方式家庭比重（%）	44.44	11.12	44.44	100.00
	占网购频率比重（%）	7.14	4.55	5.56	6.00
每天几次	家庭数（户）	0	0	2	2
	占全部生产方式家庭比重（%）	0.00	0.00	100.00	100.00
	占网购频率比重（%）	0.00	0.00	2.78	1.33
合计	家庭数（户）	56	22	72	150
	占全部生产方式家庭比重（%）	37.33	14.67	48.00	100.00
	占网购频率比重（%）	100.00	100.00	100.00	100.00

注：2021 年调查 N=150（剔除从未网上购物的样本）。

六、工作满意度与房屋居住满意度关系

工作满意度与房屋居住满意度有紧密关系。对工作状况表示非常满意的人中，对房屋居住状况表示非常满意的占比最高，为 42.36%；对工作状况表示比较满意的人中，对房屋居住状况表示比较满意的占比最高，为 70.37%；对工作状况表示一般的人中，对房屋居住状况表示一般的占比最高，为 48.89%；对工作状况表示比较不满意的人中，对房屋居住状况表示非常不满意的占比最高，为 18.18%；对工作状况表示非常不满意的人中，对房屋居住状况表示比较不满意的占比最高，为 5.13%，如表 4—6 所示。究其原因，对工作状况满意的人自身收入往往较高，具备改善房屋居住条件的经济能力，因此满意度高。

表4—6 工作满意度与房屋居住状况满意度列联表

工作状况满意度		房屋居住状况满意度					
		非常满意	比较满意	一般	比较不满意	非常不满意	合计
非常满意	家庭数（户）	72	8	5	8	2	95
	占房屋居住状况满意度比重（%）	75.79	8.42	5.26	8.42	2.11	100.00
	占工作状况满意度比重（%）	42.36	1.97	5.56	20.51	18.18	13.29
比较满意	家庭数（户）	61	285	31	16	5	398
	占房屋居住状况满意度比重（%）	15.33	71.61	7.79	4.02	1.25	100.00
	占工作状况满意度比重（%）	35.88	70.37	34.44	41.03	45.46	55.66
一般	家庭数（户）	28	95	44	8	2	177
	占房屋居住状况满意度比重（%）	15.82	53.67	24.86	4.52	1.13	100.00
	占工作状况满意度比重（%）	16.47	23.46	48.89	20.51	18.18	24.76
比较不满意	家庭数（户）	5	13	10	5	2	35
	占房屋居住状况满意度比重（%）	14.29	37.14	28.57	14.29	5.71	100.00
	占工作状况满意度比重（%）	2.94	3.21	11.11	12.82	18.18	4.89
非常不满意	家庭数（户）	4	4	0	2	0	10
	占房屋居住状况满意度比重（%）	40.00	40.00	0.00	20.00	0.00	100.00
	占工作状况满意度比重（%）	2.35	0.99	0.00	5.13	0.00	1.40
合计	家庭数（户）	170	405	90	39	11	715
	占房屋居住状况满意度比重（%）	23.78	56.64	12.59	5.45	1.54	100.00
	占工作状况满意度比重（%）	100.00	100.00	100.00	100.00	100.00	100.00

第二节　公共服务

一个国家（地区）的基本公共服务供给状况是人类发展的重要条件和重要内容，一般包括教育、医疗卫生、社会保障等。本节将对影响拉萨市农牧区公共服务各个要素之间的关联状况进行分析。

一、不同生产方式家庭对义务教育满意度的差异

不同生产方式家庭对义务教育满意度略有差异。农业家庭对义务教育感到满意的占比最高，为93.20%；半农半牧业家庭对义务教育感到满意的占比次之，为88.60%；牧业家庭对义务教育感到满意的占比最低，为84.71%，如表4—7所示。究其原因，牧区地处偏远，虽然全区都在加速教育现代化，但仍有一些特殊问题未解决。

表4—7　不同生产方式家庭对义务教育满意度情况

义务教育满意度		家庭生产方式			合计
		农业	牧业	半农半牧业	
非常满意	家庭数（户）	118	63	112	293
	占全部生产方式家庭比重（%）	40.27	21.50	38.23	100.00
	占义务教育满意度比重（%）	47.20	40.13	41.17	43.15
比较满意	家庭数（户）	115	70	129	314
	占全部生产方式家庭比重（%）	36.63	22.29	41.08	100.00
	占义务教育满意度比重（%）	46.00	44.58	47.43	46.25
一般	家庭数（户）	13	20	29	62
	占全部生产方式家庭比重（%）	20.97	32.26	46.77	100.00
	占义务教育满意度比重（%）	5.20	12.74	10.66	9.13
比较不满意	家庭数（户）	2	3	1	6
	占全部生产方式家庭比重（%）	33.33	50.00	16.67	100.00
	占义务教育满意度比重（%）	0.80	1.91	0.37	0.88

义务教育满意度		家庭生产方式			合计
		农业	牧业	半农半牧业	
非常不满意	家庭数（户）	2	1	1	4
	占全部生产方式家庭比重（%）	50.00	25.00	25.00	100.00
	占义务教育满意度比重（%）	0.80	0.64	0.37	0.59
合计	家庭数（户）	250	157	272	679
	占全部生产方式家庭比重（%）	36.82	23.12	40.06	100.00
	占义务教育满意度比重（%）	100.00	100.00	100.00	100.00

注：2021 年调查 N=679（剔除家庭生产方式空白数据）。

二、不同生产方式家庭对医疗服务满意度的差异

不同生产方式家庭与本村（乡镇）卫生所或医院医疗服务满意程度有紧密关系。从乡镇医疗服务满意度来看，农业家庭对乡镇医疗服务表示满意的占比最高，为 89.19%；半农半牧业及牧业家庭对乡镇医疗服务表示满意的占比较低，分别为 83.67% 和 80.64%，如表 4—8 所示。究其原因，牧业家庭人口流动性较大、享有医疗保障机会较少，加之距离乡镇医疗机构较远，就医间接费用高，一定程度上影响其对医疗服务的满意度。

表 4—8　不同生产方式家庭对本村／乡镇卫生所或医院医疗服务满意度情况

本村／乡镇卫生所或医院医疗服务满意度		家庭生产方式			合计
		农业	牧业	半农半牧业	
非常满意	家庭数（户）	47	31	42	120
	占全部生产方式家庭比重（%）	39.17	25.83	35.00	100.00
	占乡镇医疗服务满意度比重（%）	25.41	25.00	21.43	23.76
比较满意	家庭数（户）	118	69	122	309
	占全部生产方式家庭比重（%）	38.19	22.33	39.48	100.00
	占乡镇医疗服务满意度比重（%）	63.78	55.64	62.24	61.19
一般	家庭数（户）	17	21	29	67
	占全部生产方式家庭比重（%）	25.37	31.34	43.29	100.00
	占乡镇医疗服务满意度比重（%）	9.19	16.94	14.80	13.27

续表

本村/乡镇卫生所或医院医疗服务满意度		家庭生产方式			合计
		农业	牧业	半农半牧业	
比较不满意	家庭数（户）	1	3	3	7
	占全部生产方式家庭比重（%）	14.28	42.86	42.86	100.00
	占乡镇医疗服务满意度比重（%）	0.54	2.42	1.53	1.39
非常不满意	家庭数（户）	2	0	0	2
	占全部生产方式家庭比重（%）	100.00	0.00	0.00	100.00
	占乡镇医疗服务满意度比重（%）	1.08	0.00	0.00	0.39
合计	家庭数（户）	185	124	196	505
	占全部生产方式家庭比重（%）	36.63	24.56	38.81	100.00
	占乡镇医疗服务满意度比重（%）	100.00	100.00	100.00	100.00

注：2021 年调查 N=505（剔除未去过村/乡镇卫生所或医院的样本）。

三、不同生产方式家庭对社会养老保障满意度的差异

不同生产方式家庭对社会养老保障满意度均较高且略有差异。农业家庭对社会养老保障表示满意的占比最高，为 99.11%；半农半牧业家庭对社会养老保障表示满意的占比次之，为 95.61%；牧业家庭对社会养老保障表示满意的占比最低，为 94.52%，如表 4—9 所示。究其原因，尽管相关部门采取了多种切实有效的措施保障老年群体的权益，但依然有特殊情况被忽视。

表 4—9 不同生产方式家庭对社会养老保障满意度情况

对社会养老保障满意度		家庭生产方式			合计
		农业	牧业	半农半牧业	
非常满意	家庭数（户）	45	24	52	121
	占全部生产方式家庭比重（%）	37.19	19.83	42.98	100.00
	占社会养老保障满意度比重（%）	40.18	32.88	45.61	40.47
比较满意	家庭数（户）	66	45	57	168
	占全部生产方式家庭比重（%）	39.29	26.78	33.93	100.00
	占社会养老保障满意度比重（%）	58.93	61.64	50.00	56.19

对社会养老保障满意度		家庭生产方式			合计
		农业	牧业	半农半牧业	
一般	家庭数（户）	0	3	5	8
	占全部生产方式家庭比重（%）	0.00	37.50	62.50	100.00
	占社会养老保障满意度比重（%）	0.00	4.11	4.39	2.68
比较不满意	家庭数（户）	1	0	0	1
	占全部生产方式家庭比重（%）	100.00	0.00	0.00	100.00
	占社会养老保障满意度比重（%）	0.89	0.00	0.00	0.33
非常不满意	家庭数（户）	0	1	0	1
	占全部生产方式家庭比重（%）	0.00	100.00	0.00	100.00
	占社会养老保障满意度比重（%）	0.00	1.37	0.00	0.33
合计	家庭数（户）	112	73	114	299
	占全部生产方式家庭比重（%）	37.46	24.41	38.13	100.00
	占社会养老保障满意度比重（%）	100.00	100.00	100.00	100.00

注：2021 年调查 N=299（剔除家中没有养老保险受保人的样本）。

四、不同生产方式家庭对补贴满意度的差异

2021 年，不同生产方式家庭对于从政府获得各种补贴的满意度存在一定差异。第一，各生产方式家庭对政府补贴满意度最高的是农业家庭，为 93.83%，其后依次是牧业家庭和半农半牧业家庭，分别为 88.77% 和 83.51%。第二，对政府获得各种补贴不满意的家庭类型中占比最高的是半农半牧业家庭，为 1.03%；其后为牧业家庭，为 1.02%；没有农业家庭对从政府获得各种补贴不满意，如表 4—10 所示。从以上分析可以看出，各生产方式家庭对从政府获得各种补贴满意度总体较高，持不满意态度的家庭总体上不足 1%。究其原因，近年来政府采取的补贴政策保证了农牧民收入水平的稳定，降低了生产经营中可能出现的风险所带来的损失。

表4—10 不同生产方式家庭2021年从政府获得各种补贴满意度情况

2021年从政府获得各种补贴满意度		家庭生产方式			合计
		农业	牧业	半农半牧业	
非常满意	家庭数（户）	68	30	58	156
	占全部生产方式家庭比重（%）	43.59	19.23	37.18	100.00
	占政府提供补贴满意度比重（%）	41.98	30.61	29.90	34.36
比较满意	家庭数（户）	84	57	104	245
	占全部生产方式家庭比重（%）	34.29	23.26	42.45	100.00
	占政府提供补贴满意度比重（%）	51.85	58.16	53.61	53.97
一般	家庭数（户）	10	10	30	50
	占全部生产方式家庭比重（%）	20.00	20.00	60.00	100.00
	占政府提供补贴满意度比重（%）	6.17	10.21	15.46	11.01
比较不满意	家庭数（户）	0	0	2	2
	占全部生产方式家庭比重（%）	0.00	0.00	100.00	100.00
	占政府提供补贴满意度比重（%）	0.00	0.00	1.03	0.44
非常不满意	家庭数（户）	0	1	0	1
	占全部生产方式家庭比重（%）	0.00	100.00	0.00	100.00
	占政府提供补贴满意度比重（%）	0.00	1.02	0.00	0.22
合计	家庭数（户）	162	98	194	454
	占全部生产方式家庭比重（%）	35.68	21.59	42.73	100.00
	占政府提供补贴满意度比重（%）	100.00	100.00	100.00	100.00

注：2021年调查N=454（剔除没有受到政府补贴的样本）。

五、医疗服务满意度与道路状况满意度关系

本村（乡镇）卫生所或医院提供的医疗服务与本村（乡镇）道路状况满意度有紧密关系。从对目前本村（乡镇）卫生所或医院提供的医疗服务满意度来看，对医疗服务表示非常满意的居民，对本村（乡

镇）道路状况表示非常满意的占比最高，为 53.47%；对医疗服务表示比较满意的居民，对本村（乡镇）道路状况表示比较满意的占比最高，为 75.49%；对医疗服务表示一般的居民，对本村（乡镇）道路状况表示一般的占比最高，为 31.43%；对医疗服务表示比较不满意的居民，对本村（乡镇）道路状况表示非常不满意的占比最高，为 15.38%；对医疗服务表示非常不满意的居民，对本村（乡镇）道路状况表示非常不满意的占比最高，为 7.69%，如表 4—11 所示。究其原因，改善道路状况有利于医疗服务满意度提升，随着道路状况的改善，农牧民看病就医的速度和效率得到提升，发病就医的时效性得到保证。

表 4—11　本村 / 乡镇卫生所或医院提供的医疗服务满意度与本村 / 乡镇道路状况满意度情况

对目前本村 / 乡镇卫生所或医院提供的医疗服务满意度		本村 / 乡镇的道路状况满意度					合计
		非常满意	比较满意	一般	比较不满意	非常不满意	
非常满意	家庭数（户）	77	39	9	0	1	126
	占本村 / 乡镇的道路状况满意度比重（%）	61.11	30.95	7.14	0.00	0.80	100.00
	占医疗服务满意度比重（%）	53.47	12.58	15.00	0.00	7.69	23.60
比较满意	家庭数（户）	52	234	29	5	9	329
	占本村 / 乡镇的道路状况满意度比重（%）	15.81	71.12	8.81	1.52	2.74	100.00
	占医疗服务满意度比重（%）	36.11	75.49	48.33	71.42	69.24	61.61
一般	家庭数（户）	15	32	22	1	0	70
	占本村 / 乡镇的道路状况满意度比重（%）	21.43	45.71	31.43	1.43	0.00	100.00
	占医疗服务满意度比重（%）	10.42	10.32	36.67	14.29	0.00	13.11

对目前本村/乡镇卫生所或医院提供的医疗服务满意度		本村/乡镇的道路状况满意度					合计
		非常满意	比较满意	一般	比较不满意	非常不满意	
比较不满意	家庭数（户）	0	4	0	1	2	7
	占本村/乡镇的道路状况满意度比重（%）	0.00	57.14	0.00	14.29	28.57	100.00
	占医疗服务满意度比重（%）	0.00	1.29	0.00	14.29	15.38	1.31
非常不满意	家庭数（户）	0	1	0	0	1	2
	占本村/乡镇的道路状况满意度比重（%）	0.00	50.00	0.00	0.00	50.00	100.00
	占医疗服务满意度比重（%）	0.00	0.32	0.00	0.00	7.69	0.37
合计	家庭数（户）	144	310	60	7	13	534
	占本村/乡镇的道路状况满意度比重（%）	26.97	58.05	11.24	1.31	2.43	100.00
	占医疗服务满意度比重（%）	100.00	100.00	100.00	100.00	100.00	100.00

注：2021 年调查 N=534（剔除未去过村/乡镇卫生所或医院的样本）。

六、养老保障满意度与道路状况满意度关系

政府提供的养老保障满意程度与本村（乡镇）道路状况满意程度有一定程度的关联。从政府提供的养老保障满意度来看，对政府提供的养老保障表示非常满意的家庭，对本村（乡镇）的道路状况表示非常满意的占比也相对较高，为 90.59%；对政府提供的养老保障表示比较满意的家庭，对本村（乡镇）的道路状况表示比较满意的占比也相对较高，为 78.26%；对政府提供的养老保障表示一般的家庭，对本村（乡镇）的道路状况表示一般的占比也相对较高，为 17.24%；对政府提供的养老保障表示比较不满意的家庭，对本村（乡镇）的道路状况表示比较不满意的占比也相对较高，为 16.66%，如表 4—12 所示。究其原因，改

善道路状况有利于老年人日常出行的便捷度和安全性的提升，利于居民养老保障满意度提升。

表 4—12 政府提供的养老保障满意程度与本村 / 乡镇道路状况满意度情况

政府提供的养老保障满意度		本村 / 乡镇的道路状况满意度					合计
		非常满意	比较满意	一般	比较不满意	非常不满意	
非常满意	家庭数（户）	77	35	8	3	3	126
	占本村 / 乡镇的道路状况满意度比重（%）	61.11	27.78	6.35	2.38	2.38	100.00
	占政府提供的养老保障满意度比重（%）	90.59	19.03	27.59	50.00	37.50	40.38
比较满意	家庭数（户）	8	144	16	1	4	173
	占本村 / 乡镇的道路状况满意度比重（%）	4.62	83.24	9.25	0.58	2.31	100.00
	占政府提供的养老保障满意度比重（%）	9.41	78.26	55.17	16.67	50.00	55.45
一般	家庭数（户）	0	3	5	1	1	10
	占本村 / 乡镇的道路状况满意度比重（%）	0.00	30.00	50.00	10.00	10.00	100.00
	占政府提供的养老保障满意度比重（%）	0.00	1.63	17.24	16.67	12.50	3.21
比较不满意	家庭数（户）	0	1	0	1	0	2
	占本村 / 乡镇的道路状况满意度比重（%）	0.00	50.00	0.00	50.00	0.00	100.00
	占政府提供的养老保障满意度比重（%）	0.00	0.54	0.00	16.66	0.00	0.64
非常不满意	家庭数（户）	0	1	0	0	0	1
	占本村 / 乡镇的道路状况满意度比重（%）	0.00	100.00	0.00	0.00	0.00	100.00
	占政府提供的养老保障满意度比重（%）	0.00	0.54	0.00	0.00	0.00	0.32

政府提供的养老保障满意度		本村／乡镇的道路状况满意度					合计
		非常满意	比较满意	一般	比较不满意	非常不满意	
合计	家庭数（户）	85	184	29	6	8	312
	占本村／乡镇的道路状况满意度比重（%）	27.24	58.98	9.30	1.92	2.56	100.00
	占政府提供的养老保障满意度比重（%）	100.00	100.00	100.00	100.00	100.00	100.00

注：2021 年调查 N=312（剔除家中没有养老保险受保人的样本）。

第三节 公共安全

公共安全是社会进步与发展的必要条件，是群众所需要的一种相对稳定的社会秩序和外部环境。公共安全一般包括生产安全、食品药品安全、卫生环境安全、防灾减灾等。本节将对影响拉萨市农牧区公共安全各个要素之间的关联情况进行分析。

一、不同生产方式家庭发生生产安全事故的差异

牧业家庭相对更容易发生生产安全事故。牧业家庭的生产安全事故发生率占比最高，为4.46%；半农半牧业家庭的生产安全事故发生率占比次之，为3.31%；农业家庭的生产安全事故发生率占比最低，为0.80%，如表4—13所示。

表4—13 不同生产方式家庭生产安全事故发生情况

不同生产方式家庭生产安全事故发生	家庭生产方式			合计
	农业	牧业	半农半牧业	
各生产方式家庭数（户）	250	157	272	679
发生生产安全事故家庭（户）	2	7	9	18

不同生产方式家庭生产安全事故发生		家庭生产方式			合计
		农业	牧业	半农半牧业	
安全生产事故	占各类家庭比重（％）	0.80	4.46	3.31	—
	占各全部生产方式家庭比重（％）	0.30	1.03	1.32	2.65

注：2021 年调查 N=679（剔除家庭生产方式空白数据）。

二、不同生产方式家庭发生治安安全事件的差异

牧业家庭和半农半牧业家庭相对更容易发生治安安全事件。半农半牧业家庭治安安全事件发生率占比最高，为 1.47％；牧业家庭治安安全事件发生率占比次之，为 1.27％；农业家庭治安安全事件发生率占比最低，为 0.40％，如表 4—14 所示。究其原因，牧区和半农半牧区位置相对零散，不好管控。因此，需要根据治安全事件发生的区域性和被袭击对象的特定性，强化基层基础工作建设，提高农牧民的法律意识。

表 4—14　不同生产方式家庭治安安全事件发生情况

		家庭生产方式			合计
		农业	牧业	半农半牧业	
各生产方式家庭数（户）		250	157	272	679
发生治安全事件家庭（户）		1	2	4	7
安全治安安全事件	占各类家庭比重（％）	0.40	1.27	1.47	—
	占全部生产方式家庭比重（％）	0.15	0.29	0.59	1.03

注：2021 年调查 N=679（剔除家庭生产方式空白数据）。

三、不同生产方式家庭对食品安全满意度的差异

不同生产方式家庭对食品安全满意度存在较大差异。农业家庭对食品安全表示满意的占比最高，为 92.00％，牧业家庭和半农半牧家庭对

食品安全表示满意的占比较低，分别为 85.98% 和 85.66%，如表 4—15 所示。究其原因，农业家庭可以通过自种或亲戚朋友赠送实现蔬菜供应，有效获得纯天然绿色食品，故其对食品安全满意度更高。

表 4—15　不同生产方式家庭对食品安全满意度情况

对食品安全满意程度		家庭生产方式			合计
		农业	牧业	半农半牧业	
非常满意	家庭数（户）	82	34	66	182
	占全部生产方式家庭比重（%）	45.06	18.68	36.26	100.00
	占食品安全满意度比重（%）	32.80	21.65	24.26	26.80
比较满意	家庭数（户）	148	101	167	416
	占全部生产方式家庭比重（%）	35.58	24.28	40.14	100.00
	占食品安全满意度比重（%）	59.20	64.33	61.40	61.27
一般	家庭数（户）	20	21	37	78
	占全部生产方式家庭比重（%）	25.64	26.92	47.44	100.00
	占食品安全满意度比重（%）	8.00	13.38	13.60	11.49
比较不满意	家庭数（户）	0	0	2	2
	占全部生产方式家庭比重（%）	0.00	0.00	100.00	100.00
	占食品安全满意度比重（%）	0.00	0.00	0.74	0.29
非常不满意	家庭数（户）	0	1	0	1
	占全部生产方式家庭比重（%）	0.00	100.00	0.00	100.00
	占食品安全满意度比重（%）	0.00	0.64	0.00	0.15
合计	家庭数（户）	250	157	272	679
	占全部生产方式家庭比重（%）	36.82	23.12	40.06	100.00
	占食品安全满意度比重（%）	100.00	100.00	100.00	100.00

注：2021 年调查 N=679（剔除家庭生产方式空白数据）。

四、不同生产方式家庭对发生自然灾害后政府采取措施满意度的差异

不同生产方式家庭与对发生自然灾害后政府采取措施的满意度之间

存在关联。农业家庭对发生自然灾害后政府采取的措施表示满意的比例最高，为83.33%；牧业家庭占比次之，为75.00%；半农半牧业家庭占比最低，为30.77%，如表4—16所示。究其原因，农区地形平坦，在自然灾害发生时方便展开救援。

表4—16 不同生产方式家庭对发生自然灾害后政府应对措施满意度情况

对发生自然灾害后政府采取措施满意度		家庭生产方式			合计
		农业	牧业	半农半牧业	
非常满意	家庭数（户）	1	1	0	2
	占全部生产方式家庭比重（%）	50.00	50.00	0.00	100.00
	占对发生自然灾害后政府采取措施满意度（%）	16.66	25.00	0.00	8.70
比较满意	家庭数（户）	4	2	4	10
	占全部生产方式家庭比重（%）	40.00	20.00	40.00	100.00
	占对发生自然灾害后政府采取措施满意度（%）	66.67	50.00	30.77	43.48
一般	家庭数（户）	1	1	7	9
	占全部生产方式家庭比重（%）	11.11	11.11	77.78	100.00
	占对发生自然灾害后政府采取措施满意度（%）	16.67	25.00	53.85	39.12
比较不满意	家庭数（户）	0	0	2	2
	占全部生产方式家庭比重（%）	0.00	0.00	100.00	100.00
	占对发生自然灾害后政府采取措施满意度（%）	0.00	0.00	15.38	8.70
非常不满意	家庭数（户）	0	0	0	0
	占全部生产方式家庭比重（%）	0.00	0.00	0.00	0.00
	占对发生自然灾害后政府采取措施满意度（%）	0.00	0.00	0.00	0.00
合计	家庭数（户）	6	4	13	23
	占全部生产方式家庭比重（%）	26.09	17.39	56.52	100.00
	占对发生自然灾害后政府采取措施满意度（%）	100.00	100.00	100.00	100.00

注：2021年调查 N=23（剔除未发生自然灾害的样本）。

五、不同生产方式家庭对乡/县政府的行政办事态度满意度的差异

不同生产方式家庭对乡或县（区）政府的行政办事态度满意度有所不同。农业家庭对乡或县（区）政府的行政办事态度表示满意的占比最高，为92.40%；半农半牧业家庭对乡或县（区）政府的行政办事态度表示满意的占比次之，为86.77%；牧业家庭对乡或县（区）政府的行政办事态度表示满意的占比最低，为77.07%，如表4—17所示。究其原因，可能是牧区地广人稀，距离较远，对乡或县（区）政府的行政办事态度满意程度相对较低。

表4—17　不同生产方式家庭对乡/县（区）政府的行政办事态度满意度情况

对乡/县（区）政府的行政办事态度满意度		家庭生产方式			合计
		农业	牧业	半农半牧业	
非常满意	家庭数（户）	76	38	73	187
	占全部生产方式家庭比重（%）	40.64	20.32	39.04	100.00
	占对乡/县政府的行政办事态度满意度比重（%）	30.40	24.20	26.84	27.54
比较满意	家庭数（户）	155	83	163	401
	占全部生产方式家庭比重（%）	38.65	20.70	40.65	100.00
	占对乡/县政府的行政办事态度满意度比重（%）	62.00	52.87	59.93	59.06
一般	家庭数（户）	18	34	34	86
	占全部生产方式家庭比重（%）	20.94	39.53	39.53	100.00
	占对乡/县政府的行政办事态度满意度比重（%）	7.20	21.66	12.50	12.66
比较不满意	家庭数（户）	0	2	2	4
	占全部生产方式家庭比重（%）	0.00	50.00	50.00	100.00
	占对乡/县政府的行政办事态度满意度比重（%）	0.00	1.27	0.73	0.59

续表

对乡/县（区）政府的行政办事态度满意度		家庭生产方式			合计
		农业	牧业	半农半牧业	
非常不满意	家庭数（户）	1	0	0	1
	占全部生产方式家庭比重（%）	100.00	0.00	0.00	100.00
	占对乡/县政府的行政办事态度满意度比重（%）	0.40	0.00	0.00	0.15
合计	家庭数（户）	250	157	272	679
	占全部生产方式家庭比重（%）	36.82	23.12	40.06	100.00
	占对乡/县政府的行政办事态度满意度比重（%）	100.00	100.00	100.00	100.00

注：2021 年调查 N=679（剔除家庭生产方式空白数据）。

六、不同饮用水来源家庭对水质满意度的差异

农牧民对饮用水的满意度受到饮用水来源的影响。对公共自来水厂集中供水表示非常满意的家庭占比最高，为 51.14%；对自然地表水（溪水或河流）表示非常满意的家庭占比为 23.98%；对地表水蓄水设施集中分户供水表示非常满意的家庭占比为 8.14%；对自家水井表示非常满意的家庭占比为 8.14%；对村里（乡镇）的公共水井表示非常满意的家庭占比为 7.24%，如表 4—18 所示。

表 4—18 不同饮用水来源家庭对水质满意度情况

主要的饮用水来源		对饮用水的水质满意度					合计
		非常满意	比较满意	一般	比较不满意	非常不满意	
公共自来水厂集中供水	家庭数（户）	113	246	34	0	7	400
	占饮用水质满意度比重（%）	28.25	61.50	8.50	0.00	1.75	100.00
	占全部生产方式家庭比重（%）	51.14	58.70	56.67	0.00	77.78	55.94

续表

主要的饮用水来源		对饮用水的水质满意度					合计
		非常满意	比较满意	一般	比较不满意	非常不满意	
地表水蓄水设施集中分户供水	家庭数（户）	18	55	6	1	1	81
	占饮用水质满意度比重（%）	22.22	67.90	7.41	1.23	1.24	100.00
	占全部生产方式家庭比重（%）	8.14	13.13	10.00	16.66	11.11	11.33
自家的水井	家庭数（户）	18	24	6	1	0	49
	占饮用水质满意度比重（%）	36.73	48.98	12.24	2.05	0.00	100.00
	占全部生产方式家庭比重（%）	8.14	5.73	10.00	16.67	0.00	6.85
村里（乡镇）的公共水井	家庭数（户）	16	16	5	1	0	38
	占饮用水质满意度比重（%）	42.11	42.11	13.16	2.62	0.00	100.00
	占全部生产方式家庭比重（%）	7.24	3.82	8.33	16.67	0.00	5.31
自然地表水（溪水或河流）	家庭数（户）	53	78	9	3	1	144
	占饮用水质满意度比重（%）	36.81	54.17	6.25	2.08	0.69	100.00
	占全部生产方式家庭比重（%）	23.98	18.62	15.00	50.00	11.11	20.14
其他	家庭数（户）	3	0	0	0	0	3
	占饮用水质满意度比重（%）	100.00	0.00	0.00	0.00	0.00	100.00
	占全部生产方式家庭比重（%）	1.36	0.00	0.00	0.00	0.00	0.43
合计	家庭数（户）	221	419	60	6	9	715
	占饮用水质满意度比重（%）	30.91	58.60	8.39	0.84	1.26	100.00
	占全部生产方式家庭比重（%）	100.00	100.00	100.00	100.00	100.00	100.00

注：2021 年调查 N=715。

第四节　生态文明

生态环境是人类赖以生存、社会得以安定的基本条件，一般包括环境保护、生态宜居、生态文明等。本节将对影响拉萨市农牧区生态文明各个要素之间的关联情况进行分析。

一、不同生产方式家庭日常生活主要能源使用差异

在选择煤炭为日常生活主要能源的家庭中，农业家庭占比最高，为4.80%；牧业家庭次之，为2.55%；半农半牧业家庭占比最小，为1.84%。在选择牛粪为日常生活主要能源的家庭中，牧业家庭占比最高，为86.62%；农业家庭次之，为64.00%；半农半牧业家庭占比最小，为59.56%。在选择木柴或树枝为日常生活主要能源的家庭中农业家庭占比最高，为40.40%；半农半牧业家庭次之，为34.19%；牧业家庭占比最小，为12.74%。在选择天然气、煤气或沼气为日常生活主要能源的家庭中农业家庭占比最高，为33.20%；半农半牧业家庭次之，为28.68%；牧业家庭占比最小，为14.01%。在选择电为日常生活主要能源的家庭中农业家庭占比最高，为54.80%；牧业家庭次之，为41.40%；半农半牧业家庭占比最小，为40.07%。在选择太阳能（风能）为日常生活主要能源的家庭中半农半牧业家庭占比最高，为6.62%；牧业家庭次之，为4.46%；农业家庭占比最小，为4.00%。在选择其他能源为日常生活主要能源的家庭中，半农半牧业家庭占比最高，为4.78%；农业家庭次之，为2.80%；牧业家庭占比最小，为1.27%，如表4—19所示。究其原因，不同生产方式家庭会根据自身的资源禀赋来选择不同的能源作为自己日常生活的能源，以达到能源利用效率最大化的目标。

表 4—19 不同生产方式家庭日常生活主要能源的使用变化情况

日常生活主要能源使用	家庭生产方式			合计
	农业	牧业	半农半牧业	
各生产方式家庭总数（户）	250	157	272	679
每天使用煤炭的家庭数量（户）	12	4	5	21
占以煤炭作为日常能源家庭比重（%）	4.80	2.55	1.84	3.09
每天使用牛粪的家庭数量（户）	160	136	162	458
占以牛粪作为日常能源家庭比重（%）	64.00	86.62	59.56	67.45
每天使用木柴或树枝的家庭数量（户）	101	20	93	214
占以木柴或树枝作为日常能源家庭比重（%）	40.40	12.74	34.19	31.52
每天使用天然气、煤气或沼气的家庭数量（户）	83	22	78	183
占以天然气、煤气或沼气作为日常能源家庭比重（%）	33.20	14.01	28.68	26.95
每天使用电的家庭数量（户）	137	65	109	311
占以电作为日常能源家庭比重（%）	54.80	41.40	40.07	45.80
每天使用太阳能（风能）的家庭数量（户）	10	7	18	35
占以太阳能（风能）作为日常能源家庭比重（%）	4.00	4.46	6.62	5.15
每天使用其他能源的家庭数量（户）	7	2	13	22
占以其他能源作为日常能源家庭比重（%）	2.80	1.27	4.78	3.24

注：2021 年调查 N=679（剔除家庭生产方式空白数据）。

二、不同生产方式家庭主要用电来源途径差异

不同生产方式对用电来源途径有所差异但不显著，家庭用电来源为国家电网供电的使用率最高。农业家庭、牧业家庭、半农半牧业家庭主要用电来源为国家电网供电的占比分别为 99.60%、99.36%、99.63%，半农半牧家庭中仅有一个家庭完全不用电，如表 4—20 所示。究其原因，政府为解决和改善农牧民用电问题，进行清洁能源和电网建设，且覆盖范围不断向艰苦偏远地区延伸，使农牧民得到真切的实惠，国家电网为保证农牧区供电作出了巨大贡献。

表4—20 不同生产方式家庭对用电来源途径的使用变化情况

用电来源途径		家庭生产方式			合计
		农业	牧业	半农半牧业	
国家电网供电	家庭数（户）	249	156	271	676
	占全部生产方式家庭比重（%）	36.83	23.08	40.09	100.00
	占主要用电来源途径比重（%）	99.60	99.36	99.63	99.56
自行发电	家庭数（户）	1	1	0	2
	占全部生产方式家庭比重（%）	50.00	50.00	0.00	100.00
	占主要用电来源途径比重（%）	0.40	0.64	0.00	0.29
完全不用电	家庭数（户）	0	0	1	1
	占全部生产方式家庭比重（%）	0.00	0.00	100.00	100.00
	占主要用电来源途径比重（%）	0.00	0.00	0.37	0.15
合计	家庭数（户）	250	157	272	679
	占全部生产方式家庭比重（%）	36.82	23.12	40.06	100.00
	占主要用电来源途径比重（%）	100.00	100.00	100.00	100.00

三、不同生产方式家庭生活垃圾处理方式差异

政府对生活垃圾收集与集中处理的比例最高，占各类垃圾处理途径的88.95%；采用就地掩埋、敞开焚烧、自家随意处置和其他途径处理的占比很低，占各类垃圾处理途径的比重分别为11.05%、14.29%、5.15%和3.24%，如表4—21所示。家庭生产方式是影响家庭生活垃圾处理途径的重要因素。采用就地掩埋的方式处理生活垃圾中牧业家庭的占比最高，占全部生产方式家庭的14.65%；采用敞开焚烧的方式处理生活垃圾的家庭中牧业家庭占比仍最高，占全部生产方式家庭的23.57%；用自家随意处置的方式处理生活垃圾中牧业家庭占比依旧最高，占全部生产方式家庭的14.01%。政府对生活垃圾处理工作落实相对到位，牧区地广人稀、居住地较为分散，政府难以提供生活垃圾的收集与集中处理，因此大多采取就地掩埋和敞开焚烧等方式。

表4—21 不同生产方式家庭对生活垃圾的处理途径变化情况

垃圾处理途径	家庭生产方式			合计
	农业	牧业	半农半牧业	
各生产方式家庭总数（户）	250	157	272	679
政府提供生活垃圾的收集与集中处理的家庭数量（户）	236	128	240	604
政府提供占全部生产方式家庭比重（%）	94.40	81.53	88.24	88.95
就地掩埋的家庭数量（户）	16	23	36	75
就地掩埋占全部生产方式家庭比重（%）	6.40	14.65	13.24	11.05
敞开焚烧的家庭数量（户）	17	37	43	97
敞开焚烧占全部生产方式家庭比重（%）	6.80	23.57	15.81	14.29
自家随意处置的家庭数量（户）	8	22	5	35
自家随意处置占全部生产方式家庭比重（%）	3.20	14.01	1.84	5.15
其他的家庭数量（户）	10	10	2	22
其他占全部生产方式家庭比重（%）	4.00	6.37	0.74	3.24

注：2021年调查N=679（剔除家庭生产方式空白数据）。

四、不同生产方式家庭处理污水排放途径差异

不同生产方式家庭的污水排放方式差异较小且污水排放途径主要是自己家单独自行排放。第一，不同生产方式家庭自己家单独自行排放污水的占比最高，占各种污水处理模式的比重为73.34%；不同生产方式家庭有污水排放管道系统接入家庭排放污水占比较小，占各种污水排放模式的比重为20.77%。第二，农业家庭采用污水排放管道进行污水排放的占比最高，占各种污水排放模式的比重为25.20%；牧业家庭自己家单独自行排放的方式进行污水处理的占比最高，占各种污水排放模式的比重为81.53%，如表4—22所示。究其原因，在高原地质复杂条件下，受发展水平影响，生态治理资金不足，尚未建立健全污水处理系统，尚未整改完善排污管道建设，因此，牧区大多是各家自行排放污水。

表4—22　不同生产方式家庭对污水排放的处理途径变化情况

污水排放模式		家庭生产方式			合计
		农业	牧业	半农半牧业	
有污水排放管道系统接入家庭	家庭数（户）	63	19	59	141
	占全部生产方式家庭比重（%）	44.68	13.48	41.84	100.00
	占各种污水排放模式比重（%）	25.20	12.10	21.69	20.77
自己家单独自行排放	家庭数（户）	173	128	197	498
	占全部生产方式家庭比重（%）	34.74	25.70	39.56	100.00
	占各种污水排放模式比重（%）	69.20	81.53	72.43	73.34
其他	家庭数（户）	14	10	16	40
	占全部生产方式家庭比重（%）	35.00	25.00	40.00	100.00
	占各种污水排放模式比重（%）	5.60	6.37	5.88	5.89
合计	家庭数（户）	250	157	272	679
	占全部生产方式家庭比重（%）	36.82	23.12	40.06	100.00
	占各种污水排放模式比重（%）	100.00	100.00	100.00	100.00

注：2021年调查N=679（剔除家庭生产方式空白数据）。

五、不同生产方式家庭厕所使用情况的差异

家庭生产方式可能是影响家庭使用厕所类型的主要因素。第一，半农半牧业家庭使用自家修建的旱厕占比最高，占厕所类型的比重为93.38%；农业家庭对自家修建旱厕的使用占比次之，为92.00%；牧业家庭对自家修建旱厕的使用占比最少，为43.31%。第二，牧业家庭没有厕所的占比最高，占全部类型家庭的51.59%。第三，不同生产方式家庭使用公共厕所的占比较低，为1.18%，有1个半农半牧业家庭使用其他类型的厕所，如表4—23所示。究其原因，半农半牧业家庭以种植农作物为主，其居住地较为固定，因此自家修建的厕所的家庭数占比较高。

表4—23 不同生产方式家庭对厕所的使用变化情况

厕所类型		家庭生产方式			合计
		农业	牧业	半农半牧业	
自家修建的旱厕	家庭数（户）	230	68	254	552
	占全部生产方式家庭比重（%）	41.67	12.32	46.01	100.00
	占厕所类型比重（%）	92.00	43.31	93.38	81.30
自家修建的冲水厕所	家庭数（户）	9	8	6	23
	占全部生产方式家庭比重（%）	39.13	34.78	26.09	100.00
	占厕所类型比重（%）	3.60	5.10	2.21	3.39
公共厕所	家庭数（户）	0	3	5	8
	占全部生产方式家庭比重（%）	0.00	37.50	62.50	100.00
	占厕所类型比重（%）	0.00	1.91	1.84	1.18
没有厕所	家庭数（户）	11	78	6	95
	占全部生产方式家庭比重（%）	11.58	82.11	6.31	100.00
	占厕所类型比重（%）	4.40	51.59	2.43	13.99
其他	家庭数（户）	0	0	1	1
	占全部生产方式家庭比重（%）	0.00	0.00	100	100.00
	占厕所类型比重（%）	0.00	0.00	0.15	0.37
合计	家庭数（户）	250	157	272	679
	占全部生产方式家庭比重（%）	36.82	23.12	40.06	100.00
	占厕所类型比重（%）	100.00	100.00	100.00	100.00

注：2021 年调查 N=679（剔除家庭生产方式空白数据）。

六、不同生产方式家庭上网使用频率差异

不同生产方式家庭电脑或手机上网的使用频率差异不明显，在完全不上网的家庭中，牧业家庭占比最大；在基本不上网的家庭中，农业家庭占比最大。牧业家庭、半农半牧业家庭、农业家庭在偶尔上网的情况中占电脑/手机上网使用频率的比重分别为50.32%、45.96%、40.40%；半农半牧业家庭、农业家庭、牧业家庭在经常使用上网的

情况中占电脑/手机上网使用频率的比重分别为33.08%、32.00%、26.11%，如表4—24所示。究其原因，牧业家庭观念相对保守、信息闭塞，农牧民接受新鲜事物的机会少，家庭不上网的比重较大。

表4—24 不同生产方式家庭电脑/手机上网使用频率差异对比

电脑/手机上网使用频率		家庭生产方式			合计
		农业	牧业	半农半牧业	
完全不使用	家庭数（户）	26	17	21	64
	占全部生产方式家庭比重（%）	40.63	26.56	32.81	100.00
	占电脑/手机上网使用频率比重（%）	10.40	10.83	7.72	9.43
基本不使用	家庭数（户）	43	20	36	99
	占全部生产方式家庭比重（%）	43.44	20.20	36.36	100.00
	占电脑/手机上网使用频率比重（%）	17.20	12.74	13.24	14.58
偶尔使用	家庭数（户）	101	79	125	305
	占全部生产方式家庭比重（%）	33.12	25.90	40.98	100.00
	占电脑/手机上网使用频率比重（%）	40.40	50.32	45.96	44.92
经常使用	家庭数（户）	80	41	90	211
	占全部生产方式家庭比重（%）	37.92	19.43	42.65	100.00
	占电脑/手机上网使用频率比重（%）	32.00	26.11	33.08	31.07
合计	家庭数（户）	250	157	272	679
	占全部生产方式家庭比重（%）	36.82	23.12	40.06	100.00
	占电脑/手机上网使用频率比重（%）	100.00	100.00	100.00	100.00

注：2021年调查N=679（剔除家庭生产方式空白数据）。

第五节 结论与建议

"治政之要在于安民，安民之道在于察其疾苦。"随着全国脱贫攻坚战的胜利，在自治区政府的领导下，西藏农牧区同全国一道完成了这个艰巨的任务，农牧民生活水平得到了切实提升，但农户家庭之间存在各自的特点和差异，具体包括以下四个部分：

1.居民生活

第一，农业家庭年收入变化稳定性较差，年收入较上年增加和减少家庭占比高于其他家庭，而牧业家庭年收入变化相对稳定，年收入较上年保持不变，家庭占比高于其他家庭；在家庭货币支出与收入变化的关系中，收入增加的家庭，其货币支出也更高。第二，农业家庭对就业表示满意的占比最高，半农半牧业家庭对就业表示满意的占比最低；半农半牧业家庭表示自有住房够家人居住的家庭占比最高，牧业家庭对自有住房是否够住的评价最低；半农半牧业家庭网购频率最高，牧业家庭网购频率最低。第三，工作满意度与房屋居住满意度有紧密联系，对就业表示满意的人也更满意居住状况。

2.公共服务

第一，无论何种生产方式的家庭普遍对义务教育较为满意；农业家庭对乡镇医疗服务表示满意，而牧业家庭和半农半牧业家庭对乡镇医疗服务表示满意的占比相对较低；无论何种生产方式的家庭对社会养老保障都表现出较高的满意度，但仍有个别家庭对社会养老保障不满意；农业家庭对政府补贴表示满意的家庭占比最高，其后依次为牧业家庭和半农半牧业家庭，对政府提供的各种补贴表示不满意的家庭总体占比不足1%。第二，医疗服务满意度、养老保障满意度都分别与交通道路状况满意度有较大的关联性，对医疗服务满意的居民，对交通道路状况也表示出较高的满意度；对养老保障较为满意的人也更加满意交通路况。

3.公共安全

牧业家庭的生产安全事故发生率最高；半农半牧业家庭的治安安全事件发生率最高；农业家庭对食品安全满意度最高，半农半牧业家庭和牧业家庭对食品安全满意度相对较低；农业家庭在对发生自然灾害后政府采取措施满意度表示满意的家庭中占比最高，半农半牧业家庭最低；农业家庭对乡或县（区）政府的行政办事态度满意度较高，牧业和半农半牧业家庭对乡或县（区）政府的行政办事态度满意程度较低；农牧民对公共自来水厂集中供应的自来水以及自然地表水（溪水或河流）饮用水来源满意度相对较高。

4.生态文明

不同生产方式家庭的能源使用偏好不同。相对而言，农业家庭对煤炭的使用程度最高，牧业家庭对牛粪的使用程度最高，农业家庭对木柴或树枝、电，以及天然气或煤气或沼气的使用程度也最高，半农半牧区家庭对太阳能或风能的使用程度最高；不同生产方式对用电来源途径有所差异但不显著，家庭用电来源为国家电网供电使用率最高，只有一户家庭完全不用电；不同生产方式家庭对生活垃圾的处理途径主要是政府提供生活垃圾的收集与集中处理，但牧业家庭采用就地掩埋、敞开焚烧，以及自家随意处置的方式处理生活垃圾的占比最高；不同生产方式家庭的污水排放方式差异较小且污水排放途径主要是自家单独自行排放；农业家庭使用自家修建的旱厕占比最高，牧业家庭没有厕所的占比最高；不同生产方式家庭电脑/手机上网的使用频率差异不明显，在完全不上网的家庭中，农业家庭占比最大。

基于以上结论，提出如下建议：第一，推进乡村振兴战略实施，拓宽农牧民增收渠道，促进农牧民就业，提高农牧民收入。第二，建立健全需求导向的新型农民社会保障体系，切实保障农牧民实际利益。第三，加强对农牧区居民安全保障，定时对管辖全区域进行安全隐患排查，切实保护好农牧民生命财产安全。第四，对农牧民定期开展民生领域调查、不定期开展访谈，收集农牧民的意见，了解农牧民的诉求，做到具体问题具体分析。

第五章

民生发展内生动力：家庭自生能力

中央第七次西藏工作座谈会上习近平总书记再次强调："中央支持西藏、全国支援西藏，是党中央的一贯政策，必须长期坚持，认真总结经验，开创援藏工作新局面。"[①] 近年来，在全国援藏的大背景下，西藏各方面工作取得了巨大的成就：经济发展实现重大飞跃、人民生活水平大幅提高、基础设施建设加快、各项社会事业全面发展、生态环境保护良好。但在长期援助下，西藏自身的发展能力问题越来越引起人们关注。刘期彬（2011）提出增强自我发展能力是实现西藏跨越式发展的内在动力，家庭自生能力对于认清农牧民家庭自生现状、评价农牧民可持续生计具有重要的现实意义。如何将"要我发展"转变为"我要发展"观念根植于农牧民内心深处，发挥西藏农牧民群众的主观能动性，将外部"输血"转变为主动"造血"，最终实现从"被动发展"到"主动发展"的转变，是新时代西藏民生改善的新要求。

[①] 《习近平在中央第七次西藏工作座谈会上强调　全面贯彻新时代党的治藏方略　建设团结富裕文明和谐美丽的社会主义现代化新西藏》，《人民日报》2020年8月30日。

第一节　自生能力的概念界定及研究综述

一、自生能力的内涵

"自生能力"起源于对植物自我生长能力的描述。1999 年我国著名经济学家林毅夫提出"企业自生能力"这一概念，并指出，如果一个企业通过正常的经营管理预期能够在自由开放和竞争的市场中赚取社会可接受的正常利润，这个企业就具有自生能力，反之则不然。此后，国内一些学者对自生能力的概念相继作出探讨。廖国民和王永钦（2003）对林毅夫"自生能力来自比较优势"的观点进行扩展，讨论两种情况：一是具备资源禀赋比较优势但存在技术比较劣势；二是不存在资源禀赋的比较优势但存在交易效率优势和规模经济。此外，也有一些学者将自生能力的概念从企业层面拓展至其他领域。苏基才（2007）提出了农村自生能力的概念，认为农村普遍缺乏自生能力，并论证激发和再造农村自生能力是新农村建设的前提条件和逻辑出发点，农村自生发展能力是农村改革绕不过去的深层次问题。刘向兵等（2014）通过详尽的数据和案例分析，认为我国十年间的对口支援工作使得受援高校自生能力得到了提升，并提出了大学的自生能力组成要素为融合能力、生产能力和自我推动能力。许志源（2020）则认为，对互联网产业自生能力具有内生性影响的因素包括统一语言的网络用户资源、人力资本、金融资本等要素禀赋以及基础设施与制度安排等软硬配套设施。

综合来看，自生能力源起于植物学，而后被应用于企业经营、农村改革、对口支援及互联网发展等诸多领域，内涵得到不断丰富。基于此，将"自生能力"引入家庭情境，提出"家庭自生能力"，认为家庭自生能力是家庭成员运用所拥有的生产要素，所学的知识、技能，获取、利用社会资源，实现自身价值的能力。

二、自生能力的研究现状

自生能力研究一直备受学界重视，特别是在脱贫攻坚、乡村振兴及共同富裕的时代趋势下，许多学者结合时代社会经济发展现状，对自生能力进行了多角度、多领域的研究。这些研究主要从区域自生能力、企业自生能力和个体自生能力三个方面对研究现状展开论述。

第一，区域自生能力研究。岑杰等（2009）认为区域自生能力是一个集合，包括区域要素整合能力、区域自主创新能力和区域运营能力，而区域要素整合能力是区域自生能力的基础。创业是对区域要素整合的过程，因而，创业型经济是一种优化整合区域要素的经济形态，能够很好地提升区域自生能力，促进区域经济的可持续、健康发展。高正平和张兴巍（2012）指出区域基期的企业自生能力指数对该区域下一期的经济发展水平具有显著的解释力和影响力。因此，优质实体经济项目源培育应成为发展政策的主要内容，应用区域企业自生能力指数考核区域经济发展质量可以有效地解决当前中国 GDP 考核的难题。成学真和陈小林（2010）在科学性和系统性、实用性和可操作性、动态性和可比性等原则下，从区域产业发展能力、区内企业竞争力、区域金融服务能力、区域生态环境可持续能力和地方政府行政调控能力五个子能力出发，构建了一个三层次、五系统、多指标、多变量的区域发展自生能力评价指标体系。赵怡洁和杨丽莎（2022）以包容性增长的视角构建我国西部地区自我发展的理论框架，阐述了区域自生能力的构成要素，即资源整合能力、自主创新能力及协调发展能力。

第二，企业自生能力研究。周丰滨等（2008）从基础竞争力、竞争实力和竞争潜力等方面入手，建立了反映产业自生竞争力的二级指标体系，丰富了产业自生竞争力的内涵。李飞跃和林毅夫（2011）通过构建动态模型分析了发展中国家的发展战略对其经济制度的影响，研究发现，宏观经济政策和经济制度会影响微观主体的企业自生能力。李周等

（2020）采用国有工业企业的利润占比与国有工业的资产、主营业务收入、职工人数占比的比值，观察国有工业企业自生能力变化情况。侯佳君等（2020）基于对四川省321家农民专业合作社调研发现，自生能力对合作社绩效有直接和间接的正向效应。吴清扬和姜磊（2021）利用1998—2013年中国工业企业数据库进行实证检验，研究结果表明，具有自生能力的企业更易在市场中存活，不具有自生能力的企业被淘汰的可能性更高。熊德斌和娄欢（2022）对2000—2019年我国制造业上市公司数据进行研究，发现企业交易效率通过生产效率的部分中介效应来促进企业自生能力的提高，即提高生产效率通过交易效率促进企业自生能力增强。池泽新等（2022）认为"自生能力"是龙头企业发挥作用的决定性因素，建议将"自生能力"明确列入国家重点龙头企业认定和运行监测办法。

第三，个体自生能力研究。庞文和丁云龙（2010）提出应注重城市贫困群体自生能力的构建，增强其基本生存能力与自我发展能力。视贫困群体为反贫困的第一主体，从环境、机会与意识三个方面提升其自生能力，并在反贫困政策的目标定位、内容转向和具体实施方面加以创新。郭全中（2014）指出所谓"自生能力"，即媒体人自身具有较强的核心竞争力，具体包括锐意创新、深刻把握大趋势、综合素质高及专长突出四个方面，需要通过长时间的修炼来逐步培养。张衔等（2022）发现，当贫困地区和贫困人口按标准脱贫后，会出现一定的退化现象，特别是通过收入再分配实现脱贫的地区和人口。因此，巩固脱贫成果、有效防止规模性退化仍依赖于脱贫人口和地区的自生能力的提高。

综上，关于自生能力的研究学界已有大量的学术成果，内容涵盖了众多领域，解决了新形势下的众多发展问题。但这些研究大多以宏观或企业的视角对自生能力进行探讨，对微观个体的研究相对较少。实际上，对于微观主体的研究特别符合当下巩固脱贫攻坚成果，实现其与乡村振兴有效衔接，最终实现共同富裕的时代主题。因此，从家庭自生能力角度分析西藏农牧区内生发展动力，是对个体自生能力研究的丰富与发展，对于民生持续改善具有重大意义。

第二节　家庭自生能力的指标体系构建

为认识拉萨市农牧民家庭自生能力情况，本章借鉴李中锋与吴昊（2016）研究西藏农牧民自我发展能力所构建的评价体系[①]，以此为基础构建拉萨市农牧民家庭自生能力评价指标体系。该评价指标体系共有三个层级指标。一级指标为家庭自生能力；二级指标有 5 项，包括技术素能、智力素能、发展素能、心理素能和身体素能；三级指标共有 16 项。其中，技术素能的三级指标有 3 项；智力素能的三级指标有 3 项；发展素能的三级指标有 4 项；心理素能的三级指标有 3 项；身体素能的三级指标有 3 项，详见表 5—1。

表 5—1　家庭自生能力的评价指标体系

一级指标	二级指标	三级指标
家庭自生能力	技术素能（13.09%）	对今年收入状况的感觉
		对自己投资计划（比如，储蓄、基金、股票等）的感觉
		对学一项新的技能来改善家庭收入的意愿
	智力素能（17.15%）	通过网络了解新知识或新闻的频率
		通过网络接受新的知识或新闻的意愿
		网络（比如电脑上网、手机上网）的使用频率
	发展素能（35.05%）	对家庭成员跨市或跨省流动的情况的感觉
		对本市亲戚对您帮助程度的感觉
		对家庭成员之间关系的感觉
		对周边邻居关系的感觉

[①]　李中锋、吴昊：《西藏农牧民自我发展能力评估及提升路径研究——基于宏观数据和山南地区调查数据的分析》，《四川大学学报（哲学社会科学版）》2016 年第 3 期。

续表

一级指标	二级指标	三级指标
家庭自生能力	心理素能 （18.14%）	经商／创业的意愿
		为家庭发展而冒险做一件事情的意愿
		对接受新鲜事物的意愿
	身体素能 （16.57%）	健康状况
		家人若生病，一般首选何种方式医治
		过去四周中，你是否生过病或受过伤

16 项三级指标测量值通过原始问卷提问得到，每一个问题的回答采用标准三分法、四分法或五分法，并采用中心化处理同意将三级指标测量值映射至 [0，100] 区间。为更加科学合理地分析结论，本书将各项高级综合指标评分所处区间分为 5 个区段，然后由高到低分为五个层级，具体区段划分标准如表 5—2 所示。

表 5—2　高级综合指标得分区间划分准则

高级综合指标得分区间划分	
非常好	［87.5，100］
比较好	［62.5，87.5）
一般	［37.5，62.5）
比较差	［12.5，37.5）
非常差	［0，12.5）

第三节　家庭自生能力状况基本分析

一、家庭自生能力评价

（一）家庭自生能力评分

为全面了解拉萨市农牧区家庭自生能力情况，用家庭自生能力一、二级指标评分情况进行展示。表 5—3 展示了家庭自生能力指标评价体系在前述计分准则下，根据 715 户受访样本的数据得到家庭自生能力

一、二级指标评分情况。其中，样本量是指计算该指标所涉及的全体有效样本的数量，由于个别指标的有效样本缺失，影响到高级综合指标分析，因此剔除了存在缺失值的样本并进行了缩尾处理，以保证高级指标得分的有效性。

表 5—3　家庭自生能力评分

指标	样本量（户）	均值（分）	标准差	变异系数	最小值（分）	最大值（分）
一级指标						
家庭自生能力	679	62.31	10.88	0.182	55.47	87.39
二级指标						
技术素能	679	62.11	15.95	0.25	25	100
智力素能	679	64.05	22.49	0.35	17.39	100
发展素能	679	64.81	15.13	0.23	32.75	100
心理素能	679	53.35	22.49	0.42	8.33	100
身体素能	679	48.47	14.46	0.29	13.04	100

从具体结果来看，此次调研总体家庭自生能力评价指标的有效样本为 679 户，家庭自生能力评分均值为 62.31 分，依据表 5—2 指标综合得分区间划分准则，可知拉萨市农牧民家庭自生能力综合评分位于"一般"区间层次。

（二）分样本分析

1.不同生产方式家庭的自生能力情况

按照家庭生产方式，将样本家庭划分为农业家庭、牧业家庭、半农半牧业家庭三种类型。由表 5—4 可见，三类家庭的自生能力总体评分为 62.31 分，处于"一般"水平。其中，农业家庭评分最高，达到 62.84 分，高于总体平均水平 0.53 分，其他两类家庭评分则略低于平均水平，其中半农半牧业家庭平均评分为 62.13 分，牧业家庭评分为 61.76 分，极差达 1.08 分。

表5—4　不同生产方式家庭自生能力评分

项目	样本量（户）	评分（分）
全样本	679	62.31
农业家庭	250	62.84
牧业家庭	157	61.76
半农半牧业家庭	272	62.13
极差	——	1.08

2.不同海拔高度家庭的自生能力情况

由于海拔高度差异，居民生产条件、生活条件及身体感知差异较大，因而家庭自生能力也有差异。将海拔高度划分为4000米以下、4000—4500米、4500米以上三种类型，据此考察生活在不同海拔高度农牧民的家庭自生能力评分。由表5—5可见，家庭自生能力评分随海拔的升高呈现倒U形趋势变化，按照海拔从高到低评分依次为62.28分、62.65分、60.46分，极差达到2.19分。其中4000—4500米家庭的评分高于平均评分，而4000米以下家庭与4500米以上家庭自生能力得分则显著低于平均水平。

表5—5　不同海拔高度家庭自生能力评分

项目	样本量（户）	评分（分）
全样本	679	62.31
4000米以下家庭	440	62.28
4000—4500米家庭	204	62.65
4500米以上家庭	35	60.46
极差	——	2.19

3.不同县（区）家庭自生能力情况

本次调研地区包括拉萨市除城关区外的七县（区），即堆龙德庆区、墨竹工卡县、尼木县、当雄县、曲水县、林周县与达孜区。由表5—6可见，七县（区）按总体家庭自生能力评分由高到低排序依次为墨竹工卡县（64.06 分）、尼木县（63.10 分）、林周县（62.68 分）、达孜区（62.23 分）、当雄县（61.55 分）、曲水县（61.33 分）、堆龙德庆区（60.50 分），极差为 3.56 分。其中墨竹工卡县、尼木县、林周县与达孜区的家庭自生能力评分高于总体平均评分以上。

表 5—6　不同县区家庭自生能力评分

项目	样本量（户）	评分（分）
全样本	679	62.31
堆龙德庆区	100	60.50
墨竹工卡县	127	64.06
尼木县	84	63.10
当雄县	111	61.55
曲水县	70	61.33
林周县	128	62.68
达孜区	59	62.23
极差	——	3.56

4. 家庭成员中有无村干部的自生能力情况

从表 5—7 来看，家庭成员中有村干部的家庭自生能力评分为 63.96 分，高于家庭成员中无村干部的家庭。与总体平均水平相比，有村干部的家庭自生能力评分显著高于平均水平，无村干部的家庭自生能力评分显著低于平均水平。两类家庭自生能力得分的极差为 1.94 分，存在定差异。

表 5—7　家庭成员中有无村干部家庭的自生能力评分

项目	样本量（户）	评分（分）
全样本	679	62.31
有村干部	99	63.96
无村干部	580	62.02
极差	——	1.94

二、家庭自生能力差异性分析

（一）不同生产方式家庭自生能力差异性分析

根据当地农牧业生产的不同情况，将生产方式分为农业、牧业、半农半牧业三类。不同生产方式家庭的自生能力二级指标评分，呈现极差小，均处于"一般"到"比较好"的区间，结果如表5—8所示。具体来看，在技术素能评价方面，不同生产方式家庭评分均在61.00分以上，极差为1.97分，其中农业家庭技术素能评分处于"比较好"区间，牧业与半农半牧业家庭技术素能评分处于"一般"水平；在智力素能评价方面，不同生产方式家庭评分均值为63.82分，达到"比较好"水平，极差为2.72分，评分从高到低依次为半农半牧业家庭（65.20分）、农业家庭（63.79分）、牧业家庭（62.48分）；在发展素能评价方面，不同生产方式家庭评分均值为64.25分，其中农业家庭与半农半牧业家庭发展素能评分处于"比较好"水平，牧业家庭发展素能评分处于"一般"水平，极差为5.77分，表明不同生产方式家庭的发展素能存在较显著的差异；在心理素能评价方面，不同生产方式家庭评分均处于"一般"水平，极差为1.80分，表明不同生产方式家庭心理素能之间的区别较小；在身体素能评价方面，不同生产方式家庭身体素能评分同样处于"一般"水平，极差为2.07分。

总的来说，无论是哪种生产方式的家庭，身体素能相对其他四个维度而言，评分最低，这表明身体素能是影响拉萨市农牧区家庭自生能力发展的最重要因素；农业和半农半牧业家庭的二级指标评分均高于牧业家庭（除心理素能和身体素能外）；在牧业家庭自生能力评价中，所有二级指标间的极差最小。综上，为提高农牧区家庭自生能力，政策应有所侧重，在维度上加强对农牧民身体素能的强化；在生产类型上倾向于牧业家庭，然后是半农半牧业家庭，最后是农业家庭。

表5—8 不同生产方式家庭自生能力二级指标评分

单位：分

生产方式	技术素能	智力素能	发展素能	心理素能	身体素能	极差
农业家庭	63.30	63.79	65.66	53.50	48.60	17.06
牧业家庭	61.57	62.48	60.66	54.40	49.70	12.78
半农半牧业家庭	61.33	65.20	66.43	52.60	47.63	18.80
极差	1.97	2.72	5.77	1.80	2.07	——

（二）不同海拔高度家庭自生能力差异性分析

不同海拔高度亦会影响家庭自生能力的二级指标评分，如表5—9所示。技术素能与发展素能评分随着海拔高度的升高而降低；智力素能、心理素能评分随着海拔高度的升高呈现先升高后降低的倒 U 形趋势；身体素能评分随着海拔高度的升高呈现先降低后升高的 U 形趋势。具体来看，技术素能评分随着海拔的升高而降低，在海拔高度处于 4000 米以下时评分为 62.51 分，处于"比较好"水平，在海拔高度处于 4000—4500 米时评分为 62.13 分，在海拔高度处于 4500 米以上时评分为 56.90 分，处于"一般"水平，可以看出海拔高度对于家庭技术素能存在负向影响；智力素能评分随着海拔高度的升高呈现先升高后降低的倒 U 形趋势，在海拔高度 4000 米以下时评分为 63.99 分，在海拔高度为 4000—4500 米时评分为 64.89 分，处于"比较好"水平，在海拔高度处于 4500 米以上时降低到"一般"水平，可以看出海拔高度的升高在一定限度内对拉萨市农牧区家庭智力素能具有正向影响，但海拔过高会对智力素能产生较大的负面影响；发展素能评分随着海拔高度的升高而降低，在海拔高度 4000 米以下时评分为 65.39 分，在海拔高度为 4000—4500 米时评分为 65.19 分，处于"比较好"水平，在海拔高度处于 4500 米以上时评分为 55.32 分，降低到"一般"水平，可以看出海拔高度对于家庭发展素能存在负向影响；心理素能评分随着海拔高度的升高呈现先升高后降低的倒 U 形趋势，在三个区间的评分依次为 52.31

分、56.41 分、48.57 分，均处于"一般"水平，可以看出海拔高度的升高在一定限度内对拉萨市农牧区家庭心理素能具有正向影响，但海拔过高则会对心理素能产生较大的负面影响；身体素能评分随着海拔高度的升高呈现先降低后升高的 U 形趋势，在三个区间的得分依次为 48.96 分、46.41 分、54.28 分。就正常情况而言，海拔越高对人体健康损伤程度越大，但由于农牧民长期生活在高原地区，因此海拔高度对于农牧民的身体素能存在自然淘汰与筛选的作用，但整体而言，海拔的变化并没有显著影响到农牧民身体素能评分的平均情况，三个海拔区间农牧民身体素能评分均处于"一般"水平。

表 5—9　不同海拔高度家庭自生能力二级指标评分

单位：分

生产方式	技术素能	智力素能	发展素能	心理素能	身体素能	极差
4000 米以下家庭	62.51	63.99	65.39	52.31	48.96	16.43
4000—4500 米家庭	62.13	64.89	65.19	56.41	46.41	18.78
4500 米以上家庭	56.90	59.93	55.32	48.57	54.28	11.36
极差	5.61	4.96	10.07	7.84	7.87	——

（三）不同县（区）家庭自生能力差异性分析

不同县（区）家庭自生能力二级指标评分如表 5—10 所示。具体来看，技术素能，曲水县、墨竹工卡县和堆龙德庆区处于"比较好"水平，其他县（区）均处于"一般"水平，评分最高为曲水县（65.47 分），评分最低为当雄县（59.53 分），极差为 5.94 分；智力素能，除堆龙德庆区和曲水县为"一般"水平，其他县（区）均达到"比较好"水平，评分最高为尼木县（69.48 分），评分最低为曲水县（58.91 分），极差为 10.57 分；发展素能，墨竹工卡县、尼木县、林周县与达孜区处于"比较好"水平，堆龙德庆区、当雄县、曲水县处于"一般"水平，评分最高为达孜区（68.84 分），评分最低为当雄县（60.06 分），极差为 8.78 分；心理素能，所有县（区）均处于"一般"水平，评分最高为墨竹工卡县

（56.82分），评分最低为达孜区（49.43分），极差为7.39分；身体素能，所有县（区）均处于"一般"水平，评分最高为当雄县（52.25分），评分最低为尼木县（45.03分），极差为7.22分。

表5—10 不同县（区）家庭自生能力二级指标评分

单位：分

生产方式	技术素能	智力素能	发展素能	心理素能	身体素能	极差
堆龙德庆区	62.75	61.02	61.63	52.00	45.56	17.19
墨竹工卡县	64.30	68.86	66.71	56.82	50.42	18.44
尼木县	62.00	69.48	65.49	55.75	45.03	24.45
当雄县	59.53	62.57	60.06	53.52	52.25	10.32
曲水县	65.47	58.91	61.99	50.35	48.75	16.72
林周县	60.28	62.55	68.77	52.66	48.77	20.00
达孜区	61.29	63.33	68.84	49.43	45.98	22.86
极差	5.94	10.57	8.78	7.39	7.22	——

（四）家庭成员中有无村干部的自生能力差异性分析

家庭成员中有无村干部对家庭自生能力二级指标亦会产生影响，结果如表5—11所示。具体来看，技术素能，家庭成员中无村干部的技术素能评分均值为62.41分，接近"比较好"，家庭成员中有村干部的技术素能评分为60.35分，处于"一般"水平，二者极差为2.06分，可见有无村干部对家庭技术素能的影响较显著；智力素能与发展素能，有村干部的家庭评分高于无村干部的家庭评分，且有村干部的家庭评分均处于"比较好"水平；心理素能与身体素能，不论家庭成员中是否有村干部，两项指标评分均处于"一般"水平，但有村干部的家庭评分仍高于无村干部家庭。

总体来看，第一，有无村干部对家庭发展素能的影响最大；没有村干部的家庭只有技术素能评分均值高于有村干部家庭；第二，不论是否有村干部，拉萨市农牧区家庭心理素能与身体素能在所有二级指标中均处于较低水平。

表5—11　家庭成员中有无村干部的自生能力二级指标评分

单位：分

生产方式	技术素能	智力素能	发展素能	心理素能	身体素能	极差
有村干部	60.35	66.93	70.36	54.12	50.94	19.42
无村干部	62.41	63.56	63.86	53.21	48.05	15.81
极差	2.06	3.37	6.50	0.91	2.86	——

第四节　家庭自生能力状况关联分析

一、技术素能

不同生产方式家庭技术素能存在较大差别，如表5—12所示。农业家庭在技术素能评分"非常好"区间中的占比最高，为37.50%；其次是牧业家庭，为33.33%；最后是半农半牧业家庭，为29.17%。就绝对数量而言，处于"比较好"水平与"一般"水平的家庭数量最多，分别占总体的48.60%与39.76%；技术素能处于"比较差"水平与"非常差"水平的家庭在总体占比为8.08%。

表5—12　不同生产方式家庭技术素能情况

技术素能得分		家庭生产方式			总计
		农业	牧业	半农半牧业	
非常好	家庭数（户）	9	8	7	24
	占全部生产方式家庭比重（%）	37.50	33.33	29.17	100.00
	占技术素能得分比重（%）	3.60	5.00	2.57	3.50
比较好	家庭数（户）	132	72	126	330
	占全部生产方式家庭比重（%）	40.00	21.82	38.18	100.00
	占技术素能得分比重（%）	52.80	45.85	46.32	48.60

续表

技术素能得分		家庭生产方式			总计
		农业	牧业	半农半牧业	
一般	家庭数（户）	93	56	121	270
	占全部生产方式家庭比重（%）	34.44	20.74	44.82	100.00
	占技术素能得分比重（%）	37.20	35.66	44.48	39.76
比较差	家庭数（户）	15	20	18	53
	占全部生产方式家庭比重（%）	28.30	37.73	33.96	100.00
	占技术素能得分比重（%）	6.00	12.74	33.96	7.80
非常差	家庭数（户）	1	1	0	2
	占全部生产方式家庭比重（%）	50.00	50.00	0.00	100.00
	占技术素能得分比重（%）	0.40	0.40	0.00	0.28
总计	家庭数（户）	250	157	272	679
	占全部生产方式家庭比重（%）	36.82	23.12	40.06	100.00
	占技术素能得分比重（%）	100.00	100.00	100.00	100.00

二、智力素能

不同生产方式家庭智力素能存在较大差别，如表5—13所示。半农半牧业家庭在智力素能评分"非常好"区间中的占比最高，为41.88%，其次是农业家庭，为40.17%，最后是牧业家庭，为17.95%；就绝对数量而言，处于"比较好"水平与"一般"水平的家庭数量最多，分别占总体的37.84%与30.63%；智力素能处于"比较差"水平与"非常差"水平的家庭在总体占比为14.28%。

表5—13 不同生产方式家庭智力素能情况

智力素能得分		家庭生产方式			总计
		农业	牧业	半农半牧业	
非常好	家庭数（户）	47	21	49	117
	占全部生产方式家庭比重（%）	40.17	17.95	41.88	100.00
	占智力素能得分比重（%）	18.80	13.37	18.01	17.23

续表

智力素能得分		家庭生产方式			总计
		农业	牧业	半农半牧业	
比较好	家庭数（户）	93	58	106	257
	占全部生产方式家庭比重（%）	36.19	22.57	41.24	100.00
	占智力素能得分比重（%）	37.20	36.94	38.97	37.84
一般	家庭数（户）	66	55	87	208
	占全部生产方式家庭比重（%）	31.73	26.44	41.83	100.00
	占智力素能得分比重（%）	26.40	35.03	31.98	30.63
比较差	家庭数（户）	32	13	24	69
	占全部生产方式家庭比重（%）	46.38	18.84	34.78	100.00
	占智力素能得分比重（%）	0.13	8.20	8.80	10.16
非常差	家庭数（户）	12	10	6	28
	占全部生产方式家庭比重（%）	42.86	35.71	21.43	100.00
	占智力素能得分比重（%）	4.80	6.30	2.20	4.12
总计	家庭数（户）	250	157	272	679
	占全部生产方式家庭比重（%）	36.82	23.12	40.06	100.00
	占智力素能得分比重（%）	100.00	100.00	100.00	100.00

三、发展素能

不同生产方式家庭发展素能存在较大差别，如表 5—14 所示。半农半牧业家庭在发展素能评分"非常好"区间中的占比最高，为 44.18%，其次是农业家庭，为 41.86%，最后是牧业家庭，为 13.95%；就绝对数量而言，处于"比较好"水平与"一般"水平的家庭数量最多，分别占总体的 50.36% 与 37.99%；发展素能处于"比较差"水平与"非常差"水平的家庭在总体占比为 5.29%。

表5—14　不同生产方式家庭发展素能情况

发展素能得分		家庭生产方式			总计
		农业	牧业	半农半牧业	
非常好	家庭数（户）	18	6	19	43
	占全部生产方式家庭比重（%）	41.86	13.95	44.19	100.00
	占发展素能得分比重（%）	7.20	3.82	6.98	6.33
比较好	家庭数（户）	125	66	151	342
	占全部生产方式家庭比重（%）	36.55	19.30	44.15	100.00
	占发展素能得分比重（%）	50.00	42.03	55.51	50.36
一般	家庭数（户）	96	70	92	258
	占全部生产方式家庭比重（%）	37.21	27.13	35.66	100.00
	占发展素能得分比重（%）	38.40	44.58	33.82	37.99
比较差	家庭数（户）	10	15	10	35
	占全部生产方式家庭比重（%）	28.57	42.86	28.57	100.00
	占发展素能得分比重（%）	4.00	9.55	3.67	5.15
非常差	家庭数（户）	1	0	0	1
	占全部生产方式家庭比重（%）	100.00	0.00	0.00	100.00
	占发展素能得分比重（%）	0.40	0.00	0.00	0.14
总计	家庭数（户）	250	157	272	679
	占全部生产方式家庭比重（%）	36.81	23.12	40.05	100.00
	占发展素能得分比重（%）	100.00	100.00	100.00	100.00

四、心理素能

不同生产方式家庭心理素能存在较大差别，如表5—15所示。农业家庭在心理素能评分"非常好"区间中的占比最高，为48.38%，其次是牧业与半农半牧业家庭，均为25.81%；就绝对数量而言，处于"比较好"水平与"一般"水平的家庭数量最多，分别占总体的33.87%与36.81%；心理素能处于"比较差"水平与"非常差"水平的家庭在总体占比为24.74%。

表 5—15 不同生产方式家庭心理素能情况

心理素能得分		家庭生产方式			总计
		农业	牧业	半农半牧业	
非常好	家庭数（户）	15	8	8	31
	占全部生产方式家庭比重（%）	48.38	25.81	25.81	100.00
	占心理素能得分比重（%）	6.00	5.09	2.94	4.56
比较好	家庭数（户）	87	58	85	230
	占全部生产方式家庭比重（%）	37.83	25.22	36.95	100.00
	占心理素能得分比重（%）	34.80	36.94	31.25	33.87
一般	家庭数（户）	79	52	119	250
	占全部生产方式家庭比重（%）	31.60	20.80	47.60	100.00
	占心理素能得分比重（%）	31.60	33.12	43.75	36.81
比较差	家庭数（户）	55	27	50	132
	占全部生产方式家庭比重（%）	41.67	20.45	37.88	100.00
	占心理素能得分比重（%）	22.00	17.19	18.38	19.44
非常差	家庭数（户）	14	12	10	36
	占全部生产方式家庭比重（%）	38.89	33.33	27.78	100.00
	占心理素能得分比重（%）	5.60	7.64	3.67	5.30
总计	家庭数（户）	250	157	272	679
	占全部生产方式家庭比重（%）	36.82	23.12	40.06	100.00
	占心理素能得分比重（%）	100.00	100.00	100.00	100.00

五、身体素能

不同生产方式家庭身体素能存在较大差别，如表 5—16 所示。牧业家庭在身体素能评分"非常好"区间中的占比最高，为 3.18%，其次是半农半牧业家庭，为 0.37%，农业家庭为 0%；就绝对数量而言，处于"一般"水平的家庭数量最多，占总体的 72.75%；身体素能处于"比较差"水平与"非常差"水平的家庭在总体占比为 11.47%。

表5—16　不同生产方式家庭身体素能情况

身体素能得分		家庭生产方式			总计
		农业	牧业	半农半牧业	
非常好	家庭数（户）	0	5	1	6
	占全部生产方式家庭比重（%）	0	83.33	16.67	100.00
	占身体素能得分比重（%）	0	3.18	0.37	0.88
比较好	家庭数（户）	31	27	43	101
	占全部生产方式家庭比重（%）	30.69	26.73	42.58	100.00
	占身体素能得分比重（%）	12.40	17.20	15.81	14.88
一般	家庭数（户）	200	107	187	494
	占全部生产方式家庭比重（%）	40.49	21.66	37.85	100.00
	占身体素能得分比重（%）	80.00	68.15	68.75	72.75
比较差	家庭数（户）	15	17	31	63
	占全部生产方式家庭比重（%）	23.81	26.98	49.21	100.00
	占身体素能得分比重（%）	6.00	10.83	11.40	9.28
非常差	家庭数（户）	4	1	10	15
	占全部生产方式家庭比重（%）	26.67	6.66	66.67	100.00
	占身体素能得分比重（%）	1.60	0.64	3.67	2.21
总计	家庭数（户）	250	157	272	679
	占全部生产方式家庭比重（%）	36.82	23.12	40.06	100.00
	占身体素能得分比重（%）	100.00	100.00	100.00	100.00

第五节　结论与建议

一、主要结论

通过构建拉萨市农牧区家庭自生能力评价指标体系，对679户有效样本进行自生能力评价，得出其家庭自生能力评分均值为62.31分，并发现拉萨市农牧区家庭在技术素能、智力素能、发展素能、心理素能和身体素能大多处于"比较好"水平，仍存在一定的提升空间。

第一，家庭自生能力综合得分，从不同生产方式来看，农业、牧业、半农半牧业三类家庭的自生能力评分均处于"一般"水平区间，且极差极小，评分由高到低依次为农业家庭、半农半牧业家庭、牧业家庭；从不同海拔来看，家庭自生能力评分随海拔的升高呈现倒 U 形趋势变化，其中 4000 米以下家庭与 4000—4500 米家庭的评分均高于平均评分，而 4500 米以上家庭自生能力得分则显著低于平均水平；从不同县（区）来看，墨竹工卡县、尼木县、林周县与达孜区的家庭自生能力评分处于总体平均评分以上，按评分由高到低排序为墨竹工卡县、尼木县、林周县、达孜区、当雄县、曲水县、堆龙德庆区，区域间存在一定差异；就家庭成员中有无村干部对家庭自生能力的影响而言，有村干部的家庭自生能力评分显著高于平均水平，无村干部的家庭自生能力评分显著低于平均水平。

第二，二级指标差异性分析。从不同生产方式来看，技术素能、智力素能与发展素能相对其他维度具有较高的评分，身体素能相对其他四个维度而言，评分最低，农业家庭和半农半牧业家庭除心理素能和身体素能外的所有二级指标评分均高于牧业家庭；牧业家庭所有二级指标间的极差最小。从不同海拔高度来看，技术素能与发展素能评分随着海拔高度的升高而降低；智力素能、心理素能评分随着海拔高度的升高呈现先升高后降低的倒 U 形趋势；身体素能评分随着海拔高度的升高呈现先降低后升高的 U 形趋势。从不同县（区）来看，各维度指标极差在 [4，10] 区间内，区域间家庭自生能力在各维度上存在一定差异，其中，堆龙德庆区的技术素能相对优越，墨竹工卡县的技术素能、智力素能、发展素能、心理素能相对优越，尼木县的智力素能相对优越，身体素能相对较差，当雄县的身体素能与智力素能相对优越，技术素能与发展素能相对较低，曲水县的智力素能相对较差，其他维度评分处于中间水平，林周县的发展素能与智力素能较为优越，其他维度评分处于中间水平，达孜区的智力素能与发展素能相对优越，心理素能相对较差。就家庭成员中有无村干部对家庭自生能力二级指标的影响而言，有无村干部对家庭发展素能的影响最大，没有村干部的家庭只有技术素能评分均值高于有村干部家庭，不论是否有村干部，拉萨市农牧区家庭心理素能与身体素能在所有二级指标中处于较低水平。

二、政策建议

针对上述分析，提出以下建议：第一，针对不同生产方式的家庭，应根据实际情况，以农牧民家庭自生能力发展具体需求为导向，为提高农牧民家庭自生能力提供个性化、差异化、多样化的支持，且政策支持力度应有所差异，对农业和牧业家庭，要重点强化其心理素能和身体素能；对牧业家庭则需要在技术素能、智力素能、发展素能、心理素能这四个维度给予大力支持；第二，要加强高海拔地区尤其是海拔4500米以上地区的医疗卫生基础设施建设，并加强对高海拔地区农牧民的技术培训及相关教育培训，强化其技术素能和智力素能；第三，就不同县（区）而言，拉萨市政府应当将政策资源向自生能力总评分落后的县（区）倾斜，并促进各县（区）间的经验交流；第四，要进一步完善基层治理，定期开展调查，及时把握不同类型家庭的自生发展诉求，尤其是家庭成员中无村干部的家庭。

第六章

民生发展重要助力：合作社

2020 年 12 月召开的中央农村工作会议强调，要把"三农"工作作为全党工作的重中之重，号召举全党全社会之力全面推动乡村振兴。全面实施乡村振兴战略是全面建设社会主义现代化国家的重大历史任务，产业振兴是乡村振兴的重中之重。要实现乡村振兴的伟大目标，就必须加强新型农业经营主体的培育、积极推动、完善农业现代化产业体系的构建，这也是进一步发展农民专业合作社所面临的新挑战。

合作社作为我国农村地区的主要组织载体，不仅是新型农业的重要经营主体，也是农业社会化服务的主要供给主体和联系农业发展各利益主体的纽带，在农业发展中占据着非常重要的位置。合作社与政府、企业及科研机构之间的协作，不仅有助于促进合作社自身的发展，还有助于推动我国农业的发展。当前，合作社的建设与发展是实施乡村振兴战略的重要助力。

第一节　研究背景

随着乡村振兴战略的稳步实施，合作社正在朝着组织化生产、多元化服务、市场化运营和科学化管理的方向发展。目前，合作社服务农民的功能不断增强，合作经营在富裕农民方面的作用日渐彰显。

中央多次指出，农民合作社对于产业发展和农民增收减贫上具有带动作用，因此要重视并严格落实农民合作社建设工作。2018 年 1 月发布的《中共中央　国务院关于实施乡村振兴战略的意见》和 2021 年发布的《中共中央　国务院关于全面推进乡村振兴加快农业农村现代化的意见》两个文件中，都把农村产业发展作为乡村振兴的重要任务，要求依托乡村特色优势资源，打造农业全产业链，构建现代乡村产业体系。2021 年 4 月 29 日通过的《中华人民共和国乡村振兴促进法》第二十一条规定："国家支持农民专业合作社、家庭农场和涉农企业、电子商务企业、农业专业化社会化服务组织等以多种方式与农民建立紧密型利益联结机制，让农民共享全产业链增值收益。"

2021 年 2 月，习近平总书记在全国脱贫攻坚总结表彰大会上的讲话中强调，"我们要切实做好巩固脱贫攻坚成果同乡村振兴有效衔接各项工作，让脱贫基础更加稳固、成效更可持续"①。中共中央在"十四五"规划编制中建议，要优化返贫监测和帮扶机制，做好后续扶贫工作，在乡村振兴中巩固脱贫成果。农民合作社在衔接脱贫攻坚和乡村振兴战略中地位特殊，既能增强脱贫人口内生发展动力，避免返贫，推进乡村振兴，助力农业现代化。西藏作为唯一省级集中连片贫困地区，当前大力推进现代化农牧业经营体系建设工作，持续加大合作社建设力度，以充分发挥好合作社对农牧民收入以及乡村经济的带动作用，全面推进乡村振兴，加快农业农村现代化建设。因此，本章使用拉萨市农牧区民生发展调查（LLDR，2021）数据，在分析拉萨市农牧区合作社发展现状的基础上，深入分析合作社促进农牧民增收的路径和机制等，并提出相应对策建议助力西藏农牧区民生改善。

---

① 《习近平谈治国理政》第四卷，外文出版社 2022 年版，第 138 页。

第二节　概念界定及相关研究

合作社是具有复合功能的经济组织形式，其价值取向与运行方式符合现代社会的公共政策目标。国际劳工组织称，"合作社及其价值观能够创造出关心人民、关注社区、民主、以人为本的经济形式，同时促进经济增长和繁荣，有利于社会的稳定和发展"。合作社作为一种独特的经济联合方式，兼具经济发展与社会稳定两方面的功能。

一、乡村振兴背景下合作社的相关研究

近年来，诸多学者就合作社发展对"乡村振兴"的促进作用进行了大量研究。张亿钧等（2019）从整合乡村要素、改进利益分配机制、强化政府作用等方面探讨了乡村振兴背景下合作社的发展路径。赵晓峰和许珍珍（2019）分析了乡村振兴与农民合作社发展的相互促进作用，并从发展环境、人才支持、产业结构优化三个方面指出乡村振兴为农民合作社发展提供的新机遇。王海南等（2018）分析了农民专业合作社对乡村振兴战略实施的意义，认为合作社发展可从加强政策优惠、调整产业结构等方面推进。崔超和张旺（2019）从合作机制、运转独立性等方面对农民合作社发展现状进行了审视，从改进运营模式与机制、提升人力资本等方面指出了建设路径。刘勇（2019）阐述了农民合作社的发展困境，认为要从优化外部环境与内部机制两方面进一步发展合作社。赵天荣（2019）通过构建行为模型，对推进农民专业合作社内部资金互助提出了建议。李大垒和仲伟周（2019）研究认为，通过完善建立农民合作社治理机制，可以促进农村农产品区域品牌价值提升，从而带动农村经济高质量发展，助力乡村振兴战略实施。占瑛（2020）认为，推进市场化改革从提高农民合作社运营能力、提升合作社内部治理能力、拓展服务功能、增强农民合作社改革创新能力四个方面充分发挥农民合作社

的优势与效能，助推农业腾飞服务乡村振兴，实现高质量发展。胡彬彬（2020）在党的十九大报告所提出的"乡村振兴"战略背景下对农民专业合作社发展进行研究，认为通过建设多方合力、开放合作的组织形式，以框架完善、方向明确为发展导向，采取重视市场、创新渠道的经营方式，来建设好"乡村振兴"战略下农民专业合作社。

二、合作社作用的相关研究

合作社对于促进就业、改善收入与社会和谐发展具有不可替代的作用。因此，学界对于合作社的相关研究较为丰富。在对合作社相关界定上，大都认为只有在以农户为核心的农业产业化组织模式下，广大农户才有机会获得最大的福利（郭晓鸣等，2007；苑鹏，2013；邓宏图等，2018）。张晓山（2009）指出，合作社本质上是弱者的联合，以合作社为核心的农业产业化组织，才能代表广大农户的利益，才能将增加的农业附加值真正分配到农民手中。柏振忠（2017）认为合作社是科技扶贫的"药引子"，其引进先进的生产工具和科技成果，努力贯彻政府科技推广、农村劳动力技能培训政策。蒋宁和陈宏伟（2019）认为合作社作为一种具有天然"益贫性"[①]的制度安排和理想载体，有助于增强贫困农户自主发展和自我脱贫的能力，实证结果亦显示参加合作社对促进贫困农户增收的确具有显著正向作用，呈现明显"益贫性"特征。

杨丹（2019）认为合作社和企业是农业社会化服务的重要市场供给主体，农业社会化服务市场会逐步形成多主体竞争性供给格局，随着合作社实力不断增强，能以更低的价格和更高的效用提升效应，争夺企业

---

① 益贫性（Pro-poverty）：孔祥智（2016）在其研究中提出，合作社的益贫性首先是由其性质决定的。合作社是人合的组织，强调成员所有（共同出资）、成员管理（决策中以一人一票为主）、为成员服务，在盈余分配中更多地强调按交易量分配，这样的运作模式会使成员更多地受益。益贫式增长（pro-poor-growth）：在保持经济快速增长的同时，更加关注穷人是否会从增长中受益，寻求有利于穷人的增长方式。

的市场份额，提升农户福利，同时迫使企业降低生产资料价格，提升惠顾农户的福利，并有助于农户总体福利的提升。刘后平等（2020）认为随着乡村振兴战略的实施，我国农民专业合作社的组织功能将从服务型组织向经营型组织转化，服务功能将从单一型服务向专业化综合型服务转化，合作功能将从经济合作向利益联合体转化。冯秋鸣（2020）提出农民专业合作社起源于农村，这使得合作社与农户天然相互契合，是由农户自发组织形成的一种合作互助、共同发展的社会组织，是构建现代农业产业体系、生产体系、经营体系，实现农业现代化的重要载体，被认为是实现农村地区发展、农民收入增加的最有作用的组织形态。同时，姚兆余和郝泽芸（2021）认为，农村合作社的产业发展，不完全是单一因素的结果，而是政治逻辑、社会逻辑和经济逻辑的统一。

三、合作社发展与有效增收的相关研究

学者们普遍认为合作社发展有助于农户有效增收。郑双怡等（2023）将生计资本作为衡量农户生产生活状况的综合指标，发现合作社具有显著的增收效应，增加了农户的总收入和工资性收入、经营性收入、转移性收入等分项收入，生计资本显著地扩大了合作社的增收效应等。戈锦文等（2016）研究认为，合作社可利用成员的亲缘关系和信任关系降低内部交易费用并促使内部资源合理配置，进而增进组织绩效。崔宝玉和刘丽珍（2017）认为不同治理机制对合作社成员增收效果影响差异显著。钟真和黄斌（2018）认为合作社通过设置入社门槛能够高效聚集土地、劳动、资金、资本等要素，进而有效促进农户增收，且这种增收效应对规模小的农户更显著。廖小静等（2016）认为普通小农户的生产能力与收入并未因为参加合作社而显著提升。高盼（2021）以贵州省纳雍县为例，研究发现合作社在促进农民增收的同时，存在资金来源单一、组织结构不完整、社内管理人才能力有待提高等问题，最终从建设专项发展资金、完善合作社服务及加强社内培训三方面提出发展建议。

陆泉志和张益丰（2022）从社会化服务供给异质性视角，检验了参加合作社对农户家庭务农收入的影响效果及作用机理，结果表明：参加合作社具有明显的促农增收效应，其认为在引导和鼓励农户加入合作社的同时，应重视强化合作社的社会化服务功能，适度扩大合作社的社会化服务供给规模。柏振忠和李亮（2017）通过对武陵山片区农民专业合作社调查研究，认为农民专业合作社对贫困农户惠顾效果，与合作社发展状况息息相关。蒋宁和陈宏伟（2019）认为，农民合作社参与扶贫主要受政治资本、扶贫信息，以及政府扶贫开发项目等影响。崔宝玉和孙倚梦（2020）指出，农民合作社扶贫增收的效果不仅受贫困治理主体，即政府、市场和社会之间相互作用的影响，还与贫困农户合作增收的意愿、自身的发展能力以及行动管理多方互嵌共同作用有关。张梅等（2019）基于 429 个贫困户的微观调研数据，研究发现不同地区合作社带动贫困农户增收的效果存在差异，县财政的支持以及合作社自身的发展都会影响合作社的扶贫效果。

四、西藏合作社发展的相关研究

经资料收集，目前关于西藏农民合作社的研究相对较少。封国莉（2021）以林芝市农民专业合作社为研究对象，分析该市农民专业合作社绩效及绩效影响因素，并有针对性地提出对策建议。拉珍（2021）以墨竹工卡县扎西岗乡的建档立卡贫困户为研究对象，发现该地区的合作社对贫困户从收入和福利两方面都具备减贫的作用，但目前在扎西岗乡乃至西藏农牧区仍然存在农牧户加入合作社的思想意识薄弱、存在很多"空壳合作社"。

付郜汝等（2021）对林芝市农民专业合作社发展特点与问题进行研究分析，认为近年来林芝市农民合作社得到了极大发展，数量和质量方面都有了提升，对于当地农牧民收入的增收效应也十分明显，但是其发展过程中也存在合作社规模过小、实力不足、内部制度不完善、权责不明晰，以及欠缺经营发展资金等问题。封国莉（2021）基于林芝调研数据对西藏农民专业合作社绩效评价与影响因素进行分析，林芝当地农民专业合作社绩效水平普遍偏低，组织内部机构不完善，农户参与积极性较差，经济效益、社会效益不明显。

综上所述，虽然当前学界对于合作社的研究相对较为成熟，研究覆盖范围较大，普遍认为合作社参与对农户增收是具有显著影响的。当前，学者们更多侧重分析合作社对于乡村振兴战略的带动和促进，而对于如何从农民视角研究农民如何更好参与并建设合作社以带动增收、更好实现乡村振兴的研究相对较少。

因此，本书将研究拉萨市农牧民合作社对于农牧民增收的影响，在乡村振兴背景下，为西藏通过合作社带动农牧民发展，进而为促进拉萨市农牧区民生改善提供可行性建议。

第三节　拉萨市农牧区合作社发展现状

自 1918 年中国历史上第一个合作社"北京大学消费公社"成立以来，全国各族人民经过不断摸索和改革，逐渐形成了真正适合中国发展特色的合作社模式。

一、拉萨市农牧区合作社总体发展规模

（一）合作社总量不断增加，覆盖率不断提高

近年来，在自治区不断完善合作社相关政策的基础上，拉萨市积极引导农牧民创建并参与到生产型、销售合作型、服务型等多种合作社经济组织中去，由此涌现出一大批农牧民合作社，在带动农牧民增收的同时，有效带动了乡村产业发展。2017—2021 年，拉萨市农牧区合作社数量不断增长，截至 2021 年年底，调查样本村中有 45 个村有合作社，占样本比例的 76.27%，如图 6—1、图 6—2 所示。可以看出，近年来合作社总量不断增加，覆盖率不断提高。同时，拉萨市农牧区合作社集

中分布于农区与半农半牧区。调查样本中，合作社分布在农区的有17家，占比为37.78%；分布在牧区的有9家，占比为20%；分布在半农半牧区的有19家，占比为42.22%，如图6—3所示。

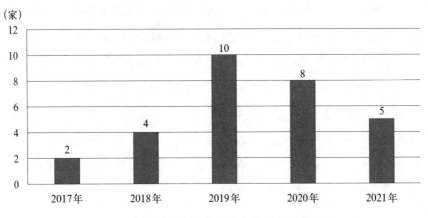

图6—1　2017—2021年拉萨市合作社增长情况

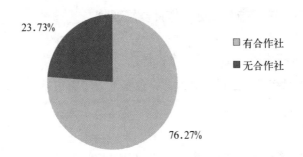

图6—2　村内有无合作社

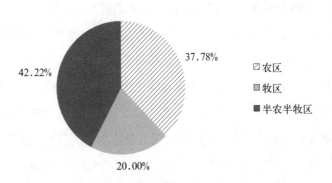

图6—3　合作社农牧区分布

（二）合作社运营模式以"合作社＋农户"为主

当前，拉萨市合作社的运营模式仍然以"合作社＋农户"为主。此模式是农业产业化经营的理想模式，有利于推动农村生产力发展，增加农牧民收入，缩小农牧民之间的收入差距。调查样本中，拉萨市农牧区以"合作社＋农户"为运营模式的合作社有 20 家，占比为 44.45%；合作社运营模式为"合作社＋基地＋农户"的有 3 家，占比为 6.67%；合作社运营模式为"龙头企业＋合作社＋农户"的有 2 家，占比为 4.44%；合作社运营模式为"合作联社＋农户"的有 2 家，占比为 4.44%；合作社运营模式为"政府＋合作社＋农户"的有 9 家，占比为 20.00%；合作社为其他合作模式的有 9 家，占比为 20.00%，如图 6—4 所示。

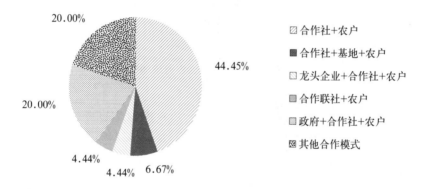

图6—4 合作社运营模式

（三）合作社制度相对健全

拉萨市农牧区绝大多数合作社已在工商部门进行注册，并设立理事会、召开成员大会，是合法正规的农村合作组织。合作社管理较为规范，运作公开透明，保障了社员的合法权益。在调查样本中，拉萨市农牧区合作社在工商部门注册的有 43 家，占比达到 95.56%，仅有 2 家未在工商部门注册，占比为 4.44%；设有理事会的有 32 家，占比为 71.11%；未设理事会的有 13 家，占比为 28.89%；召开过成员大会的有 36 家，占比为 80.00%；未召开过成员大会的有 9 家，占比为

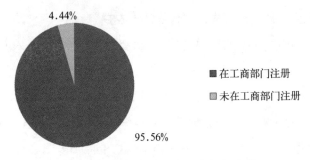

图 6—5　合作社是否在工商部门注册

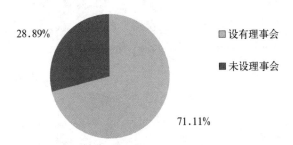

图 6—6　合作社是否设有理事会

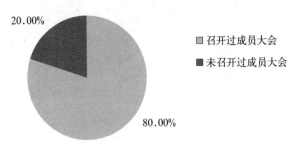

图 6—7　合作社是否召开过成员大会

20.00%，如图 6—5、图 6—6、图 6—7 所示。

二、拉萨农牧区合作社经营状况

（一）合作社经营服务内容多样化

在调查中，拉萨市农牧区合作社经营服务内容呈现多样化特征，有利于合作社提供更多优质服务，促进合作社和社员增收。同时，提供产销一体化服务的合作社占比最高，此种模式有利于减少中间环节，降低运营成本，提高利润率，实现增收目的。合作社经营服务内容包括产销一体化服务的有 16 家，占比为 35.56%；合作社经营服务内容包括生产技术服务的有 11 家，占比为 24.44%；合作社经营服务内容包括提供农资服务为主的有 12 家，占比为 26.67%；合作社经营服务内容包括销售农产品服务的有 15 家，占比为 33.33%；合作社经营服务内容包括加工农产品销售服务的有 11 家，占比为 24.44%；合作社经营服务还包括其他内容的有 11 家，占比为 24.44%，如表 6—1 所示。

表 6—1 合作社经营服务内容

合作社经营服务内容	合作社数量（家）	占比（%）
产销一体化服务	16	35.56
生产技术服务	11	24.44
提供农资服务	12	26.67
销售农产品服务	15	33.33
加工农产品销售服务	11	24.44
其他	11	24.44

（二）合作社实体类型以生产、加工、仓储、销售为主

拉萨市农牧区合作社实体类型集中在农副产品生产、加工、仓储、销售方面，而经营服务类的实体合作社较少。提供产销一体化服务的合作社以及以加工车间为主的合作社占比最高，可以看出拉萨周边农牧民合作社生产能力较强，在未来发展中须继续壮大这一优势，为拉萨农牧民民生质量提高继而推动拉萨乡村振兴发展创造有利条件。合作社建立实体的有 37 家，其中，合作社实体类型为销售店面的有 9 家，占比为 24.32%；合作社实体类型为加工车间的有 15 家，占比为 40.54%；合作社实体类型为仓储库房的有 13 家，占比为 35.14%；合作社实体类型为生产基地（种植、大棚等）的有 14 家，占比为 37.84%；合作社类型为服务场所的有 11 家，占比为 29.73%；合作社类型为其他的有 8 家，占比为 21.62%，如表 6—2 所示。

表6—2　合作社实体类型

合作社实体类型	合作社数量（家）	占比（%）
销售店面	9	24.32
加工车间	15	40.54
仓储库房	13	35.14
生产基地	14	37.84
服务场所	11	29.73
其他	8	21.62

（三）合作社年度盈利持续增长

大多数合作社在2021年的收入相较于2019年有所增加，拉萨周边农牧民专业合作社经营情况整体向好发展。这不仅体现了自治区合作社发展相关政策的不断完善，也体现了村委和村民对合作社重视程度的不断提高。如图6—8所示，认为合作社2020年收入相较于2019年增加的有26家，占比为57.77%；认为2020年收入相较于2019年减少的有7家，占比为15.56%；认为2020年收入与2019年持平的有12家，占比为26.67%。

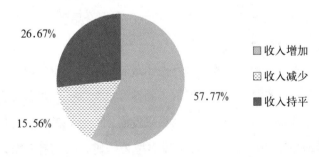

图6—8　合作社2020年收入与2019年相比是否增加

三、合作社对拉萨市农牧区经济发展的影响

（一）促进所在地经济社会发展

拉萨市农牧区合作社发展对当地经济社会发展产生了积极推动作

用。40.00%以上的调查者认为合作社比较显著推进了当地经济的发展，认为合作社对当地经济社会发展带来积极影响的占大多数，设立合作社确实对当地经济社会发展具有正向影响；仅有8.89%的调查者认为合作社对当地经济发展带来的积极影响并不显著，如图6—9所示。整体来看，合作社能够有效吸收农村闲置劳动力、促进农产品销售等，进而促进当地经济社会发展。

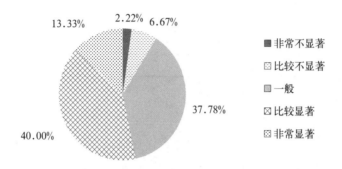

图6—9　合作社对当地经济社会发展带来的积极影响

（二）合作社以多种方式助力扶贫事业

拉萨周边农牧民专业合作社助力扶贫的方式多种多样，主要以吸收贫困户就业助力扶贫，从根本上解决了贫困户的收入来源问题。以土地流转、托管托养等方式吸收贫困户入社助力扶贫的有10家，占比为22.22%；以免费提供种苗、种禽、化肥等生产资料助力扶贫的有7家，占比为15.56%；以吸收贫困户就业助力扶贫的有31家，占比为68.89%；以吸收贫困户扶贫贷款折股入社助力扶贫的有5家，占比为11.11%；以指导贫困户提高生产技术助力扶贫的有12家，占比为26.67%；以提供销售平台，并以稍高于市场价收购产品助力扶贫的有6家，占比为13.33%；以促进异地扶贫搬迁助力扶贫的有4家，占比为8.89%；以其他方式助力扶贫的有18家，占比为40.00%，如表6—3所示。

表 6—3　合作社带动扶贫方式

合作社助力扶贫方式	合作社数量（家）	占比（%）
以土地流转、托管托养等方式吸收贫困户入社	10	22.22
免费提供种苗、种禽、化肥等生产资料	7	15.56
吸收贫困户就业	31	68.89
吸收贫困户扶贫贷款折股入社	5	11.11
指导贫困户提高生产技术	12	26.67
提供销售平台，并以稍高于市场价收购产品	6	13.33
促进异地扶贫搬迁	4	8.89
其他	18	40.00

（三）合作社改善乡村风貌

合作社在多方面改善乡村风貌，主要表现在提高经济水平、增加就业、改善生态和社会治理方面。合作社建立之后，所在村村民经济收入大幅度提高的有 16 家，占比为 35.56%；农村生产效率提高的有 17 家，占比为 37.78%；增加就业机会的有 28 家，占比为 62.22%；解放剩余劳动力的有 20 家，占比为 44.44%；提升农村生态环境建设的有 11 家，占比为 24.44%；提升乡村治理水平的有 11 家，占比为 24.44%；经济水平以其他方式变化的有 16 家，占比为 35.56%，如表 6—4 所示。

表 6—4　合作社建立后村镇变化

合作社建立后村子的变化	合作社数量（家）	占比（%）
村民经济收入大幅度提高	16	35.56
农村生产效率提高	17	37.78
增加就业机会	28	62.22
解放剩余劳动力	20	44.44
提升农村生态环境建设	11	24.44
提升乡村治理水平	11	24.44
其他	16	35.56

四、拉萨市农牧区合作社发展存在的问题

（一）合作社普遍起步较晚，规模有待提高

拉萨市农牧区大多数合作社建立时间较短，大多数建立时间不超过十年。由于建立时间较短，存在经验不足等诸多问题。发展的问题要在发展中解决，这就需要拉萨相关各方面积极制定有效政策，推动合作社发展壮大。在调查中，拉萨市农牧区合作社在 2010 年及以前建立的有 7 家，占比为 15.56%；2011—2015 年建立的有 12 家，占比为 26.67%；2016—2021 年建立的有 26 家，占比为 57.77%，如图 6—10 所示。当前合作社成员较少，导致合作社规模普遍偏小，大型合作社很少，规模效益有待提升。合作社现有成员数为 30 人以下的有 32 家，占

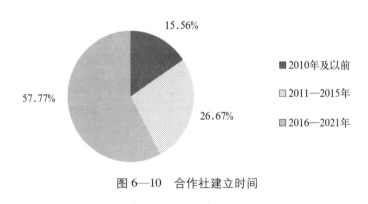

图 6—10　合作社建立时间

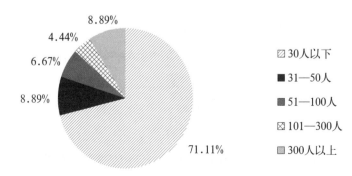

图 6—11　合作社现有成员数

比为 71.11%；现有成员数为 31—50 人的有 4 家，占比为 8.89%；现有成员数为 51—100 人的有 3 家，占比为 6.67%；现有成员数为 101—300 人的有 2 家，占比为 4.44%；现有成员数为 300 人以上的有 4 家，占比为 8.89%，如图 6—11 所示。

（二）合作社满足社员需求方面存在较大提升空间

拉萨市农牧区合租社在管理人员解决、落实社员的各项需求等方面存在较大改进空间。合作社在满足社员需求方面效果非常差的有 0 家；在满足社员需求方面的效果比较差的有 4 家，占比为 8.89%；在满足社员需求方面的效果一般的有 23 家，占比为 51.11%；在满足社员需求方面的效果比较好的有 14 家，占比为 31.11%；在满足社员需求方面的效果非常好的有 4 家，占比为 8.89%，如图 6—12 所示。

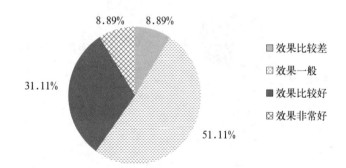

图 6—12　合作社在满足社员需求方面的效果

（三）合作社参与意识有待增强

拉萨市农牧区对村内事务主要采取"村委带头、合作社支持"的形式开展。合作社作为乡村振兴的实现路径之一，为推动合作社自身的发展使其社员得到更好的收益，应更积极、主动地参与到村庄的日常事务之中。对于村上的一些事务，村委带头、合作社支持的有 37 家，占比为 82.22%；合作社带头、村委支持的占比为 11.11%；村委带头、合作社不支持仅占比为 6.67%，如图 6—13 所示。

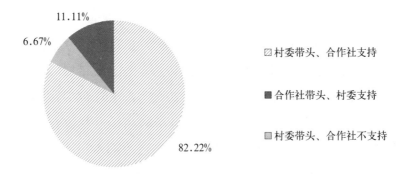

图 6—13　村委会与合作社发挥作用方式

（四）合作社盈利能力仍处于偏低水平

由于拉萨市地理位置以及其他限制因素，虽然只有少数合作社处于经营亏损的状态，但是大多数合作社盈利能力偏低，应多方面拓展增收途径。合作社 2020 年经营情况为亏损的有 3 家，占比为 6.67%；2020年经营情况盈亏基本持平的有 21 家，占比为 46.66%；2020 年盈利 10万元以下的有 8 家，占比为 17.78%；2020 年盈利 10 万—100 万元的有13 家，占比为 28.89%；2020 年无一家合作社盈利在 100 万元以上，如图 6—14 所示。

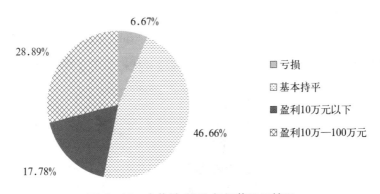

图 6—14　合作社 2020 年经营盈亏情况

（五）合作社盈余使用途径较为单一

当前拉萨市农牧区合作社盈余主要用于盈余返还和社会公益两个方

面，在对社员开展培训方面投入较少。未来合作社可将盈余用于开展多种培训以提升社员的各项技能水平，促进合作社可持续发展。合作社盈余使用于发展生产（提取公积金）的有 15 家，占比为 33.33%；合作社盈余使用于分给成员（盈余返还）的有 20 家，占比为 44.44%；合作社盈余使用于开展培训的有 8 家，占比为 17.78%；合作社盈余使用于社会公益、给贫困户发慰问金等的有 20 家，占比为 44.44%；合作社盈余有其他用途的有 19 家，占比为 42.22%，如表 6—5 所示。

表 6—5　合作社盈余使用情况

合作社盈余使用情况	合作社数量（家）	占比（%）
发展生产（提取公积金）	15	33.33
分给成员（盈余返还）	20	44.44
开展培训	8	17.78
社会公益、给贫困户发慰问金等	20	44.44
其他用途	19	42.22

（六）合作社面临融资困难问题

取得金融信贷扶持的合作社有 13 家，占比为 28.89%；未取得金融信贷扶持的有 32 家，占比为 71.11%，如图 6—15 所示。可以看出，大部分合作社未取得金融信贷扶持，面临资金短缺的问题。当前，各金融机构应当制定合理、有效的农村合作社信贷扶持政策，解决合作社发展

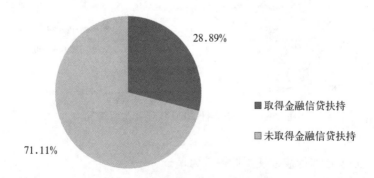

图 6—15　合作社是否取得金融信贷扶持

过程中的资金问题。

（七）合作社面临人才、技术短缺

当前合作社发展还面临许多困难，超过一半的合作社面临缺乏技术新项目、销售渠道、优秀管理人才、专业技术人员的困难，超过一半的合作社需要技术支持、协助畅通农产品销售渠道、增强人才培训，应当通过企业合作、政府收购等拓展销售渠道，引进管理人才和技术人员，打通合作社发展的堵点，促进合作社的发展。合作社目前发展中遇到的困难有多种：在抽样的45家合作社中，多数合作社普遍存在缺乏技术新项目，其占比为53.33%；存在缺乏销售渠道的有25家，占比为55.56%；遭遇资金缺乏的有17家，占比为37.78%；缺乏优秀管理人才的合作社有26家，占比为57.78%；一些合作社在运输产品的过程中认为过路费太高的有6家，占比为13.33%；用电价格高、用地手续难办的合作社有4家，占比为8.89%；未来发展方向不清晰的合作社有11家，占比为24.44%；缺乏专业技术人员的有26家，占比为57.78%；其他困难的有13家，占比28.89，如表6—6所示。

表6—6　合作社目前发展中遇到最主要的困难

合作社目前最主要的困难	合作社数量（家）	占比（%）
缺乏技术新项目	24	53.33
缺乏销售渠道	25	55.56
资金缺乏	17	37.78
缺乏优秀管理人才	26	57.78
过路费太高	6	13.33
用电价格高、用地手续难办	4	8.89
未来发展方向不清晰	11	24.44
缺乏专业技术人员	26	57.78
其他困难	13	28.89

合作社发展需要在管理、技术投入、沟通交流等方面加大支持。在

45 家合作社中，需要加强组织领导支持的有 19 家，占比为 42.22%；需要技术支持的有 27 家，占比为 60.00%；需要协助畅通农产品销售渠道支持的有 23 家，占比为 51.11%；需要建立信息平台推广电子商务支持的有 17 家，占比为 37.78%；需要组织合作社之间相互交流和协作支持的有 17 家，占比为 37.78%；需要协助解决用地指标支持的有 2 家，占比为 4.44%；需要协助解决融资渠道支持的有 16 家，占比为 35.56%；需要加强知识产权保护支持的有 12 家，占比为 26.67%；需要人才培训支持的有 28 家，占比为 62.22%；需要税收优惠支持的有 11 家，占比为 24.44%；需要制定产品标准建立行业规范支持的有 10 家，占比为 22.22%；还需要其他支持的有 7 家，占比为 15.56%，如表6—7所示。

表6—7 所在合作社最需要的支持

所在合作社最需要的支持	合作社数量（家）	占比（%）
加强组织领导	19	42.22
技术支持	27	60.00
协助畅通农产品销售渠道	23	51.11
建立信息平台推广电子商务	17	37.78
组织合作社之间的相互交流和协作	17	37.78
协助解决用地指标	2	4.44
协助解决融资渠道	16	35.56
加强知识产权保护	12	26.67
人才培训	28	62.22
税收优惠	11	24.44
制定产品标准建立行业规范	10	22.22
其他支持	7	15.56

第四节 西藏农牧区合作社带动农牧民增收的实证分析

合作社作为我国农村地区的主要组织载体，不仅是新型农业的重要经营主体，同时也是农业社会化服务的主要供给主体和联系农业发展各利益主体的纽带，在农业发展中占据重要地位。合作社与政府、企业及科研机构之间的协作，不仅有助于促进合作社自身的发展，同时还有助于推动我国农业的发展。基于此，本章使用调查收集的合作社数据信息，深入分析拉萨市乡村合作社带动农牧民增收效果情况。

一、研究假设

（一）合作社因素影响

农牧民参与合作社可聚集各类资源产生规模效应，进而更好地参与市场竞争。合作社将单个农牧民手中的"资源"和"产品"集中起来，使得相关产品的定价权得以强化。另外，单个农牧民由于对市场缺乏深入了解，往往存在信息不对称，导致产品销售不畅，出现收入不高甚至入不敷出的情况。而合作社作为农牧民和市场之间的重要纽带，能够及时了解市场动态，及时反馈并调整产品生产，提高销售额促进农牧民增收。合作社盈利水平很大程度上决定了合作社对社内农牧民的增收程度。具体来讲，合作社盈利情况越好，合作社就越有能力通过不同的分配方式对社内农牧民成员进行收益分配，进而能够提高农牧民收入。

拉萨市农牧区可以分为农区、牧区和半农半牧区三种类型。其中农区地势平稳、水源充足、交通等基础设施较为完善，因此能够生产较多的经济作物，且销售便利；牧区多山，草场丰富，适宜养殖牦牛、藏香猪和藏香鸡等牲畜或家禽，也具有较好的经济收益，但生产周期较长；而半农半牧区，一方面与农区相比在蔬菜、水果等周期较短的经济作物上不具备优势，另一方面与牧区相比，没有丰裕的草场资源，因此在养殖牦牛等牲畜或藏香鸡等家禽上也不具备优势，在三种类型中处于相对劣势地位。

合作社成员数一般来讲与合作社效益呈正相关，进而与农牧民增收呈正相关。合作社成员数越多，使得该合作社汇集更多资源，有利于形成规模经济，便于合作社与市场达成更好合作，使合作社盈利更多，进而促进农牧民收入增加。

入社方式的设定一般来讲与合作社效益呈正相关，进而与农牧民增收呈正相关。合作社设定的入社方式决定了农牧民拥有的哪一部分资源（劳动力、资金或土地等）能够加入合作社当中。合作社方式越多样，就会促进拥有不同资源的农牧民加入其中，如出资、出物、劳动力、技术等多种入社方式，不仅能够使合作社吸纳更多成员数量，也能够使合作社聚集更多的不同资源，有助于合作社发展。所以，入社方式越多样化，越能够推动合作社发展，更好促进农牧民增收。

基于此，本书提出以下假设：

H1：合作社盈利情况越好，合作社对农牧民增收效果越好。

H2：农牧区类型为农区的，合作社对农牧民增收效果越好。

H3：合作社成员数越多，合作社对农牧民增收效果越好。

H4：合作社成员入社方式越多，合作社对农牧民增收效果越好。

（二）农牧民个体因素影响

一般来讲，合作社不是影响农牧民增收的唯一变量。因此要将农牧民自身因素考虑到研究分析中。本书还将选取"所处乡村是否具有非农经济""受教育程度""是否养殖牲畜或家禽""是否愿意学习新技能"这四个变量作为控制变量来进一步分析合作社对于农牧民增收效果。

二、变量说明

本书以被解释变量为"2021年与2019年相比您的收入是否增收"为农牧民增收效果的衡量；并选取5个变量作为合作社带动农牧民增收的解释变量，加入4个控制变量衡量农牧民个体影响。这些变量的名称、含义和赋值，如表6—8所示。

表 6—8　变量说明

变量类型		变量名	定义	赋值说明
被解释变量		effect	合作社带动农牧民增收效果	减少了 =1；保持不变 =2；增加了 =3
解释变量	合作社因素	coop	是否有合作社	否 =0；是 =1
		profit	合作社是否盈利	否 =0；是 =1
		type	农牧业类型	农业 =1；牧区 =2；半农半牧区 =3
		size	合作社成员数	30 人以下 =1；31—50 人 =2；51—100 人 =3；101—300 人 =4；300 人以上 =5
		way	农户加入合作社方式	出资、出物、劳动力、土地和技术分别赋值 1—5；其他 =6；选取任意两项 =7；任意三项 =8
	农牧民个体因素	Non—farm economy	是否有非农经济	否 =0；是 =1
		education	受教育程度	未上过学，也未在寺庙学习 =1；未上过学，但在寺庙学习 =2；小学 =3；以此类推研究生及以上 =10；其他 =11
		livestock	是否养殖牲畜或家禽	否 =0；是 =1
		learning	是否愿意学习新技能	否 =0；是 =1

三、模型回归

（一）多值 Logit 回归

为分析合作社对农牧民增收的效果，在对数据进行处理后，对拥有合作社的拉萨市农牧区乡村相关数据使用多值 Logit 进行回归，其结果如表 6—9 所示。

表6—9 有合作社时的多值 Logit 回归结果

VARIABLES	(1) effect=1	(2) effect=2	(3) effect=3
profit	−0.456		−0.203
	（−0.92）		（−0.57）
type	−0.253		−0.177*
	（−1.59）		（−1.66）
size	0.081		0.136*
	（0.67）		（1.75）
way	−0.165**		−0.100**
	（−2.53）		（−2.17）
Non—farm economy	0.158		0.549**
	（0.48）		（2.39）
education	0.090		0.146***
	（1.33）		（2.84）
livestock	1.084***		0.662***
	（2.75）		（2.92）
learning	0.026		−0.036
	（0.20）		（−0.41）
Constant	−0.942		−0.432
	（−1.01）		（−0.67）
Observations	587	587	587

注：Robust z—statistics in parentheses *** $p<0.01$, ** $p<0.05$, * $p<0.1$。

实证分析中以农牧民增收为解释变量（effect），以是否有合作社（coop）、合作社是否盈利（profit）、农牧区类型（type）、合作社成员数（size）和农户加入合作社方式（way）为主要解释变量，以乡村中有没有非农经济（Non—farm economy）、农牧民受教育程度（education）、是否养殖牲畜或家禽（livestock）和是否愿意学习新技能（learning）为控制变量，进行多值 Logit 回归。

表 6—9 中回归结果显示：在有合作社的乡村中，以农牧民 2021 年与 2019 年相比收入保持不变（effect=2）为参考标准，农牧民 2021 年与 2019 年相比收入减少（effect=1）时，主要自变量当中仅农户加入合作社方式 way 对农牧民的负向影响较为显著，即农户入社方式越多，越不利于农牧民增收，因此拒绝 H4 假设。在农牧民 2021 年与 2019 年相比收入增加（effect=3）时，主要自变量当中农牧区类型（type）、合作社成员数（size）和农户加入合作社方式（way）结果显著。其中农牧区类型（type）对农牧民增收呈较为显著的负向影响，即农牧区类型农区、牧区和半农半牧区对于农牧民增收效果以此递减，因此接受 H2 假设；合作社成员数（size）对农牧民增收呈较显著的正向影响，即合作社成员数越多，合作社对农牧民增收效果越好，因此接受 H3 假设；农户加入合作社方式（way）对农牧民增收呈显著的负向影响，即农户加入合作社方式多样化程度越高，合作社对农牧民增收效果越差，因此拒绝 H4 假设。

究其原因，对于有合作社的乡村中，农户加入合作社方式对于合作社增收效果的负向影响，可能是因为相对其他合作社发展较为成熟的地区来讲，拉萨市农牧区合作社起步较晚、规模较小且各种配套管理制度不完善，因此在采取多种入社方式时，容易出现管理混乱的现象，影响合作社经营进而影响合作社利益分配，因此不利于农牧民增收。

（二）无合作社时，农牧民增收效果研究

进一步，对无合作社的农牧民增收情况进行研究分析，结果如表 6—10 所示。

表6—10　无合作社时的多值 Logit 回归结果

VARIABLES	(1) effect=1	(2) effect=2	(3) effect=3
type	0.348 （1.22）		0.117 （0.61）
Non-farm economy	0.310 （0.52）		0.769** （2.13）
education	0.102 （0.46）		0.125 （1.29）
livestock	0.416 （0.63）		0.205 （0.61）
learning	−0.027 （−0.10）		−0.046 （−0.28）
Constant	−3.003** （−1.97）		−1.171 （−1.45）
Observations	188	188	188

注：Robust z—statistics in parentheses *** p<0.01, ** p<0.05, * p<0.1

表6—10 实证结果表明，以农牧民 2021 年与 2019 年相比收入保持不变（effect=2）为参考标准，农牧民 2021 年与 2019 年相比收入减少（effect=1）时，虽然农牧区类型对于农牧民增收具有正向影响，但是结果并不显著。因此与具有合作社的乡村相比，具有合作社对于农牧民增收效果更好。农牧民 2021 年与 2019 年相比收入增加（effect=3）时，与 effect=1 时结果相同。

四、实证结果

通过将具有合作社与无合作社分别进行回归发现：第一，在具有合作社情况下，农牧区类型（type）、合作社成员数（size）和农户加入合作社方式（way）结果显著。其中农牧区类型（type）对农牧民增收呈较为显著的负向影响，即农牧区类型农区、牧区和半农半牧区对于农牧民增收效果以此递减；合作社成员数（size）对农牧民增收呈较显著的正向影响，即合作社成员数越多，合作社对农牧民增收效果越好；农户加入合作社方式（way）对农牧民增收呈显著的负向影响，即农户加入合作社方式多样化程度越高，合作社对农牧民增收效果越差。第二，与无合作社情况相比，具有合作社的乡村中，合作社对于农牧民增收效果更好，表现为在具有合作社情况下，多变量对于农牧民增收具有较为显著的影响。

第五节　结论与建议

一、主要结论

（一）拉萨市农牧区合作社快速发展助力乡村振兴战略实施

近年来，西藏农牧民专业合作社近年来发展速度较快，拉萨市农牧区合作社成立数从 2010 年起呈逐年上升趋势。农牧民合作社坚持以当地优势资源为依托，以市场为导向，紧密围绕当地特色优势产业、优势产品组建，组织农牧民开展专业化生产、标准化生产，规模化、品牌化经营，有力推动了"一村一品"产业结构的形成，提高了农产品市场竞争力，带动了当地特色优势产业发展。拉萨市农牧民合作社把从事优势特色产业生产的农户组织起来，通过推进农牧业结构调整，参与农产品加工、营销活动，规模购买农牧业生产资料，降低生产成本，延长产业链，提高生产效率，扩大产品销路，使成员获得更多的产品增值利润，成为农牧民增收的新带动力量和新途径。

（二）当前拉萨市农牧区合作社发展还需进一步完善

近年来，拉萨市农牧区发展取得了一定成果。但总体而言，拉萨市农牧区合作社的牵头发起人身份比较单一，多数合作社社长的文化程度是小学及其以下，这在很大程度上导致了合作社发展的局限性。同时，拉萨市农牧民合作社发展规模小，速度慢。目前拉萨市农牧民合作社主要依托特色农畜产品生产和简单粗加工为主，生产方式、生产规模还没有规模化、集约化。其中不乏"空壳"合作社的存在。这些农牧民合作社只是为了得到政府补贴或是低税收的优惠政策而注册成立，只是有名无实的合作社。

（三）农牧民参与合作社意识还需进一步提升

当前拉萨市农牧区农牧民参与合作社意识不强，部分农牧民思想上仍然满足于自给自足、自由自在的游牧生活，不愿被合作社管理制度"束缚"。一些农户对合作社抱有观望态度，且"搭便车"心理较为严重。部分农户参与合作社的态度较为消极，认为参与合作社"干好干坏一个样"。因此还需正确引导农牧民思想，大力宣传合作社经济组织，从思想意识方面使农牧民接受合作社组织，从而增强农牧民市场竞争意识。

二、政策建议

（一）强化合作社中农牧民主体地位

农牧民作为合作社发展的基石和主体，也是高效发展合作社的关键所在。因此，要强化农牧民在合作社中的主体地位，真正做到合作社与加盟农牧民之间的"联利""联心"。通过教育提高农牧民主体地位的认知水平，加强农牧民对合作社事务的关注程度。农牧民最主要的需要是通过从事生产活动来解决生计问题，合作社要在解决农牧民生计问题的同时，通过实践来动态追踪农牧民不断变化的切实需要，以此来加强社员与合作社的凝聚力，形成利益共同体，切实保障农牧民利益。

（二）培育壮大农牧民专业合作社发展规模

拉萨市农牧区合作社可充分吸收其他地区发展规范且服务能力强的先进合作社经验，同时结合自身特点，去粗取精、去伪存真，提炼总结出适合拉萨的农牧民专业合作社发展经验。合作社还要充分利用广播、电视、报刊、互联网等媒体和现场会、观摩会、经验交流会、专题讲座、培训、印发宣传材料等多种形式，宣传发展农牧民合作社的重要意义、政策法规、合作知识、制度建设、合作典型，启发教育农牧民增强合作意识。通过政府支持，发挥村组织、龙头企业、经济能人、农技人员等的牵头作用和带动作用，加强合作社在乡村的社会影响力，激发农牧民加入合作社的积极性，努力营造促进农牧民合作社发展的良好社会舆论氛围，进一步发展壮大合作社。

（三）加强培育和引进所需人才

在培育合作社人才方面，可开设合作社培训课程，培养教育"现代化"农牧民。邀请专家学者对合作社现状进行指导，宣传合作社的相关知识。创新培训方式，强化培训效果，对农牧民进行实用的技能培训；采用讨论的形式，让农牧民积极参与历史与现实的学习讨论；采用"短期多次"的培养模式可更好地利用农牧民的时间，便于理解吸收所学到的技能。为打造一批专业性强的合作社管理队伍，还需建立起一套合作社管理人员培训制度，采取合作社主管部门和高校培训相结合的方式，创新乡村工作队伍管理机制，促进合作社繁荣发展。

在引进人才方面，合作社可与本科院校、大专院校等进行合作，柔性引进有技术、有能力的管理型和技术型人才参与合作社的管理和生产指导，向合作社进行人才输送。制定和完善相关激励政策，鼓励支持大中专毕业生、退伍军人、返乡农民工等人才从事农业生产经营，加入合作社，为合作社发展注入大量新鲜血液。此外，还需实施"特岗计划"，鼓励大学生等优秀人才到乡村担任村支书和农技员，打造乡村基层管理队伍，为乡村振兴事业添砖加瓦奠定人才基础。

（四）加大金融等各项政策扶持力度

进一步加大对拉萨市农牧民合作社的资金项目、税收、金融、工商登记、用地、用电、人才等方面扶持政策的落实力度。同时，根据形势发展和建设的需要，不断完善政策。结合工作实际，研究制定更加精准的扶持政策。其中金融支持是农牧民专业合作社发展的关键，由于拉萨农牧民专业合作社的资本形成力弱、发展步伐慢，因此在起步时政府的作用尤其重要。

探索和创新金融支持方式，积极引导社会资金进入农村金融市场，进一步提高金融支持效率。明确金融扶持的方向，未来金融扶持更应偏向普惠支持，逐步减少金融支持"扶强不扶弱"的局面，促进拉萨农牧民专业合作社整体质量的提升。强化金融扶持的审查监督机制，打压和减少一些合作社利用金融扶持从事不法行当，对于挂牌、空壳合作社进行整改或者注销，保障合作社发展所需要的良好金融环境。

（五）建立健全合作社与村两委间联动机制

合作社是新型农业经营主体，是新兴的市场经济主体，是乡村振兴的主要载体，并在乡村中起着经济牵引作用。村两委是法定的乡村行政主体。合作社需要遵守相关政策法规，完善内部运行机制，规范健康发展。建立两者之间的合作联动机制，进行信息交流、发展沟通、工作相互支持，实现合作社和村两委在资源和人事上的交叉重叠发展，创新合作社参与乡村振兴的路径，真正发挥村两委的政治社会优势、合作社的经济优势，共同形成乡村振兴战略实施的合力。

第七章

民生发展外部助力：普惠金融

　　普惠金融是一项福祉民生、泽沁民心的重要事业，对于巩固脱贫攻坚成果同乡村振兴战略有效衔接、实现共同富裕等民生事业具有重要意义。习近平总书记十分重视普惠金融的推动工作，多次在会议中强调"发展普惠金融，目的就是要提升金融服务的覆盖率、可得性、满意度，满足人民群众日益增长的金融需求"①。民生改善难点在农村，普惠金融作为三农工作的重要抓手，能持续鼓励农村发展，稳步提高农民收入，扎实推进农业升级，进而稳定民生保障，落实民生改善，推动民生发展。本章运用拉萨市农牧区民生发展调查（LLDR，2021）数据，从农牧民的视角探究普惠金融在拉萨市农牧区的发展现状，进而分析拉萨市农牧区普惠金融对农牧民家庭收入的影响机制，为推动拉萨市农牧区民生改善提出相应的对策建议。

第一节　理论基础与指标构建

　　普惠金融兼具多维性与综合性的概念，在学术界与实践界已经得到

---

① 慎海雄主编：《习近平改革开放思想研究》，人民出版社 2018 年版，第 146 页。

广泛认可。对普惠金融进行度量，首先要确定普惠金融指标体系。最早的普惠金融指标体系分为可得性、渗透性与使用性等3个维度 [萨尔马 (Sarma)，2008]，这一划分也得到了后续诸多学者的肯定与传播，如：古普特等（Gupte et al.），2012；查克拉瓦蒂和帕尔（Chakravarty and Pal），2013；卡马拉和图埃斯塔（Camara and Tuesta），2014；米亚拉等（Mialou et al.），2017；帕克和梅尔卡多（Park and Mercado），2018。可得性，即金融机构服务点的分布情况，通常所用的衡量指标有人口角度的网点密度与地理角度的网点密度等。渗透性关注金融服务实际的普及程度，一般使以金融服务使用人口占比、每千人金融账户数等为衡量指标。使用性则强调金融服务的深化程度，常用指标有金融服务交易量占 GDP 比例。

在学界研究普惠金融指标体系构建的过程中，米亚拉等（Mialon et al.，2017）指出应该增加服务质量维度，以完善普惠金融指标体系；古普特等（Gupte et al.，2012）在研究印度普惠金融发展时，增添了金融服务交易成本这一指标。本节依据中国家庭普惠金融（尹志超等，2019）的相关研究，运用拉萨市农牧区民生发展调查（LLDR，2021）数据，构建拉萨市农牧区普惠金融发展指标体系，为拉萨市普惠金融的相关研究推进作出微观层面的努力。

一、理论基础

普惠金融的度量一般采用指数合成的方式，具体包括银行网点覆盖率、人均存贷率、贷款利率上浮比等（李建军等，2020）。古普特等（Gupte et al.，2012）运用几何平均法合成分项指标，方式过于简单。查克拉瓦蒂和帕尔（Chakravarty and Pal，2013）运用指数加总法合成，但存在指标设定主观性过强的问题。米亚拉等（Midlou et al.，2017）、卡马拉和图埃斯塔（Camara and Tuesta，2014）分别利用因子分析法与主成分分析法构建指数，但是权重设计与计算过程中缺乏内在的稳定性。萨尔马（Sarma，2008，2015，2016）采用的平均欧几里得距离法构建普惠金融指数则满足良好指标的特性（无关单位，有边界，单调性）。因此，文章按照萨尔马平均欧几里得距离法构建拉萨市农牧区普惠金融发展指数。

　　构建拉萨市农牧区普惠金融指数要保证信息充分，即从普惠金融的供求层面的双重考虑。从需求角度出发，普惠金融是为了满足农牧民家庭生产生活需求而出现的，因此金融使用情况不能简单类比为普惠金融需求，本书增加满意度衡量农牧区普惠金融需求。从供给角度出发，供给信息通常是客观信息，具有较高的可信度，通过反映农牧民家庭获得或者使用某项金融服务的便利性，能够有效弥补金融使用性与主观满意度误差。本书基于现有普惠金融度量的相关研究，以西藏农牧区农业发展调查（LLDR，2021）为基础，结合尹志超等（2019）设立的中国普惠金融指标体系，构建出微观层面的拉萨市农牧区普惠金融指标体系，涵盖需求与供给层面，包括使用性、满意度、渗透度、便利性等 4 个不同维度 12 个具体指标，如表 7—1 所示。

表 7—1　拉萨市农牧区普惠金融指标体系

	维度	指标命名	指标定义
需求层面	使用性	A1.银行贷款使用	【IA06】2020 年您是否申请过银行贷款？（户籍人口内任一人申请过，即为是），申请过，该变量取值 1，否则取值为 0
		A2.数字金融服务参与	【IA09】您家是否用过手机/网络银行/电脑等进行过支付？若是，该变量取值 1，否则取值为 0
		A3.农业保险使用	【H06】家庭是否购买农业保险，若已购买，该变量取值为 1，否则取值为 0
		A4.银行卡使用	【IA04】家庭平常使用银行卡吗？若选择 1.经常使用；2.偶尔使用，该变量取值为 1，否则取值为 0
		A5.人均银行卡数	【IA05】银行卡数除以家庭人口数
	满意度	A6.金融服务评价得分	【IB01】【IB02】【IB03】家庭对非现金支付、贷款服务、保险服务的评价为"非常满意"、"比较满意"，该单项服务评价得分为 1，综合得分为 3 项得分的均值

续表

	维度	指标命名	指标定义
供给层面	渗透度	A7 每千人银行网点数	【A12】【A19】=（村庄银行网点数/村庄户籍人口数）×1000
		A8 每千人金融服务点数	【A12】【A20】=（村庄金融服务点数/村庄户籍人口数）×1000
		A9 每平方公里银行网点数	【A26】【A19】=村庄银行网点数/村庄行政面积
		A10 每平方公里金融服务点数	【A26】【A20】=村庄金融服务点数/村庄行政面积
	便利度	A11 最近的银行网点距离	【A21】最近的银行网点距离村庄（村委所在地）的距离（公里）
		A12 最近的金融服务点距离	【A22】最近的金融服务点距离村庄（村委所在地）的距离（公里）

二、指标构建

拉萨市农牧区普惠金融设计从使用性、满意度、渗透度、便利度四个维度进行，因此构建农牧区普惠金融指数时采取多维度指标构建法。本书参照联合国开发计划署（UNDP）构建的人类发展指数（HDI）多维度指标构建方式。首先，计算农牧区普惠金融各个维度下子指标标准化取值：

$$d_i = \frac{A_i - m_i}{M_i - m_i}, \quad i=5, 7, 8, 11, 12 \tag{7—1}$$

$$d_i = A_i, \quad i=1, 2, 3, 4, 6, 9, 10 \tag{7—2}$$

d_i 指第 i 个子指标标准化后的取值，满足有界性、无量纲化、同质性以及单调性等数学特性。A_i 指第 i 个子指标的实际值。M_i 指第 i 个指标的极大值；m_i 是第 i 个指标的极小值。d_i（$i=5, 7, 8$）的值由式（7—1）计算得出。

拉萨市农牧区普惠金融指数合成之前，需要确定指标权重。依据已有文献，多位学者均采用因子分析法或者主成分分析法对指标权重进行确定［帕克和梅尔卡多（Park and Mercado），2018；卡马拉和图埃斯塔（Camara and Tuesta），2014］。主成分分析法与因子分析是按照每一个指标自身变异系数大小决定其权重大小，因此最终指数合成取决于少数几个方差解释比例较高的指标。普惠金融发展初期是各项基础设施建设与服务的协同发展［萨尔马（Sarma），2012］，每一项指标都很重要，应该具有相同的权重配比。最终本书按照权重配比构建农牧区普惠金融指数。

三、指数合成

按照萨尔马（Sarma，2008）构建国家层级普惠金融指数的方法。考量普惠金融的 n 个维度，家庭主体这些维度上的点 $X=(d_1, d_2, d_3, \cdots, d_n)$ 表示该家庭参与普惠金融程度。在这个维度空间内，点 $O(0, 0, 0, \cdots, 0)$ 表示最差情况，点 $P=(p_1, p_2, p_3, \cdots, p_n)$ 表示最优情况。成就点 X 相对于最差点 O 和最优点 P 的位置，是衡量农牧区普惠金融水平的关键性因素。X 与 O 之间的距离越大，表示普惠金融程度越高；X 与 P 之间的距离越小，表示普惠金融程度越高。

在 n 维空间内可能存在 X_1 与 X_2 两个点，与最优点 P 具有相同的距离，但是与 O 的距离不同，反之也可能存在 X_3 和 X_4，与最差点 O 具有相同的距离，但是与 W 的距离不同。因此，若 X_1 与 X_2 与 P 距离相同，那么距离 O 点越远，农牧区普惠金融包容性就越大；若 X_3 和 X_4 与 O 点距离相同，那么距离 P 点距离越近，农牧区普惠金融包容性越大。在考虑综合性农牧区普惠金融包容度时，应该将 X 与 O 之间的欧氏距离和 X 与 P 之间的逆欧式距离考虑在内，这两段距离利用 O 与 P 之间的距离进行标准化，使其取值处于［0，1］之间。以 X_1 与 X_2 计算为例，原始计算公式如下：

$$X_1 = \frac{\sqrt{d_1^2 + d_2^2 + \cdots + d_n^2}}{\sqrt{(p_1^2 + p_2^2 + \cdots + p_n^2)}} \tag{7—3}$$

$$X_2=1-\frac{\sqrt{(p_1-d_1)^2+(p_2-d_2)^2+\cdots+(p_n-d_n)^2}}{\sqrt{(p_1^2+p_2^2+\cdots+p_n^2)}} \tag{7—4}$$

$$IFI=\frac{1}{2}[X_1+X_2] \tag{7—5}$$

拉萨市农牧区普惠金融测度使用上述公式与方法，首先分别从需求与供给的角度合成拉萨市农牧区普惠金融供给与需求指数，最后合成拉萨市农牧区普惠金融总指数，具体公式如下：

$$HFI_{d1}=\frac{\sqrt{\sum_{i=1}^{6}d_i^2}}{\sqrt{6}}，HFI_{d2}=1-\frac{\sqrt{\sum_{i=1}^{6}(1-d_i^2)}}{\sqrt{6}}，HFI_d=\frac{(HFI_{d1}+HFI_{d2})}{2} \tag{7—6}$$

$$HFI_{s1}=\frac{\sqrt{\sum_{i=7}^{8}d_i^2}}{\sqrt{2}}，HFI_{s2}=1-\frac{\sqrt{\sum_{i=7}^{8}(1-d_i^2)}}{\sqrt{2}}，HFI_s=\frac{(HFI_{s1}+HFI_{s2})}{2} \tag{7—7}$$

$$HFI_1=\frac{\sqrt{FI_d^2+FI_s^2}}{\sqrt{2}}，HFI_2=1-\frac{\sqrt{(1-FI_d^2)+(1-FI_s^2)}}{\sqrt{2}}，HFI=\frac{(HFI_1+HFI_2)}{2} \tag{7—8}$$

其中，HFI_{d1}、HFI_{d2}、HFI_d 代表的是农牧区普惠金融需求层面的实际值到 O 的距离，到 P 的反向距离、平均距离，包括了农牧区普惠金融指标体系 A1—A6 这 6 个指标。HFI_{s1}、HFI_{s2}、HFI_s 代表农牧区普惠金融供给层面的对应值，包括 A7—A8 这 2 个指标。HFI_1、HFI_2、HFI 则代表了综合需求与供给后的对应距离，HFI 就是本书最终测算的农牧区普惠金融总指数。

第二节 拉萨市农牧区普惠金融发展现状

本节依据拉萨市普惠金融发展指数测度方法与公式，运用拉萨市农牧区民生发展调查数据（LLDR，2021），测度拉萨市农牧区普惠金融发展现状。在相关数据的支撑下，测度拉萨市农牧区普惠金融发展指数，并从需求层面、供给层面及总体发展现状进行分类讨论。

一、需求层面

拉萨市农牧区普惠金融发展的不充分性与不平衡性仍然存在，生计脆弱群体被排斥的现象依旧严重，自然条件、宗教文化等对农牧民获得普惠金融的影响也在逐步显现，如表7—2所示。

表7—2　拉萨市农牧区需求层面普惠金融发展现状

分组依据	组别	银行贷款使用	数字金融服务参与	农业保险使用	银行卡使用	银行网点使用频率	银行服务满意度
	总体	0.683	0.228	0.396	0.925	0.358	0.905
农牧业类型	农区	0.675	0.229	0.389	0.917	0.370	0.908
	牧区	0.723	0.246	0.467	0.923	0.338	0.867
	半农半牧区	0.661	0.212	0.347	0.936	0.358	0.932
是否有寺庙	寺庙	0.681	0.199	0.338	0.923	0.364	0.904
	无寺庙	0.686	0.265	0.470	0.927	0.351	0.905
是否信用村	信用村	0.681	0.221	0.377	0.923	0.359	0.903
	非信用村	0.703	0.297	0.568	0.946	0.346	0.919
受访者性别	男性	0.702	0.244	0.404	0.926	0.366	0.909
	女性	0.654	0.203	0.383	0.922	0.346	0.898
受访者年龄	60岁及以上	0.640	0.117	0.386	0.883	0.328	0.919
	40—60岁	0.705	0.205	0.425	0.933	0.366	0.896
	40岁及以下	0.685	0.420	0.340	0.957	0.375	0.907
是否贫困	贫困	0.591	0.157	0.362	0.937	0.357	0.913
	非贫困	0.702	0.243	0.403	0.922	0.358	0.903
是否党员	党员	0.800	0.290	0.480	0.965	0.386	0.890
	非党员	0.640	0.206	0.365	0.910	0.348	0.910
收入水平	低收入	0.556	0.196	0.333	0.884	0.339	0.868
	中等收入	0.688	0.217	0.405	0.931	0.363	0.921
	高收入	0.809	0.287	0.444	0.955	0.367	0.910

注：样本量=715。

数据来源：LLDR（2021）。

按照村庄特征划分。从农牧业类型来看，牧区的农业保险使用显著低于农区和半农半牧区，农区对金融服务评价满意度明显高于牧区和半农半牧区，由此可见畜牧业农业保险使用率较低，农区可能因为地域、自然等条件，金融服务更加充分；从村庄有无寺庙来看，没有寺庙的村庄数字金融服务参与显著高于有寺庙的村庄，有寺庙的村庄宗教传统文化观念较强，可能会影响手机、电脑等数字化设备的使用；从村庄是否为信用村来看，信用村的农业保险使用与金融服务评价均高于非信用村，符合常规判断，应继续加大建设信用村体系。

按照个体特征划分。从受访者性别来看，男性的银行贷款使用显著高于女性的银行贷款使用，可能的原因是男性承受风险能力普遍高于女性；从受访者年龄来看，不同年龄组对数字金融服务参与的阶梯型变化最为明显，银行贷款使用与数字金融服务参与均随着年龄的降低而增加，符合年轻群体更容易接受新鲜事物的基础判断；从婚姻状况来看，已婚人群在银行贷款与农业保险使用方面显著高于未婚人群，由此可见已婚成立家庭后的人群更倾向于保障家庭层面的支出与收入，并愿意为此承担风险，或者说银行更偏好拥有婚姻的用户。

按照家庭特征划分。从家庭是否有党员来看，家庭中有党员的能够有效增强银行贷款使用、数字金融服务参与、农业保险使用等方面的家庭参与度；从收入水平来看，随着收入水平的增加，数字金融服务参与、银行卡使用、人均银行卡使用、金融服务评价等方面的家庭参与度有阶梯式的递增变化，但是在农业保险使用方面中等收入组要高于其他收入组，可能的原因是中等收入群体对农业生产的风险意识更高，低收入群体受限于资金与意识的不足、高收入人群对农业生产的忽视导致农业保险参与度相对较低。

二、供给层面

从每千人银行网点数来看，2021年拉萨市农牧区每千人仅有0.068

个银行网点，考虑到拉萨市农牧区地广人稀的特殊自然条件，银行网点数量也相对较少；从每千人金融服务点数来看，2021年拉萨市农牧区每千人用0.112个金融服务点，相对高于银行网点分布，但仍无法满足农牧民基本的基础金融服务需求；从每平方公里银行网点数与金融服务点数来看，每平方公里银行网点数为0.024，每平方公里金融服务点数为0.030，均突出了金融基础设施建设的不足。

不同分组家庭面临普惠金融供给差异，如表7—3所示。牧区的每千人银行网点数与金融服务点数，远低于农区与半农半牧区，间接说明了牧区相对于其他农业区域存在更严重的金融基础设施渗透不足的情况；无寺庙的村庄金融服务网点渗透率显著高于有寺庙的村庄，说明传统宗教对正规金融服务存在抵触，影响正规金融服务设施的建设；信用村的金融服务点与银行网点渗透率高于非信用村，符合现有文献的一般判断；受访者性别、年龄、婚姻、党员等个人特征对农牧区普惠金融供给层面影响不大；从收入分组来看，高收入组家庭的金融服务点与银行网点渗透率高于其他收入组家庭，可能的原因是银行网点与金融服务点设置分布偏向于人群密集区域，而高收入家庭也大多分布于人群密集和市场化程度较高的地区。

表7—3　拉萨市农牧区供给层面普惠金融发展现状

分组依据	组别	银行网点通勤时间	银行网点人数	银行网点通勤时间（std）	银行网点人数（std）
—	总体	2.125	2.881	0.375	0.720
农牧业类型	农区	1.650	3.172	0.217	0.793
	牧区	2.754	2.615	0.585	0.654
	半农半牧区	2.237	2.712	0.412	0.678
是否有寺庙	寺庙	2.048	2.928	0.349	0.732
	无寺庙	2.223	2.820	0.408	0.705
是否信用村	信用村	2.088	2.858	0.363	0.715
	非信用村	2.459	3.081	0.486	0.770

分组依据	组别	银行网点通勤时间	银行网点人数	银行网点通勤时间（std）	银行网点人数（std）
受访者性别	男性	2.191	2.947	0.397	0.737
	女性	2.024	2.780	0.341	0.695
受访者年龄	60岁及以上	2.274	2.766	0.425	0.692
	40—60岁	2.117	2.961	0.372	0.740
	40岁及以下	1.963	2.827	0.321	0.707
是否贫困	贫困	2.331	2.756	0.444	0.689
	非贫困	2.083	2.906	0.361	0.727
是否党员	党员	2.080	3.150	0.360	0.788
	非党员	2.141	2.782	0.380	0.695
收入水平	低收入	2.032	2.772	0.344	0.693
	中等收入	2.111	2.934	0.370	0.733
	高收入	2.253	2.882	0.418	0.721

注：样本量 =715。

数据来源：LLDR（2021）。

三、总体发展现状

拉萨市农牧区普惠金融发展处于低水平，需求层面的普惠金融发展相较于供给层面而言更为充分。从不同农牧业类型划分来看，牧区的金融普惠指标均低于农区和半农半牧区，可见牧区的金融普惠普及率相对较低，政府应该加大牧区普惠金融支持力度；从有无寺庙来看，有寺庙的村庄普惠金融供给层面低于无寺庙村庄；从收入水平来看，普惠金融需求层面指数随着收入的提高逐渐递增，总的普惠金融需求也存在此趋势，收入层级的递增可能会推动农牧民对金融服务的需求，也会间接促进普惠金融在农牧区的普及，因此不断增加农牧民收入在一定程度上可推动普惠金融服务基层，如表7—4所示。

表7—4 拉萨市农牧区普惠金融发展整体现状

分组依据	组别	普惠金融总指数	普惠金融需求指数	普惠金融供给指数
农牧业类型	总体	0.248	0.438	0.378
	农区	0.250	0.436	0.384
	牧区	0.264	0.443	0.418
	半农半牧区	0.245	0.438	0.367
是否有寺庙	寺庙	0.245	0.431	0.377
	无寺庙	0.253	0.448	0.379
是否信用村	信用村	0.245	0.435	0.371
	非信用村	0.283	0.472	0.440
受访者性别	男	0.256	0.445	0.393
	女	0.237	0.428	0.355
受访者年龄	60岁及以上	0.240	0.417	0.377
	40—60岁	0.254	0.444	0.388
	40岁及以下	0.249	0.458	0.357
是否贫困	贫困	0.244	0.422	0.382
	非贫困	0.250	0.442	0.377
是否党员	党员	0.276	0.480	0.411
	非党员	0.239	0.425	0.366
收入水平	低收入	0.224	0.393	0.355
	中等收入	0.253	0.445	0.384
	高收入	0.268	0.477	0.390

注：样本量 =715。

数据来源：LLDR（2021）。

第三节 拉萨市农牧区普惠金融发展描述性统计分析

金融是经济发展的润滑油。在打赢精准脱贫攻坚战中，西藏金融行业为其全面胜利提供了强有力的支持。截至2021年6月底，西藏社会融资规模存量6851.87亿元，同比增长7.27%；涉农贷款余额为

1529.77 亿元，同比增长 5.35%，其中农村、农户、农业贷款同比分别增长 26.2%、5.79%、3.57%[①]。涉农金融服务宏观整体增长稳定，但是农牧民对于金融服务的感知度如何，却鲜少涉及。因此，针对农牧区展开金融服务满意度研究，能够极大丰富西藏金融服务研究领域，改善普惠金融服务政策。

一、金融服务供给与可得性

第一，金融服务基础设施建设须进一步完善。有 76.92% 的家庭需要半小时以上的时间才可抵达最近的银行服务网点，如图 7—1 所示。

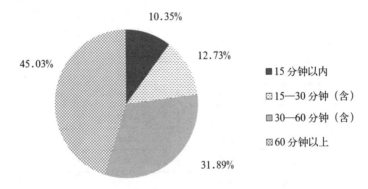

图 7—1　样本到最近银行服务网点所需时间占比

第二，金融服务人员配比较低。常去的银行服务网点配备 4 人及以上工作人员的仅占 32.73%，配备 3 位工作人员的银行服务网点仅占 23.36%，如图 7—2 所示。由此可见，从拉萨市全域来看，整体银行服务网点配备人数相对较少，拉萨市农牧区尤其是基层农牧民多以简单的 1 人或 2 人银行服务网点构成，难以满足广大农牧民的金融服务需求，亟须培养大批量的金融人才，为服务广大农村基层金融机构贡献力量。

---

① 中国人民银行拉萨中心支行：《西藏金融机构支持乡村振兴成效显著》，2021 年 8 月 7 日，见 http://lasa.pbc.gov.cn/lasa/120476/4320042/index.html。

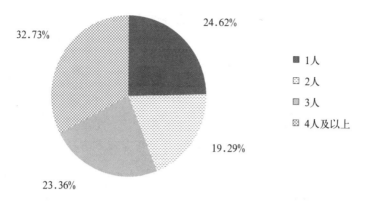

图7—2　常去的银行服务网点机构工作人员数量

二、金融服务使用情况

拉萨农牧区金融服务尚处于较为初级的传统存贷款业务，因此本书采用消费支付主要采取的方式、银行卡使用频率指标，分析拉萨农牧区金融服务使用情况。

第一，现金使用率高，银行卡、第三方支付的使用率相对较低。第三方支付包括支付宝、微信等，离不开数字金融的支持。消费支付主要

（人）

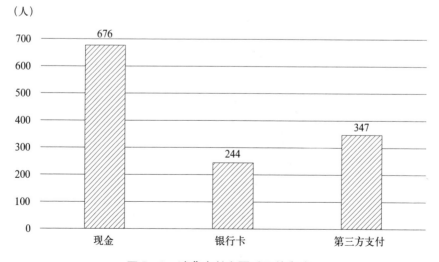

图7—3　消费支付主要采取的方式

采取的方式为银行卡和第三方支付的分别为 244 人、347 人，远低于使用现金支付的 676 人，说明拉萨市农牧民的消费支付主要还是依赖于现金，如图 7—3 所示。

第二，使用银行卡数量较多。2020 年，仅 1.40% 的家庭没有使用银行卡（包括储蓄卡、信用卡），而有 90.21% 的家庭有 1—4（含）张银行卡在使用，8.39% 的家庭有 5—8（含）张银行卡在使用，如图 7—4 所示，拉萨市农牧户对于银行卡的使用数量说明了拉萨市金融服务推广在农牧区有所提升，金融服务在基层农牧区的普及程度有所加强，农牧区的金融服务工作取得一定成效。

第三，银行贷款申请率较高。在调研过程中，将同一户籍内任一人申请过银行贷款的家庭视为申请过银行贷款，有 54.55% 的农牧户申请

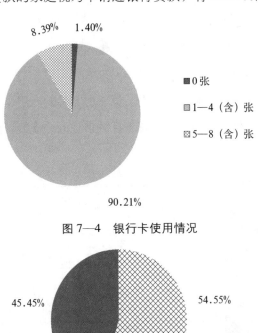

图 7—4　银行卡使用情况

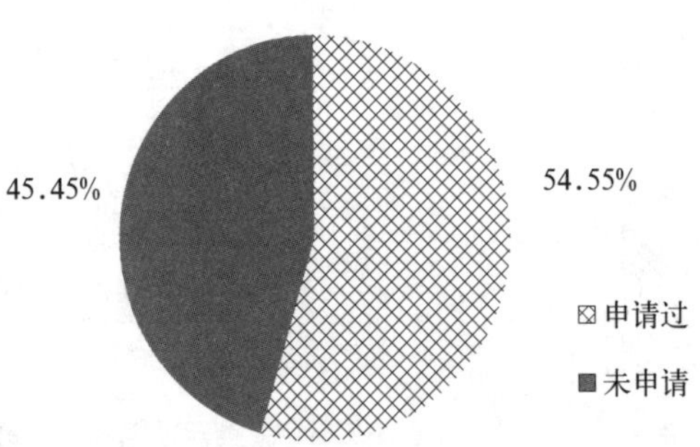

图 7—5　银行贷款申请情况

过银行贷款，如图 7—5 所示。同时，有 1.82% 的农牧户有过互联网借贷或理财等行为，如图 7—6 所示。由此可见，拉萨市农牧区总体的资金需求较高，银行贷款是金融基础服务的主要内容。

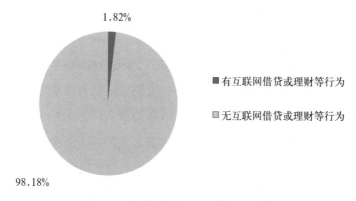

图 7—6　互联网借贷、互联网理财情况

三、保险服务使用情况

近年来，中央财政通过转移支付推动拉萨市乡村振兴，现如今已逐步形成"政府引导、市场运作、自主自愿、协同推进"的拉萨市农牧区农业保险发展模式。有 64.34% 的样本家庭购买了农业保险，有 35.66% 的受访户未购买相应的农业保险，如图 7—7 所示。近年来，农民作为普惠金融长尾群体的重要组成，无论是基础的存贷金融服务，还是保险

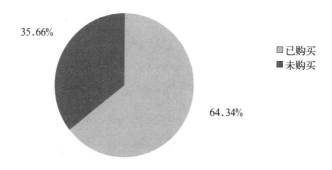

图 7—7　农业保险购买情况

服务都尚未在此群体中实现全面普及。2021 年拉萨市农牧区保险服务使用相较于往年有较大提升，说明政策开始倾向于针对金融长尾群体发力，这一举措在推动民生发展方面具有重要意义。

四、普惠金融服务满意度评价

农村普惠金融服务包括针对低收入人群与相对弱势群体的存取款、社会保险、养老金及小额贷款等服务，普惠金融服务满意度是农牧民对金融机构提供的上述金融服务行为的获得与满意情况调查结果。

第一，农牧民对贷款服务满意度较高。受访户全部享受到银行提供的贷款服务，不存在金融服务缺失的现象；对银行贷款服务满意程度达比较满意的受访户占总体样本户的 **68.67%**，说明银行贷款服务在拉萨市农牧民群体中具有较高的普及率；但仍有 **30%** 以上的受访户对贷款服务表示一般，甚至不满意，如图 7—8 所示。

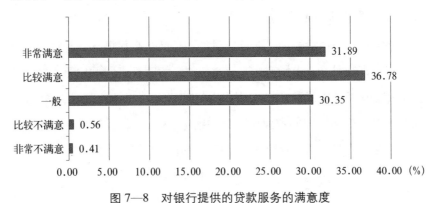

图 7—8　对银行提供的贷款服务的满意度

第二，农牧民对社会保险服务满意度高。受访户都享受到社会保险服务，不存在社会保险服务缺失的现象；有 **64.76%** 的农牧民对社会保险服务表示满意，说明社会保险服务在已涉及群体内的满意度较高，展现了社会保险对民生具有较大的改善与保障作用。但仍有 **30%** 以上的受访户对社会保险服务表示一般，甚至不满意，说明拉萨市推进社会保险工作仍需进一步努力，提升社会保险感知度，让群众切实感受到社会保险带来的民生福利改善，如图 7—9 所示。

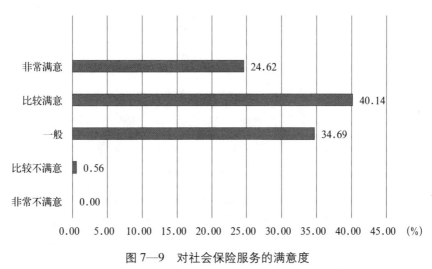

图 7—9　对社会保险服务的满意度

第三，对保险公司提供保险服务的满意度较高。没有受访户未享受过保险公司提供的保险服务，说明保险公司提供的保险服务覆盖面较广。对保险公司提供的保险服务满意度较高，仅 1.26% 的受访户对保险公司提供的保险服务持不满意态度，同时有 42.10% 的受访户认为保险公司提供的保险服务一般，反映出保险公司提供的保险服务有一定成效，但也存在较大的进步空间，如图 7—10 所示。

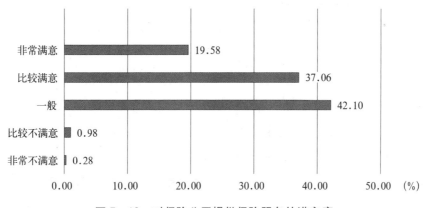

图 7—10　对保险公司提供保险服务的满意度

第四节　拉萨市普惠金融发展对农牧民家庭的影响研究

西藏普惠金融的研究相对国内其他省份而言起步较晚，普惠金融衡量也主要依托银行等金融机构提供的宏观数据，因此以往研究西藏普惠金融，存在宏观审慎过度、微观层面把握不够的问题。同时由于西藏自然条件、地理位置与历史文化的特殊性，西藏金融仍难以做到全面覆盖，始终有部分农牧民无法享受到正规的金融服务（郭振海，2014），在此背景下，拉萨市农牧区呈现出农牧民金融素养偏低（巩艳红和庞洪伟，2020）、非正规信贷规模偏高（徐爱燕等，2021）的基本特征。

一、文献综述

普惠金融的研究与实践，受到世界各国的重视与学术界的关注。实践证明，普惠金融对经济增长有着正向的促进作用（Aduda and Kalunda，2012），同时研究表明在亚洲经济体中这种促进作用更明显，且能够显著降低贫困与收入不平等的现象［帕克和梅尔卡多（Park and Mercado），2018］。刘亦文等（2018）在研究中利用省级数据估计了普惠金融与经济增长之间的关联程度。宋晓玲和侯金辰（2017）基于对发达国家与发展中国家的比较分析，认为互联网的使用可以提高普惠金融发展水平。杨东等（2021）从区域范围的异质性、农户禀赋的异质性和农村普惠金融发展维度的异质性等三个角度出发，研究农村普惠金融发展与农户收入之间的联系。

家庭视角下的普惠金融研究也逐渐进入研究者的视野。家庭金融研究在中国的兴起，始于甘犁教授2009年起主导的中国家庭金融调查（China Household Finance Survey，CHFS），为中国家庭金融研究弥补了研究数据与研究内容的空白。而后张栋浩和尹志超（2018）、尹志超等（2019）开始将普惠金融纳入家庭金融的考量，提出中国普惠金融指标体系，为普惠金融研究开了先河。易行健和周利（2018）则对数字层面的普惠金融进行研究，并针对普惠金融与居民消费之间的关系进行了理论与实证研究，认为数字普惠金融增加了家庭层面的债务收入比。尹志超等（2019）依据首都经济贸易大学与西南财经大学联合展开的中国普惠金融调查（China Household Financial Inclusion Survey，CHFIS）2017年数据，构建中国普惠金融指标体系，多维度、多视角地展示了中国普惠金融发展状况。

二、数据来源与模型构建

（一）数据来源

本书数据来源于拉萨市农牧区民生发展调查（LLDR，2021），对农牧民的家庭收入、普惠金融指数及背景特征数据进行基本描述，直观反映农牧区的金融发展情况及其相互关系。

（二）模型构建

设定以下方程，估算农牧区普惠金融指数对家庭人均收入的影响：

$$\text{In（Income）} = \alpha \text{HFI}_i + C_i \beta + \mu_i \tag{7—9}$$

其中，i 表示每一个家庭单元，表示农牧区家庭人均收入，取对数。是核心解释变量，农牧区普惠金融总指数，转化为 0—100 的数值后作对数处理。表示回归中的控制变量，基于现有的参考文献并考虑模型设定问题，本书的控制变量主要包括受访者个人基本特征（年龄、性别、婚姻状况、健康程度、是否党员、教育程度）、家庭基本特征（家庭人口数、贫困）、村庄基本特征（农牧业类型、有无寺庙）等相关指标项。考虑农牧区家庭所处环境的地区差异过大，尤其是不同县区距离中心城市距离所导致的收入差异，本模型控制县级层面的固定效应。误差项 μ_i 包括决定家庭人均收入的其他不可观测变量，如人生经历、宗教意识，以及其他可能存在的测量误差。

为降低极端值对整体模型结果的影响，同时，仅测度拉萨市农牧区的样本，并进行对数处理，保证数据带来的估计偏差降到最低，最终样本总数为 715 户。

三、实证分析与检验

（一）农牧区普惠金融对家庭收入的影响分析

农牧区普惠金融对家庭收入的回归结果分析，如表 7—5 所示。第（1）列为一元线性回归最小二乘法（OLS）的回归结果。由表 7—5 可知，农牧区普惠金融对家庭人均收入对数的回归系数为 0.4150，在 1% 水平上显著。

此外，由于家庭人均收入与普惠金融之间可能存在反向因果关系，本书选取"您与本村的邻里、街坊及其他居民之间有互相帮助吗"邻里互助程度作为农牧区普惠金融影响家庭人均收入的工具变量。邻里关系相对于单个家庭而言，难以对其家庭内部的收入与消费水平产生直接影响，是家庭层面相对外生的变量，但是邻里关系，会直接影响家庭参与普惠金融的程度。俗话说"远亲不如近邻"，邻里关系的和睦是一个村庄乃至一个县区"公序良俗"形成的基础，也是一个村庄良好的市场环境形成的保障，邻里关系越和睦，该地区市场秩序越规范，经济金融发展也会更充分，普惠金融指数也越高。

第（2）列展示了工具变量的一阶段估计结果，第（3）列进一步考察工具变量与内生变量的相关性。结果表明农牧区普惠金融指数对家庭人均收入的正向影响具有稳健性。

表 7—5　农牧区普惠金融对收入的影响估计结果

	(1) ln（家庭人均收入） OLS	(2) 农牧区普惠金融 First stage	(3) ln（家庭人均收入） Second
农牧区 普惠金融	0.4150*** （0.1401）		2.7540** （1.1791）

续表

	（1） ln（家庭人均收入） OLS	（2） 农牧区普惠金融 First stage	（3） ln（家庭人均收入） Second
工具变量： 邻里互助程度		−0.1126*** （0.0354）	
控制变量	控制	控制	控制
观测值	715	715	715
R^2	0.1682	0.1128	.
Shea's partial R^2		0.0192	
F 统计量 （p 值）		10.1518 （0.0015）	

注：*、**、*** 分别代表 10%、5% 以及 1% 水平上的显著性程度，括号内为异方差稳健标准差。

农牧区普惠金融总指数在何种程度上影响家庭人均收入？本书对估计结果的可决系数 R^2 进行夏普分解，分析模型内各个维度对模型解释力的贡献。由表 7—6 可知，农牧区普惠金融指数对于家庭人均收入的解释比例为 10.33%，农牧区普惠金融对家庭人均收入的影响较大，具有重要的研究价值。

表 7—6 基于 OLS 回归结果的夏普分解

组别	组内变量	R^2 解释比例（%）
G1	ln（农牧区普惠金融指数 ×100）	10.33
G2	受访者年龄、男性、已婚	5.44
G3	受访者健康程度	2.57
G4	受访者为党员	7.72
G5	受访者教育程度为初中、高中、大学及以上	9.69
G6	受访家庭人口数	33.87
G7	受访家庭贫困程度	3.53

组别	组内变量	R^2 解释比例（%）
G8	受访家庭所在村庄为农区、牧区	13.21
G9	受访家庭所在村庄建有寺庙	0.33
G10	县级层面的固定效应	13.31

（二）稳健性分析

1. 农牧区普惠金融的异质性分析

从农牧区普惠金融分组的测度结果来看，农牧区普惠金融在不同收入层级家庭中的影响存在较大的差异性，较低收入家庭所享受到的普惠金融明显更低。基于此，本书继续探讨农牧区普惠金融指数对家庭收入的提升作用在不同收入分位数农牧民家庭中的异质性，同时分别分析农业收入与非农收入对农牧民普惠金融的影响。

表7—7展示了农牧区普惠金融影响家庭人均收入的分位数估计结果。由表7—7可知，农牧区普惠金融对家庭收入的提升作用在10%、50%、75%收入分位数上显著，且农牧区普惠金融指数的估计系数在5%的显著性水平下，随着收入的提升在不断降低。结果表明，农牧区普惠金融指数对低收入家庭、中收入家庭、中高收入家庭的收入提升有着明显的作用，尤其是对低收入家庭有着更强的收入提升作用，但是对中低收入家庭与高收入家庭的收入提升效果却不显著。可能的解释是，首先，"精准扶贫"政策对普惠金融的要求是更多地覆盖低收入群体，因此普惠金融对低收入家庭的增收效果更为明显；其次，中低收入家庭，因不满足"贫困"条件，普惠金融对中低收入家庭的普及度不够；再次，中等收入家庭与中高收入家庭属于"精英阶层"，有更长远的目光与意识，在村庄内也具有较高的社会地位，出现"精英俘获"现象；最后，因高收入家庭不具备普惠金融服务的特征，因此普惠金融对高收入家庭的增收作用并不显著。

表 7—7　农牧区普惠金融影响家庭人均收入的分位数估计结果

	(1)	(2)	(3)	(4)	(5)
	Ln（家庭人均收入）				
	P10	P25	P50	P75	P90
农牧区普惠金融	0.8707** （0.3531）	0.3581 （0.2617）	0.4914** （0.1560）	0.3079** （0.1021）	0.2689 （0.1839）
控制变量	控制	控制	控制	控制	控制
县级 固定效应	控制	控制	控制	控制	控制
观测值	715	715	715	715	715

注：*、**、*** 分别代表 10%、5% 及 1% 水平上的显著性程度，括号内为异方差稳健标准差。

表 7—8 展示了农牧区普惠金融对家庭不同收入来源的影响结果。可见，农牧区普惠金融在 1% 的显著性水平下影响家庭人均农业收入，在 10% 的显著性水平下影响家庭人均非农收入，且两者都是正向影响，说明农牧区普惠金融指数能够正向促进家庭农业收入与非农收入的增加，并且对家庭人均农业收入的影响更大。农牧区普惠金融对农业收入的影响要大于对非农收入的影响，说明同等情况下，农牧区普惠金融指数增加一单位，家庭农业收入的增幅要大于家庭非农收入的增幅。可能的解释是，受限于西藏地广人稀、生态环境等自然条件的约束，金融支持农牧区发展的主要渠道为农业保险与农业贷款，以及为支持特色农牧产业发展提供的专项资金，因此农牧区普惠金融指数对家庭农业收入的影响要大于对非农收入的影响。

表 7—8 显示了除农牧区普惠金融指数外，其余控制变量对家庭人均农业收入与非农收入的影响。年龄、男性、党员、家庭人口数、贫困、农区、牧区、寺庙等，均对家庭人均农业收入有显著影响；已婚、健康、党员、初中、大学及以上、家庭人口数，对家庭人均非农收入有显著影响。据此可以推断牧民宗教传统思想会更倾向于让家庭从事农业生产，抑制家庭的教育水平，减少农牧民接触外界的机会，导致农牧民

收入来源单一，仅依靠传统农牧业增收；而较高教育程度与家庭人口较少，使得农牧民家庭更愿意接触外界信息，获取新的非农创收机会，更有利于家庭从事非农生产，获取非农收入。

表 7—8　农牧区普惠金融对家庭不同收入来源的影响

	(1)	(2)
	家庭人均农业收入	家庭人均非农收入
	OLS	OLS
农牧区普惠金融指数	0.8775*** （0.1991）	0.3587* （0.2038）
控制变量	控制	控制
县级固定效应	控制	控制
观测值	715	661
R^2	0.2342	0.1458

注：*、**、***分别代表 10%、5%以及 1%水平上的显著性程度，括号内为异方差稳健标准差。（1）、（2）观测值整体有所减少的原因是，本书在区分农业收入与非农收入时，因问卷中有关其他收入类型属性划分不清晰，剔除了其他收入类型，导致部分家庭收入为 0，此类样本回归时，会被自动剔除。为避免反向因果关系，对各列控制变量进行相应调整。

2. 农牧区普惠金融提升家庭人均收入的机制分析

农牧区普惠金融提升家庭人均收入的渠道有哪些？通过多次检验与分析，选择了家庭社会地位感知、道路满意程度、微信使用频率等 3 个角度对普惠金融提升收入的机制进行分析。

表 7—9 分析了农牧区普惠金融提升家庭人均收入水平的机制分析结果。据表 7—9 可知，各列中核心解释变量农牧区普惠金融指数均处于显著水平。第（1）列，农牧区普惠金融指数估计结果在 1%的显著性水平上为负，与预期结果相符，表明随着农牧区普惠金融指数的增加，家庭社会地位感知程度在不断提升（模型中被解释变量数值越高，

家庭社会地位感知越低），普惠金融能够极大地促进家庭社会地位的提升，进而增强家庭创收的能力与动力，获取更高的收入。第（2）列，农牧区普惠金融指数估计结果在10%的显著性水平上为正，说明随着普惠金融指数的增加，家庭层面对于道路满意度（模型中被解释变量数值越高，道路满意度越低）在下降，普惠金融增强了家庭对于道路交通的需求，较差的道路状况（路程远或者是公路基建较差）会严重影响普惠金融指数较高的家庭、降低其收入能力，因此普惠金融指数越高的农牧民家庭，对于道路满意度越低，需要政府进一步增强道路交通的基础设施建设。第（3）列，农牧区普惠金融指数在1%的显著性水平上为负，表明普惠金融水平越高，微信使用频率也就越高（模型中被解释变量数值越高，微信使用频率越低），普惠金融能够有效增强家庭层面与外界沟通交流的效果，也能够在一定程度上提升家庭人员接受外界信息的能力，进而影响家庭创收的渠道，拓展家庭收入来源，从而提升家庭收入。

表 7—9　农牧区普惠金融提升家庭人均收入机制分析

	（1）	（2）	（3）
	家庭社会地位感知	道路满意程度	微信使用频率
	OLS	OLS	OLS
农牧区普惠金融指数	−0.3193*** （0.1068）	0.1874* （0.0996）	−0.5523*** （0.1867）
控制变量	控制	控制	控制
县级固定效应	控制	控制	控制
观测值	715	715	715
R^2	0.0994	0.1671	0.2259

注：*、**、***分别代表10%、5%以及1%水平上的显著性程度，括号内为异方差稳健标准差。

第五节　结论与建议

一、主要结论

（1）从需求层面来看，拉萨市农牧区普惠金融发展处于稳步上升的状态，其中银行贷款服务、银行卡使用及银行服务满意度等方面成效较高，农业保险使用有较大的提升空间；从供给层面来看，拉萨市农牧区金融基础设施覆盖率整体偏低，金融服务供给不足，农牧民对金融的认知与需求仍处于较低水准。

（2）依据不同特征对家庭进行分组，发现低收入、老龄与非党员家庭享受到的金融服务水平显著低于其他家庭，这从侧面反映了普惠金融发展对于改善农牧区弱势群体金融排斥现象的重要性。

（3）通过分析农牧区普惠金融对家庭收入的影响，发现农牧区普惠金融指数能够显著提升家庭人均收入，同时其对家庭人均收入的异质性也有显著影响。

（4）机制检验发现，道路满意、微信使用与社会地位是普惠金融影响农牧民收入的重要途径，且农牧区普惠金融对低收入家庭的收入促进作用明显高于其他收入家庭。

二、政策建议

第一，普惠金融政策要进一步重视"弱势群体"的金融排斥问题，保障农牧区的民生福祉持续改善；对不同特征的农牧民家庭，要"分门别类"设置普惠金融服务与供给政策，以"精准普惠"的原则制定与实施普惠金融政策；同时重视农牧民农业保险服务需求与金融服务网点建设需求，加大金融知识与金融素养在农牧区的培养与普及。

第二，加大力度建设金融服务基础设施，重点投放各类金融服务网点与金融服务自助点，提高金融服务的渗透度与便利度。

第三，针对中低收入家庭设置具体的普惠金融政策，确保普惠金融政策的普及性，强化普惠金融政策的筛选与审查，尽可能避免"精英俘获"现象的出现。

第四，重视普惠金融在实现共同富裕与改善民生方面的战略意义，构建银行机构与高校研究机构的动态合作机制，将普惠金融研究长期坚持下去。

第八章

民生发展新业态：电子商务

《中共中央 国务院关于做好 2023 年全面推进乡村振兴重点工作的意见》提出，鼓励发展即时零售、农产品电商直采、定制生产等模式，以及鼓励建设农副产品直播电商基地等新模式新业态，进一步推动农村电子商务发展。自治区和拉萨市政府提出，要加快电子商务发展，积极营造电子商务发展环境，推动拉萨市小微企业创业创新示范工作，积极引导小微企业创新创业的活力。农牧区电子商务发展作为乡村产业振兴的重要推手，"互联网＋实体经济"的叠加效应能够有效助推农村市场要素流动，提高拉萨市农牧区自我发展能力，推动农牧民增收、农牧业升级和农牧区发展。本书使用拉萨市农牧区民生发展调查（LLDR，2019，2021）数据，对拉萨市农牧区电子商务发展现状进行分析，进一步探究拉萨市农牧区电子商务发展存在的问题，为拉萨市电子商务发展，进而促进民生改善提供政策建议。

第一节 概念界定与研究综述

随着我国互联网普及率的提高，电子商务迎来新的发展机遇。尤其是近年来，拉萨市互联网普及率不断提高，为农牧区电子商务发展创造了良好的条件。

一、相关概念

（一）电子商务

电子商务是指在互联网快速发展的背景下，以商品交易为目的，以计算机技术和网络信息技术为媒介，在全球范围内买卖双方不谋面地进行各种商贸交易活动，是实现消费者网上购物、商户之间的网上交易和在线电子支付以及各种商务活动、交易活动、金融活动与相关的综合服务活动的一种新型的商业运营模式。它具有传统交易形式不具备的优势，能将销售规模扩大，不局限于区域限制，可以降低成本，提高商业贸易的效率。

（二）农村电子商务

农村电子商务是以农业生产为背景，利用互联网、计算机、多媒体等现代化数字信息技术，通过电子商务交易平台，为从事涉农领域的生产经营主体与农产品消费者提供在网上完成农产品或服务的销售、购买和线上支付等业务交易过程的一种新型电子商务模式。农村电子商务平台配合密集的乡村连锁网点，可以有效解决农村商品流通不畅、效率低的问题，满足农民的商品购销需求，促进农村消费市场繁荣与农民增收，稳定农业发展。

二、研究现状

第一，关于电子商务发展的研究。国内外学者对于电子商务的相关研究较为丰富，且大多立足于多学科交叉角度和电子商务的具体细化方面。代宏砚等（Dai Hongyan et al., 2022）通过对一个O2O点播平台和一个传统的B2C平台的大样本数据，分析不同电子商务平台对于电子商务发展的具体影响。① 杨雅麟等（2022）通过对省级面板数据的实证分析，研究了西部各省份电子商务的发展状况并提出相关建议。② 香吉卓玛和才项（2022）运用联立方程模型进一步验证了电子商务与商贸流通业互动影响的大小和方向，并作出了相应的分析。③ 邱金林（2022）在参考相关研究的基础上，针对农村电子商务的人才缺失困境进行研究并提出相关建议。④

第二，关于农村电子商务发展的相关研究。国内外学者对于电子商务的研究主要聚焦于企业电商主体，对于农村电商主体仍旧处于探索阶段。李华龙等（2016）从农民主体参与角度，研究了农民参与农村电子商务的各方面制约因素，揭示农村电子商务发展中农民参与意识的相关特征。⑤ 刘景芝等（2022）通过分析中部、西部、东部地区六个省份2015—2019年的农村电商与生鲜物流相关数据，研究农村电商发展秩序程度、生鲜物流发展秩序程度，以及两者的协同发展水平。⑥

第三，关于拉萨市农牧区电子商务发展的相关研究。由于受客观因素限制，拉萨市电子商务研究较少，农牧区电子商务的相关研究更是寥寥无几。现有研究主要聚焦于将电子商务、乡村振兴与脱贫攻坚等方面相结合。普布卓玛（2019）综合分析了拉萨市电子商务发展所面

———————————

① Dai Hongyan, et al., "What Influences Online Sales Across Different Types of E-Commerce Platforms", *International Journal of Electronic Commerce*, Vol.26, No.3 (2022), pp.311–330.

② 杨雅麟等：《我国西部电子商务发展与经济增长关系研究——基于省级面板数据的分析》，《现代商业》2022年第11期。

③ 香吉卓玛、才项：《电子商务与商贸流通业互动机制探讨》，《商业经济研究》2022年第12期。

④ 邱金林：《农村电子商务人才培养的困境与对策》，《农业经济》2022年第6期。

⑤ 李华龙等：《农民参与农村电子商务制约因素研究——基于四川省南充市调研分析》，《经贸实践》2016年第12期。

⑥ 刘景芝等：《共同富裕视角下农村电商与生鲜物流协同发展路径研究》，《商业经济研究》2022年第12期。

临的机遇与挑战，针对拉萨市电子商务发展提出了相关建议。[①] 德吉措姆（2021）立足于电商扶贫工作实地调研，解析拉萨农村电子商务发展滞缓的多维成因，探索了西藏特困地区电子商务援藏扶贫的新型联动模式。[②]

综上所述，虽然当前学界对于电子商务的研究相对较为成熟，研究覆盖范围较大，普遍认为电子商务对推进乡村振兴具有显著影响，但更多侧重于分析农民参与对电子商务的带动和促进作用，而对于研究农民如何更好参与并建设电子商务，更好改善民生发展状况的研究相对较少。因此，本书将从拉萨市农牧民的视角，对以上问题进行深入研究，为拉萨市通过电子商务带动农牧区发展，进而为促进民生持续改善提供可行的政策建议。

第二节　拉萨市农牧区电子商务发展现状分析

本节主要从农牧民参与网络购物情况、农牧民网络消费行为及电子商务环境等方面进行分析，探究拉萨市农牧区电子商务发展现状。

一、拉萨市农牧民参与网络购物情况

（一）网络购物参与率

在 2019 年 745 个样本中，仅有 73 人进行网上购物，占总样本的 9.80%，未参与网购的样本数为 672 个，占比 90.20%。2021 年，有网购行为的样本数为 158 个，占总调查样本的 22.10%；未参与网购的样本数为 557 个，占比为 77.90%，如表 8—1 所示。截至 2021 年 12 月，我国网络购物用户规模达 8.42 亿，较 2020 年 12 月增长 5968 万，占网

---

① 普布卓玛：《拉萨电子商务发展的机遇与挑战》，《西藏科技》2019 年第 11 期。

② 德吉措姆：《西藏特困地区电子商务援藏扶贫新型联动模式探索——以林芝市墨脱县为例》，《西藏科技》2021 年第 8 期。

民整体的 81.60%，网络购物普及率达到 60.27%。① 可见，近年来拉萨市农牧民参与网购的积极性不断提高，短短两年，网购人数成倍增长，但相比全国仍存在很大差距。

表 8—1　2019 年和 2021 年参与网络购物情况对比

年份	2019 年		2021 年	
	人数（人）	占比（%）	人数（人）	占比（%）
有网购经历	73	9.80	158	22.10
无网购经历	672	90.20	557	77.90

（二）各县（区）的网络购物参与情况

在各县（区）网络购物参与情况中，曲水县的网购参与比例最高，参与者占样本的 34.15%；堆龙德庆区和墨竹工卡县的网络购物参与次之，占比在 25.00% 左右；达孜区和尼木县网络购物者占比分别为 22.54%、20.24%；林周县的参与网购比例达到 18.57%；网络购物参与率最低的为当雄县，仅占 13.51%，如表 8—2 所示。曲水县于 2016 年入选国家电子商务进农村示范县，是拉萨市第一个入选国家级电商示范县的县域，电商工作起步早于其他县域，因而其网购参与率最高；而当雄县所处海拔最高，属于牧区，地广人稀，人员居住分散，电子商务基础设施建设难度大，导致该县域网购参与率较低。

表 8—2　拉萨市农牧民网络消费行为在七县（区）的分布情况

所在县（区）	样本总数（个）	网购人数（人）	网购者占比（%）
曲水县	82	28	34.15
堆龙德庆区	100	25	25.00
墨竹工卡县	127	31	24.41

---

① 2021 中国网购及跨境电商行业发展数据报告发布，2022 年 5 月 18 日，http://www.163.com/dy/article/H5Q2RSVEO552VA7F.Html。

所在县（区）	样本总数（个）	网购人数（人）	网购者占比（%）
达孜区	71	16	22.54
尼木县	84	17	20.24
林周县	140	26	18.57
当雄县	111	15	13.51
总计	715	158	22.10

注：Chi^2=13.738，P=0.033。

（三）不同年龄段的网购参与情况

不同年龄段的农牧民参与网络购物的情况则表现出明显的差异，如表8—3所示。在总样本中，30岁以下的样本有30人，其中19人参与网购，该年龄段网购参与率达到63.33%。随着年龄的增加，网购参与率明显下降，当年龄达到51岁以上时，网购参与率仅有样本的14.25%。可见，有网络购物经验的大部分都是青年人和中年人，其中青年居多，网购普遍年轻化；大多数年长的农牧民以委托家人或亲朋好友代购的形式参与网络购物，自身参与网购较少。

表8—3 拉萨市农牧民不同年龄段参与网络购物的情况

年龄范围	样本总数（个）	参与网购者（人）	网购者占比（%）
0—30岁	30	19	63.33
31—40岁	130	47	36.15
41—50岁	197	41	20.81
51岁以上	358	51	14.25
总计	715	158	22.10

注：Chi^2=57.563，P=0.000。

（四）不同学历参与网购的情况

不同学历的农牧民参与网络购物的情况表现出明显的差异，如表8—4所示。未受过教育的农牧民网购参与率仅为13.12%，与其他学历组相比网购参与率占比最低；受过小学或寺庙教育者的网购参与率为

22.46%；初中学历组网络购物参与率为 30.00%；而高中及中职以上学历者中网络购物参与率达到 58.62%。由此可见，随着学历的提升，网络购物参与率逐级提高。

表 8—4　拉萨市农牧民不同学历参与网购的情况

学历	样本数（个）	参与网购者（人）	网购者占比（%）
未受过教育	221	29	13.12
小学或寺庙教育	374	84	22.46
初中	80	24	30.00
高中及中职以上	29	17	58.62
其他	11	4	36.36
合计	715	158	22.10

注：$Chi^2=37.045$，$P=0.000$。

二、拉萨市农牧民使用网络消费行为分析

（一）终端使用情况

移动互联网时代，由于 4G、5G 等移动通信技术的推广及网络资费的下降，使得身居青藏高原腹地的西藏农牧民也可以随时随地接入国际互联网，与全球共享互联网经济成果的脚步在不断向前迈进。调查显

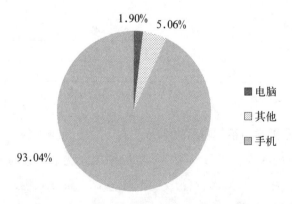

图 8—1　拉萨市农牧民网购终端的使用情况

示，农牧民大多通过智能手机进行网购，占比 93.04%，电脑购物占比 1.90%，其他占比 5.06%，如图 8—1 所示。

（二）网购频率

对农牧民网络消费频率的调查发现，每年有几次网购经历的样本数为 73 个，占比 46.20%；每月几次的样本数为 74 个，占比为 46.84%；每周几次和每天几次的样本数分别为 9 个和 2 个，占比分别为 5.70% 和 1.26%，如图 8—2 所示。可见，实体店与网络相结合的消费方式受到众多拉萨市农牧民消费者的青睐，两者优势互补，满足农牧区日益丰富多样的商品购买需求。

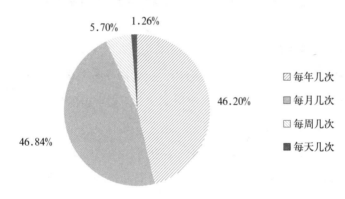

图 8—2　拉萨市农牧民网购频率

（三）网购消费金额

在对拉萨市农牧民每月网购消费金额的调查中发现，每月消费金额在 500 元以下的家庭最多，共计 115 户，占比 72.79%；其次为每月消费 500—1000 元的农牧民家庭为 31 户，占比 19.62%；每月消费 1000—2000 元和 2000 元以上的分别只有 8 户和 4 户，占比 5.06% 和 2.53%，如图 8—3 所示。可见，拉萨市农牧民网购消费总额偏低，还有待于通过农牧民增收和电子商务宣传推广挖掘其消费潜力。

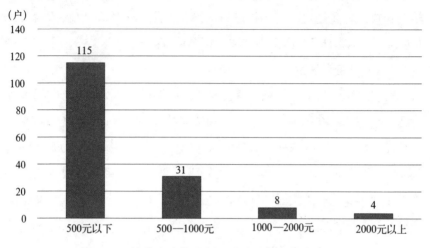

图8—3　拉萨市农牧民每月网购消费金额分布情况

（四）网购平台调查

拉萨市农牧民使用的网购平台中，使用拼多多平台进行网购的农牧民家庭最多，占比达72.28%；使用淘宝/天猫平台的农牧民次之，占比60.18%；使用抖音等直播平台、京东、唯品会三个平台的农牧民分别占比23.43%、27.26%和21.54%；使用其他购物平台的农牧民占比3.65%。可见，物美价廉是农牧民在进行网购时的首要选择。

表8—5　拉萨市农牧民使用的网购平台对比

单位：%

选择网购的平台	是	否
微信	37.41	62.59
抖音等直播平台	23.43	76.57
淘宝/天猫	60.18	39.82
京东	27.26	72.74
唯品会	21.54	78.46
拼多多	72.28	27.72
其他购物平台	3.65	96.35

（五）农牧民进行网购的原因

拉萨市农牧民进行网购的原因方面，有 88.03% 的农牧民表示吸引其进行网购的原因是"商品价格相对便宜"，有 62.73% 的网购人群选择了"购物方便"这一原因，另有 51.30% 的人认为网络上的"产品种类齐全"，选择原因为"节省购物时间"的有 31.65%。可见，对于网络产品的价格优势和便利程度是拉萨市农牧民选择网购的重要原因。

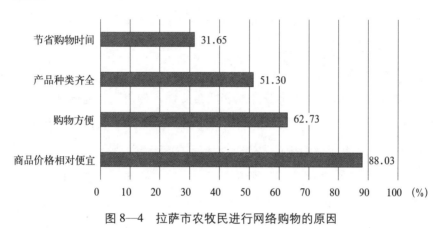

图 8—4　拉萨市农牧民进行网络购物的原因

（六）农牧民未参与网购的原因

在拉萨市农牧民未参与网购的原因方面，不会操作是阻碍农牧民参

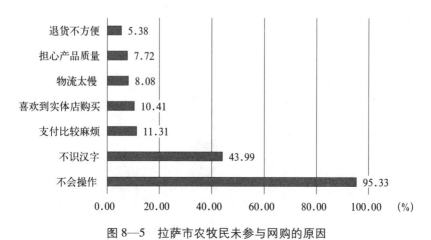

图 8—5　拉萨市农牧民未参与网购的原因

与网络购物的主要原因，占比为 95.33%；其次是"不识汉字"，占比
43.99%；支付比较麻烦而不愿意参与网购的占比 11.31%，更喜欢到实
体店购买的占比 10.41%，认为物流太慢的占比 8.08%，担心商品质量
的占比 7.72%，认为退货不方便的占比 5.38%，如图 8—5 所示。可见，
不会操作是阻碍拉萨市农牧民参与网络购物的首要原因。

三、拉萨市农牧区电子商务环境分析

对拉萨市农牧区电子商务环境的分析，主要从网络信号、物流快
递、寻找代购的便利程度，以及政府鼓励情况等几个进行。

（一）网络信号

西藏采取一系列措施提升互联网覆盖面，加快农村通信基础设施
建设，服务经济社会发展和群众生产生活。利用 XDSL、WLAN、4G、
5G 等技术手段使得西藏宽带网络覆盖能力进一步加强，目前西藏所有
行政村实现移动通信信号全覆盖。在网络信号的使用感受方面，认为
"网络信号好，上网方便"的农牧民家庭数为 335 户，占比 52.02%；表
示不认可的家庭数有 64 户，占比 9.94%；认为"效果一般"的家庭数

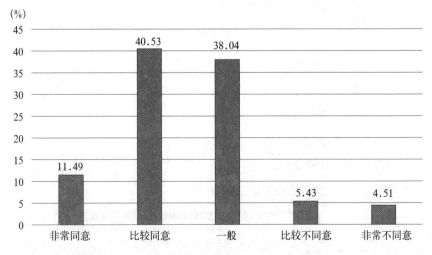

图 8—6 拉萨市农牧民网络信号的认可情况

有245户，占比38.04%，如图8—6所示。可见，随着技术手段的提升，拉萨市农牧区网络信号逐渐受到大家的认可。

（二）物流快递

在物流快递方面，对被调查对象收取快递的方式进行调查，发现大部分农牧民收取快递都需要去村里的快递收发点甚至县城快递点收发快递。由派送员送货上门的仅占24.68%，到村里的快递点收发快递的占比55.06%，到县里的快递点收发快递的占55.06%，此外还有8.23%的人员以其他方式进行收发快递，如表8—6所示。到最近快递点所需时长的调查结果见图8—7，被调查对象距离最近的快递点的时长在15分钟以内的占50.63%；时长在15分钟到半个小时的占22.15%；半个小时到1个小时的占18.99%；1小时以上的占8.23%。可见，拉萨市农牧区快递虽然能够实现通达，但是配送服务便利性仍有待提升。

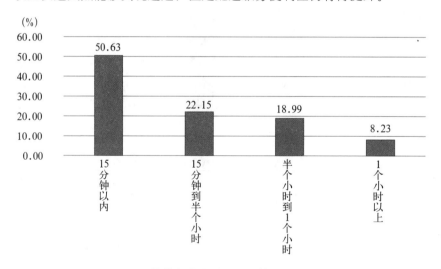

图8—7　拉萨市农牧民到最近快递点所需时长

表8—6　拉萨市农牧民收发快递的地点

收发快递的地点	人数（人）	占比（%）
送货上门	39	24.68

收发快递的地点	人数（人）	占比（%）
到村里的快递点	87	55.06
到县里的快递点	85	53.80
其他	13	8.23

（三）寻找代购的便利性

农牧民进行网络购物时是否容易找到代购者帮助其进行网络购物时，约有三分之一的被调查者表示很容易找到代购帮其进行网购，近一半的用户持中立态度，另有17.39%的被调查者则表示不太容易找到人帮助自己进行网购，如图8—8所示。

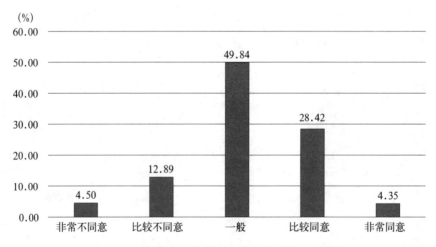

图8—8　拉萨市农牧民容易找到代购的认可情况

（四）政府鼓励情况

对政府通过宣传和培训鼓励农牧民参加电子商务情况的调查发现，接近一半的被调查者表示政府对农牧民参与电子商务的宣传和培训的重视程度一般，有接近四分之一的调查者没有接触到政府层面鼓励参与电子商务的宣传和培训。另有27.33%的农牧民表示对政府的电商宣传、培训情况较满意，如图8—9所示。说明农牧区电商宣传和执行政策还

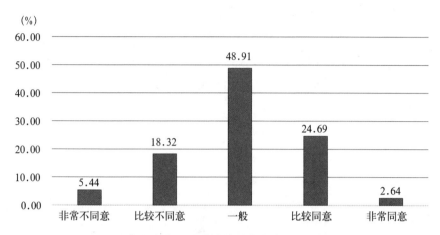

图8—9 拉萨市农牧民对政府鼓励参与电子商务的认可情况

有待进一步落实。

（五）邻里示范情况

对拉萨市农牧民"身边是否有很多人在网络购物或销售"的情况进行分析，发现有42.39%的受访户对其认可程度表示一般，有36.49%的受访户对其表示肯定，仅有21.12%的受访户对其表示否定，如图8—10所示。

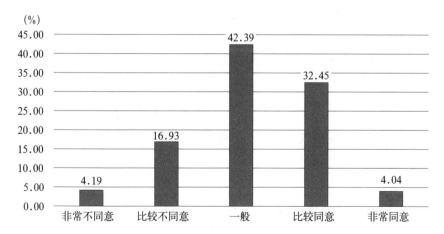

图8—10 拉萨市农牧民对邻里示范的认可度

（六）网络购物的安全可靠性认知

在网络购物的安全可靠性认知方面，有接近一半的被调查者对网络购物的安全可靠性持中立态度，36.49%的被调查者认为网络购物的安全可靠性较高，值得信任，仅有14.91%的被调查者表示对网络购物的安全可靠性不认可，如图8—11所示。

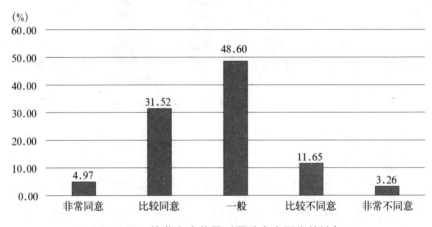

图8—11　拉萨市农牧民对网购安全可靠的认知

第三节　电子商务对拉萨市农牧区民生的影响分析

电子商务作为一种新型的购买方式，对拉萨市农牧民的消费行为产生了重要影响。这种多元化、快捷化的消费方式为农牧区的消费者带来全新的消费体验，影响着人们日常生活的方方面面。本节从电子商务对民生的影响及拉萨市农牧民电子商务参与意愿两个方面展开分析，并采用李克特五级量表进行测量。

一、电子商务与民生

电子商务的快速发展可以显著改善农牧民的购买现状，如通过淘宝、天猫、京东等购物平台进行购物，满足农牧民个性化、多样化的商品需求，并降低生活和生产资料的购买成本。互联网信息技术的发展实现了空间分散、时间错位之间的供求匹配，不仅提高了供求双方的生活水平，还优化升级了人们的基本需求。我们从电子商务使消费更便捷、日常生活支出更节省、生活质量提升三个方面分析拉萨市农牧民的网购情况，如表 8—7 所示。

表 8—7　电子商务对民生的影响的单样本 T 检验

电子商务对民生的影响	M+SD	检验值 =3	
		T 值	显著性（双尾）
电子商务使消费更便捷	3.82±0.75	13.73	0.000
电子商务使生活支出更节省	3.55±0.74	9.40	0.000
电子商务使生活质量提升	3.50±0.72	8.72	0.000

（一）电子商务使消费更加便捷

在问及对"电子商务使消费更便捷"所持态度时，发现 67.72% 的受访者对其便捷性表示赞许，29.11% 的受访者持中立态度，仅有 3.17% 的受访者表示比较不同意，如图 8—12 所示。可见，电子商务的便捷性得到了广大农牧民的认可，对农牧民的日常消费改善具有重要作用。

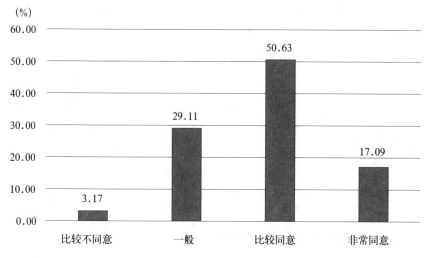

图 8—12　拉萨市农牧民对电子商务使消费更便捷的认可度

（二）电子商务使日常生活支出更节省

西藏农牧民实现脱贫，整体人均收入水平较低，购买力不强，是很多居民选择网购的重要原因。问及电子商务节省日常生活支出时，农牧民表示赞同占比54.43%，中立者占38.61%，不赞同的仅有6.96%，没有非常不同意的，如图8—13所示。可见，电子商务作为新兴的购物渠道，可以帮助农牧民购买到比传统线下市场更加便宜的商品，一定程度上可以节省农牧民的日常生活开支。

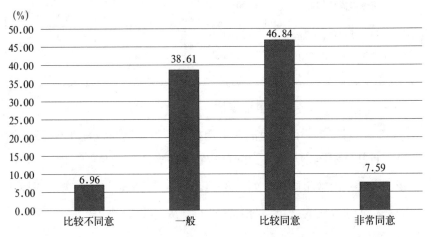

图8—13 拉萨市农牧民对电子商务节省消费支出的认可度

（三）电子商务使生活质量提升

问及电子商务可以提升生活质量的认同度时，发现持赞许态度的农牧民达到51.90%，中立者占40.51%，比较不同意的仅占7.59%，没有非常不同意的，如图8—14所示。可见，电子商务能进一步提升生活质量，切实推动农牧区民生改善。

二、拉萨市农牧民电子商务参与意愿调查

（一）农牧民参与网络购物意愿

对"是否会长期进行网络购物"的意愿调查发现，在有网购经

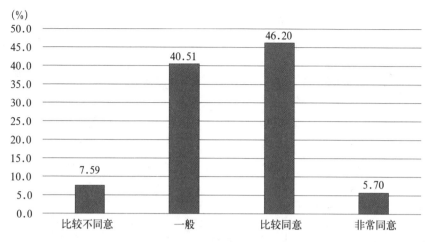

图 8—14 拉萨市农牧民对电子商务提升生活质量的认可度

历的拉萨市农牧民中，51.26%的受访者表示愿意进行长期网络购物；34.18%的农牧民对长期进行网络购物的意愿表示一般；14.56%农牧民表示不愿意进行长期网络购物，如表 8—8 所示。可见，拉萨市大部分农牧民参与网络购物的积极性较高，但少部分农牧民对电子商务的认知不够，导致其参与动机不足。

表 8—8 拉萨市农牧民长期进行网络购物的意愿

	频率	百分比（%）
非常愿意	12	7.59
比较愿意	69	43.67
一般	54	34.18
比较不愿意	21	13.29
非常不愿意	2	1.27
总计	158	100.00

（二）农牧民参与网络销售的意愿

在拉萨市农牧民参与网络销售意愿的调查中，表示非常愿意参与的只占总人数的 4.05%，比较愿意的占比 24.53%，持中立态度的占比 40.37%，而选择比较不愿意和非常不愿意的合计占比 31.05%，如

表8—9所示。可见，拉萨市农牧民参与电子商务主要集中于网络购物，参与网络销售的积极性不足。

表8—9 拉萨市农牧民对参与网络销售的意愿

	频率	百分比（%）
非常愿意	26	4.05
比较愿意	158	24.53
一般	260	40.37
比较不愿意	152	23.60
非常不愿意	48	7.45
总计	644	100.00

（三）农牧民参与网络购物和网络销售相关培训的意愿

在拉萨市的农牧民愿意花费时间参与网络购物和网络销售相关技能培训的调查中，有2.95%的农牧民选择非常愿意，26.71%的农牧民选择比较愿意，有43.17%的农牧民表示愿意参与的程度为一般，有27.17%的农牧民表示不愿意参与相关培训，如表8—10所示。可见，拉萨市农牧民缺乏对电子商务的正确认知，缺少接受新事物、学习新技能的能力。

表8—10 拉萨市农牧民参与电商培训意愿

	频率	百分比（%）
非常愿意	19	2.95
比较愿意	172	26.71
一般	278	43.17
比较不愿意	132	20.50
非常不愿意	43	6.67
总计	644	100.00

第四节　结论与建议

一、主要结论

（一）广大农牧民缺乏网上交易意识和能力

本次调查发现年龄较大、受教育程度较低的农牧民网购参与率低。调查结果显示，农牧民没有参与网购的主要原因是"不会网购操作"，占比95.33%；第二个原因是"不识汉字"，占比43.99%；第三个原因是"支付比较麻烦"，占比11.31%。可见，一方面是传统文化和消费习惯的影响，导致拉萨市农牧民缺乏使用网络参与购物的意识；另一方面是由于不会操作手机等设备，导致参与电子商务困难。

（二）农牧区物流配送服务低效

生产、流通和消费服务的物流需求小且分散，是物流发展的一大阻滞。目前，拉萨市存在大量的单向物流，使得物流资源无法有效利用。调查显示，46.26%的农牧民网购商品到收获所需时长为1—2周，12.93%的用户的所需时长达到2周以上；利用常用交通工具到快递取货点的时长在半个小时—1个小时的占到18.99%左右；另外，8.23%的农牧民到取货点的时长达到1小时以上。可见，物流配送服务的低效性，是影响拉萨市农牧区电子商务发展的重要障碍。

（三）农特产品的产业化、品牌化程度不够

在日益注重生活品质和消费升级、崇尚健康的时代，西藏拥有青稞、牦牛、冬虫夏草等农特产品，其出自高原净土、绿色无污染，符合当下人们对农特产品的需求特征，具有广泛的市场前景。但由于拉萨的农牧业依然延续着传统的生产方式，生产技术落后，以小规模、分散化的家庭经营为主，与电子商务要求的产品规模化、标准化、品牌化要求不符，导致初始农畜产品难上架。同时，拉萨市的大部分县域缺乏农牧业龙头企业、大规模合作社和优秀知名品牌，导致农特产品缺乏产业集

群效应和品牌效应。

（四）农牧区电子商务生态体系不完善

电子商务发展除需要产业基础和物流系统支撑外，还需要金融服务、电子商务等平台的支持。调查显示，90%以上的农牧民选择使用现金支付，而使用银行卡支付和第三方支付方式的仅占33.72%和47.75%，说明拉萨市农牧民网络支付的参与率低。同时，拉萨市乃至全区仍缺乏运营良好的电子商务服务平台、缺乏优质的电子商务运营服务商。

二、政策建议

（一）政府推动、领导重视是发展农村电子商务的前提保障

一是自治区、市、县要在政策层面重视和推动农村电商，出台优惠政策鼓励农村电商、农村物流配送体系等快速有序发展。二是要加强领导，成立各级农村电商发展领导小组，整合各方资源，统筹推进农村电子商务发展工作。三是要明确目标，高起点做好农村电商产业发展规划，并组织实施，明确时间表、路线图。同时，要深刻认识发展农村电商不是一次性工作，而是一个长期、系统的工程。四是要加强对"电子商务进农村示范县"的监督和评估，提高政策资金的利用效率，使有限的经费用于解决农村电商发展中的急难愁盼问题，营造农村电商长期、持续发展的良好氛围。

（二）完善人才培养和培训体系，满足农牧区电商智力支撑

一是要通过宣传和培训激发农牧民群众使用互联网的意愿。积极利用电子商务公共服务中心和村级信息服务站，为广大农牧民提供信息咨询、代卖代购、互联网技能培训、网络运营等相关配套服务，培养当地农牧民的市场经济和网络经济意识。二是要鼓励支持电子商务企业、培训机构等对有电商参与意愿的农牧民、大学生、乡村振兴专干及合作社骨干开展培训，培养一批适应拉萨市农牧区电子商务发展的实用人才。

三是要加强与区内大专院校尤其是与职业技术学院的相关合作，通过建立实习基地、合作组建农牧业园区、打造电商平台等，吸引年轻大学生从事农村电子商务相关工作。四是要鼓励未就业大学生，转变就业观念，积极投身农村电商建设，并对其展开系统培训，进一步推动拉萨市农村电子商务的发展。

（三）构建灵活高效的物流配送体系

一是依托拉萨市物流配送中心，建立县、乡、村三级物流配送节点，通过县级电商物流配送中心实现物流配送资源整合、快递包裹配送等。二是发挥电子商务服务中心、服务站点功能，实现快递包裹的代收、代发、代储。三是通过"邮快合作"实现邮政和快递企业"资源共享、优势互补、合作共赢、共促发展"的良性循环。四是采取在农村商店或学校设置自提网点模式，提供农牧民快递收发兼容服务，并通过利用农村客运，将包裹随车配送下乡到各农村网点，提高快递配送便利程度。五是针对电子商务购销业务较多的地区，发挥市场在资源配置优化方面的作用，鼓励农牧区创业群体开展从县区到乡、村的短途物流配送服务，从而提升行政村快递通达率和投送频次。

（四）加强经营主体建设

一是要推进龙头企业培育，强化品牌建设，引导集聚发展。加强农产品区域公用品牌培育，运营推广和农产品质量安全追溯体系建设。二是推动电子商务与农业产业化融合发展，大力推广"电商企业＋基地＋专业合作社＋农户"模式，加强农村电商企业产销对接，支持电商企业与农业基地或专业合作社开展稳定购销协作，按实效给予农业电商企业网络销售激励奖励。三是支持农业产业化龙头企业、农民合作社、家庭农场等新型农牧业经营主体以委托生产、订单农业等方式，收购、包装并网络销售小农户自产农畜产品。四是要与国内从事农村电商的大型电商企业合作，利用平台积累的前期经验，借助网络公益扶贫和订单农牧业等方式，加快推进农畜产品上行。五是积极挖掘和发挥微信、直播、短视频等平台助力生产致富的功能，通过宣传草根网络创业的典型案例，激发群众网络创业激情，推动多形式农畜产品销售。

第九章

民生发展新变化：语言能力

习近平总书记在党的二十大报告中提出，"加大国家通用语言文字推广力度"[①]。语言文字既是特定社会中信息传递、思想表达和情感交流等的重要工具，也是国家软实力形成的重要资源。

第一节　概念界定及相关研究

语言是一种元制度（黄少安、苏剑，2011），从经济视角审视语言制度的发展与演化，是跨学科研究的一种尝试。语言能力是劳动力的核心构成要素，是人力资源的核心竞争力 (张华娜、张雁军，2020)[②]。《国家中长期语言文字事业改革和发展规划纲要(2012—2020 年)》指出，"推广和普及国家通用语言文字是贯彻落实国家法律法规的基本要求，是维护国家主权统一、促进经济社会发展、增强中华民族凝聚力和文化软实力的重要内容"。语言是交流工具，也是乡村振兴的渠道。在中国，学

---

①　习近平：《高举中国特色社会主义伟大旗帜　为全面建设社会主义现代化国家而团结奋斗——在中国共产党第二十次全国代表大会上的报告》，人民出版社 2022 年版，第 34 页。

②　张华娜、张雁军：《精准扶贫视角下西藏普及国家通用语言文字存在的问题及对策研究》，《西藏研究》2020 年第 1 期。

界对于"普通话能力对个体收入具有正向显著影响"这一结论已达成共识。张卫国（2020）通过 2013 年和 2015 年中国综合社会调查的数据进行实证分析得出，普通话能力对经济贫困、健康贫困和精神贫困均具有减贫效应。[①] 陈媛媛（2016）认为普通话能力对劳动力收入具有明显提升作用，并发现不同劳动力群体中普通话能力对劳动力收入影响的异质性。[②]

目前，国内从语言经济学角度研究普通话对收入影响的文献，大致可以分为两类：一是普通话能力对普通劳动者收入的影响研究。语言能力是一种人力资本 [奇西克和米勒（Chiswick and Miller），1995]，一系列研究发现，语言能力可以有效提高劳动者求职和工作效率，进而提高劳动者经济地位（Chiswick and Miller，2003，2010）。在我国劳动力市场上，普通话能力也不例外。高原（2017）也以 CGSS2010 的数据作为研究对象，发现英语听力能力和普通话口语能力能给个体带来更大的经济回报。二是普通话对少数民族地区劳动者收入的影响研究。[③] 李瑞华（2019）把青海省贫困藏区作为研究对象，从普通话作为通用语的经济价值出发，认为普通话作为人力资本的一种表现形式，可以助力"推普扶贫"工作和阻断贫困代际传递。[④] 唐曼萍和李后建（2019）利用西部民族地区经济社会调查数据，在区分绝对贫困和相对贫困的基础上，检验了普通话技能的农户减贫效应。[⑤]

① 张卫国：《普通话能力的减贫效应：基于经济、健康和精神维度的经验分析》，《语言文字应用》2020 年第 4 期。

② 陈媛媛：《普通话能力对中国劳动者收入的影响》，《经济评论》2016 年第 6 期。

③ 高原：《中国城镇居民语言能力回报率实证研究——普通话与英语能力回报率的对比分析》，《语言政策与语言教育》2017 年第 1 期。

④ 李瑞华：《精准扶贫背景下民族贫困地区国家通用语言的教育价值探析——基于对青海省贫困藏区语言使用情况的调查》，《民族教育研究》2019 年第 6 期。

⑤ 唐曼萍、李后建：《普通话技能的农户减贫效应研究——基于西部民族地区经济社会的调查》，《中国经济问题》2019 年第 2 期。

目前学术界对语言能力的收入效应研究较少关注少数民族地区，本章将在分析拉萨市农牧区语言能力发展现状的基础上，进一步研究语言能力与民生改善的关系，对语言能力与收入的关系进行深入分析，并对语言能力的增收效应进行实证研究，并就如何通过提升语言能力促进增收提出相应的政策建议。

第二节　拉萨农牧区语言能力发展现状

本节根据拉萨市农牧区民生发展调查（LLDR，2021）相关数据，对农牧民的语言能力数据进行基本描述，直观反映农牧区的语言能力情况。

一、语言背景

在语言背景部分，以 4 道题目分别了解受访者小时候最先学会的语言、日常交流的语言、最常使用的语言，以及使用最流利的语言。

入学前的语言背景情况，705 名受访者表示学龄前最先学会的语言是藏语，占比高达 98.60%，10 名受访者表示学龄前最先学会国家通用语言，占比只有 1.40%。可见，藏语在拉萨市农牧区普及率非常高，而国家通用语言在学龄前的普及率则非常低，如表 9—1 所示。

表 9—1　入学前语言背景基本情况

入小学前最先学会的语言	样本量（名）	百分比（%）	累计百分比（%）
藏语	705	98.60	98.60
国家通用语言	10	1.40	100.00
合计	715	100.00	

注：2021 年调查 N=715。除特别说明外，本章其他图表与此相同。

日常交流的语言使用情况，608 名受访者只使用 1 种语言与别人交流，其中 607 名受访者使用的语言为藏语，1 名受访者使用的语言为国家通用语言；106 名受访者使用 2 种语言与别人交流，其中 106 名受访者同时使用藏语和英语与别人交流；还有 1 名受访者能够同时使用 3 种语言与别人交流，3 种语言分别为藏语、国家通用语言和英语，如表 9—2 所示。

表 9—2　与别人交流语言使用情况

与别人交流 使用语言数量（种）	样本量（名）	百分比（%）	累计百分比（%）
1	608	85.03	85.03
2	106	14.83	99.86
3	1	0.14	100.00
合计	715	100.00	

最常使用语言情况，715 名受访者中有 709 名受访者以藏语为日常使用语言，占比 99.16%。只有 6 名受访者，不到 1% 的比例以国家通用语言为日常使用语言，如表 9—3 所示。

表 9—3　最常使用语言的情况

最常使用的语言	样本量（名）	百分比（%）	累计百分比（%）
藏语	709	99.16	99.16
国家通用语言	6	0.84	100.00
合计	715	100.00	

使用最流利的语言情况，受访者中有 712 名受访者认为自己可以流利地使用藏语作为与人交流的工具，占比为 99.58%。只有不到 0.5% 的受访者认为自己可以流利地使用国家通用语言作为与人交流的工具，如表 9—4 所示。

表9—4 最流利语言统计情况

最流利的语言	样本量（名）	百分比（%）	累计百分比（%）
藏语	712	99.58	99.58
国家通用语言	3	0.42	100.00
合计	715	100.00	

综上，藏语是拉萨市农牧民的日常生活用语。尽管国家通用语言教育在学校已经普及，但国家通用语言的使用频率还是无法与藏语同日而语。在经常使用国家通用语言交流的受访者中，他们认为对国家通用语言的使用没有达到流利程度。因此，须进一步推进国家通用语言在拉萨市农牧区的普及。

二、语言水平

（一）藏语水平

715名受访者藏语听力理解能力、藏语会话能力、藏语阅读能力和藏语书写能力情况，如表9—5所示。

表9—5 藏语水平

藏语水平		样本量（名）	百分比（%）	累计百分比（%）
听力理解	很差	27	3.77	3.77
	比较差	12	1.68	5.45
	一般	98	13.71	19.16
	比较好	308	43.08	62.24
	很好	270	37.76	100.00
	合计	715	100.00	
会话	很差	17	2.37	2.37
	比较差	22	3.08	5.45
	一般	84	11.75	17.20
	比较好	303	42.38	59.58
	很好	289	40.42	100.00
	合计	715	100.00	

续表

藏语水平		样本量（名）	百分比（%）	累计百分比（%）
阅读	很差	66	9.23	9.23
	比较差	51	7.13	16.36
	一般	119	16.65	33.01
	比较好	262	36.64	69.65
	很好	217	30.35	100.00
	合计	715	100.00	
书写	很差	97	13.57	13.57
	比较差	66	9.23	22.80
	一般	136	19.02	41.82
	比较好	239	33.42	75.24
	很好	177	24.76	100.00
	合计	715	100.00	

第一，藏语听力理解能力情况，27 名受访者认为自己的藏语听力理解能力很差，12 名受访者认为自己的藏语听力理解能力较差，98 名受访者认为自己的藏语听力理解能力一般，308 名受访者认为自己的藏语听力理解能力比较好，270 名受访者认为自己的藏语听力理解能力很好。换言之，94.55% 的受访者对自己的藏语听力理解能力表示认可，仅有 5.45% 的受访者不认可自己的藏语听力理解能力。

第二，藏语会话能力情况，17 名受访者认为自己的藏语会话能力很差，22 名受访者认为自己的藏语会话能力比较差，84 名受访者认为自己的藏语会话能力一般，303 名受访者认为自己的藏语会话能力比较好，289 名受访者认为自己的藏语会话能力很好。整体来看，82.80% 的受访者对自己的藏语会话能力充满自信，仅有 5.45% 的受访者认为自己的藏语会话能力较差。

第三，藏语阅读能力情况，66 名受访者认为自己的藏语阅读能力很差，51 名受访者认为自己的藏语阅读能力比较差，119 名受访者认为自己的藏语阅读能力一般，262 名受访者认为自己的藏语阅读能力比较好，217 名受访者认为自己的藏语阅读能力很好。整体来看，66.99% 的受访者对自己的藏语阅读能力表示认同，16.36%的受访者不认同自己的藏语阅读能力。

第四，藏语书写能力情况，97 名受访者认为自己的藏语书写能力很差，66 名受访者认为自己的藏语书写能力比较差，136 名受访者认为自己的藏语书写能力一般，239 名受访者认为自己的藏语书写能力比较好，177 名受访者认为自己的藏语书写能力很好。因此，58.18%的受访者对自己的藏语书写能力表示认同，而 22.80%的受访者则认为自己的藏语书写能力处于较低水平。

总体来看，受访者对自己的藏语能力持肯定态度；多数受访者认为自己的藏语听说读写能力都比较好。从调查结果显示，部分受访者藏语能力的听说读写仍存在差异，听力理解能力、会话能力要优于阅读能力、书写能力。

（二）国家通用语言水平

715 名受访者国家通用语言听力理解能力、会话能力、阅读能力和书写能力情况，如表 9—6 所示。

表 9—6　国家通用语言水平

国家通用语言水平		样本量（名）	百分比（%）	累计百分比（%）
听力理解	很差	370	51.75	51.75
	比较差	142	19.86	71.61
	一般	119	16.64	88.25
	比较好	57	7.97	96.22
	很好	27	3.78	100.00
	合计	715	100.00	
会话	很差	391	54.69	54.69
	比较差	159	22.23	76.92
	一般	104	14.55	91.47
	比较好	45	6.29	97.76
	很好	16	2.24	100.00
	合计	715	100.00	

续表

国家通用语言水平		样本量（名）	百分比（%）	累计百分比（%）
阅读	很差	428	59.86	59.86
	比较差	147	20.56	80.42
	一般	88	12.31	92.73
	比较好	40	5.59	98.32
	很好	12	1.68	100.00
	合计	715	100.00	
写作	很差	420	58.74	58.74
	比较差	150	20.98	79.72
	一般	91	12.73	92.45
	比较好	43	6.01	98.46
	很好	11	1.54	100.00
	合计	715	100.00	

第一，国家通用语言听力理解能力情况，370名受访者认为自己的国家通用语言听力理解能力很差，占比为51.75%；142名受访者认为自己的国家通用语言听力理解能力较差，119名受访者认为自己的国家通用语言听力理解能力一般，仅有57名受访者认为自己的国家通用语言听力理解能力比较好，27名受访者认为自己的国家通用语言听力理解能力很好。整体来看，高达71.61%的受访者对自己的国家通用语言听力理解能力表示不认可，仅有11.75%的受访者对自己的国家通用语言听力理解能力表示认可。

第二，国家通用语言会话能力情况，391名受访者认为自己的国家通用语言会话能力很差，159名受访者认为自己的国家通用语言会话能力比较差，104名受访者认为自己的国家通用语言会话能力一般，45名受访者认为自己的国家通用语言会话能力比较好，16名受访者认为自己的国家通用语言会话能力很好。整体来看，高达76.92%的受访者对自己的国家通用语言会话能力表示不自信，仅有8.53%的受访者对自己的国家通用语言会话能力表示自信。

第三，国家通用语言阅读能力情况，428 名受访者认为自己的国家通用语言阅读能力很差，147 名受访者认为自己的国家通用语言阅读能力比较差，88 名受访者认为自己的国家通用语言阅读能力一般，40 名受访者认为自己的国家通用语言阅读能力比较好，12 名受访者认为自己的国家通用语言阅读能力很好。整体来看，仅有 7.27% 的受访者对自己的国家通用语言阅读能力表示认同，80.42% 的受访者对自己的国家通用语言阅读能力表示不认同。

第四，国家通用语言书写能力情况，420 名受访者认为自己的国家通用语言书写能力很差，150 名受访者认为自己的国家通用语言书写能力比较差，91 名受访者认为自己的国家通用语言书写能力一般，43 名受访者认为自己的国家通用语言书写能力比较好，11 名受访者认为自己的国家通用语言书写能力很好。整体来看，只有 7.55% 的受访者对自己的国家通用语言书写能力表示认同，而 79.72% 的受访者则认为自己的国家通用语言书写能力处于较低的水平。

总体来看，多数受访者对自己的国家通用语言能力持不自信态度，特别是在阅读和书写能力方面。

三、语言使用情况

问卷采用 16 道题目了解农牧区居民家庭交流、商店购物、政府办事、工作交流、在线沟通和银行业务中的语言使用情况。其中，第 1—10 题了解农牧民在家中与爷爷奶奶、爸爸妈妈、兄弟姐妹、爱人和孩子使用藏语和国家通用语言的频率。1 代表"不用"，2 代表"很少用"，3 代表"用一些"，4 代表"经常用"，5 代表"全用"。如果无题目中涉及的亲属，则选 6。第 11—16 题了解农牧区居民在家庭之外以及使用在线通信工具等场域的语言使用情况。除了藏语和国家通用语言外，还考虑到英语及其他语种使用情况。在了解在线通信工具时，也设计了 1 道题目"是否输入拉丁字母代替本民族语情况"。

（一）在家藏语使用情况

在问卷设计中将家人分为长辈、平辈和晚辈三个层次进行调查。从调查的结果看，受访者与家人之间的交流主要是使用藏语，有95%以上的受访者表示经常用、全用藏语与家人交流，如表9—7所示。由此说明藏语是本次受访者参与交流的主要语言工具。

表9—7　与家人交流藏语使用情况

与爷爷、奶奶交流藏语使用	样本量（名）	百分比（%）	累计百分比（%）
不用	6	1.65	1.65
很少用	8	2.19	3.84
用一些	4	1.10	4.94
经常用	64	17.53	22.47
全用	283	77.53	100.00
合计	365	100.00	
与爸爸、妈妈交流藏语使用	样本量（名）	百分比（%）	累计百分比（%）
不用	4	0.80	0.80
很少用	3	0.60	1.40
用一些	2	0.40	1.80
经常用	79	15.83	17.63
全用	411	82.37	100.00
合计	499	100.00	
与兄弟、姐妹交流藏语使用	样本量（名）	百分比（%）	累计百分比（%）
不用	4	0.61	0.61
很少用	2	0.31	0.92
用一些	3	0.46	1.38
经常用	80	12.27	13.65
全用	563	86.35	100.00
合计	652	100.00	
与爱人交流藏语使用	样本量（名）	百分比（%）	累计百分比（%）
不用	4	0.61	0.61

与爱人交流藏语使用	样本量（名）	百分比（%）	累计百分比（%）
很少用	3	0.46	1.07
用一些	2	0.30	1.37
经常用	76	11.61	12.98
全用	570	87.02	100.00
合计	655	100.00	
与孩子交流藏语使用	样本量（名）	百分比（%）	累计百分比（%）
不用	6	0.88	0.88
很少用	2	0.29	1.17
用一些	3	0.44	1.61
经常用	74	10.85	12.46
全用	597	87.54	100.00
合计	682	100.00	

注：350 名受访者表示无爷爷、奶奶；216 名受访者表示无爸爸、妈妈；63 名受访者表示无兄弟、姐妹；60 名受访者表示无爱人；33 名受访者表示无孩子。

（二）家庭中国家通用语言使用情况

国家通用语言是否是受访者在家中与家人交流的主要工具，调查结果显示受访者很少用国家通用语言作为与家人交流的语言工具，如表9—8 所示。

表9—8　与家人交流国家通用语言使用情况

与爷爷、奶奶交流国家通用语言使用	样本量（名）	百分比（%）	累计百分比（%）
不用	257	70.47	70.47
很少用	46	12.43	82.90
用一些	13	3.63	86.53
经常用	16	4.40	90.93
全用	33	9.07	100.00
合计	365	100.00	
与爸爸、妈妈交流国家通用语言使用	样本量（名）	百分比（%）	累计百分比（%）
不用	380	76.07	76.07

续表

与爸爸、妈妈交流国家通用语言使用	样本量（名）	百分比（%）	累计百分比（%）
很少用	69	13.81	89.88
用一些	12	2.53	92.41
经常用	6	1.17	93.58
全用	32	6.42	100.00
合计	499	100.00	
与兄弟、姐妹交流国家通用语言使用	样本量（名）	百分比（%）	累计百分比（%）
不用	498	76.37	76.37
很少用	89	13.72	90.09
用一些	16	2.44	92.53
经常用	10	1.52	94.05
全用	39	5.95	100.00
合计	652	100.00	
与爱人交流国家通用语言使用	样本量（名）	百分比（%）	累计百分比（%）
不用	507	77.39	77.39
很少用	87	13.36	90.75
用一些	20	3.03	93.78
经常用	10	1.52	95.30
全用	31	4.70	100.00
合计	655	100.00	
与孩子交流国家通用语言使用	样本量（名）	百分比（%）	累计百分比（%）
不用	522	76.51	76.51
很少用	97	14.24	90.75
用一些	27	3.96	94.71
经常用	4	0.59	95.30
全用	32	4.70	100.00
合计	682	100.00	

注：350 名受访者表示无爷爷、奶奶；216 名受访者表示无爸爸、妈妈；63 名受访者表示无兄弟、姐妹；60 名受访者表示无爱人；33 名受访者表示无孩子。

（三）社会生活语言使用情况

在商店购物语言使用方面，710 名受访者表示使用藏语在商店购物，只有 5 名受访者表示商店购物时不使用藏语；与此相比，580 名受访者表示不使用国家通用语言在商店购物，仅 135 名受访者表示会使用国家通用语言在商店购物，同时使用藏语和国家通用语言在商店购物的受访者有 130 名，如表 9—9 所示。

表 9—9 商店购物语言使用情况

单位：名

藏语使用	国家通用语言使用		合计
	否	是	
否	0	5	5
是	580	130	710
合计	580	135	715

注：英语、其他语言在商店购物场景中使用为 0。

在政府部门办事语言使用方面，其结果与表 9—9 基本一致，大部分受访者使用藏语在政府部门办事，单纯使用国家通用语言的比例较低，同时使用藏语和国家通用语言的受访者有 123 名，如表 9—10 所示。

表 9—10 政府部门办事语言使用情况

单位：名

藏语	国家通用语言		合计
	否	是	
否	0	6	6
是	586	123	709
合计	586	129	715

注：英语、其他语言在政府部门办事场景中使用为 0。

在上班语言使用方面，629 名受访者在上班时主要使用藏语，105

名受访者在上班时主要使用国家通用语言，103 名受访者表示会在上班场合同时使用藏语和国家通用语言，如表 9—11 所示。

表 9—11 上班地语言使用情况

单位：名

藏语	国家通用语言		合计
	否	是	
否	0	2	2
是	526	103	629
合计	526	105	631

注：英语、其他语言在上班的场合中使用为 0；84 人表示不上班。

在银行业务办理语言使用方面，713 名受访者表示在银行办理业务时主要使用藏语，113 名受访者表示在银行办理业务时主要使用国家通用语言，111 名受访者在银行业务办理中同时使用藏语和国家通用语言，如表 9—12 所示。

表 9—12 银行业务办理语言使用情况

单位：名

藏语	国家通用语言		合计
	否	是	
否	0	2	2
是	602	111	713
合计	602	113	715

注：英语、其他语言在银行业务办理场景中使用为 0。

在社交软件语言使用方面，社交软件语言使用的调查情况与前文调查结果基本一致，藏语是受访者主要使用的语言，同时使用藏语和国家通用语言在社交软件交流的受访者为 101 名，如表 9—13 所示。

表 9—13　社交软件语言使用情况

单位：名

藏语	国家通用语言		合计
	否	是	
否	0	9	9
是	549	101	650
合计	549	110	659

注：英语、其他语言在社交软件场景中使用为 0；56 人表示不使用社交软件。

从总的调查结果来看，受访者在社会生活中使用国家通用语言频率与藏语相比较低，也进一步说明在拉萨市农牧区，日常使用语言仍以藏语为主，国家通用语言普及率处于较低水平。

四、语言接触

问卷采用 4 道题目了解农牧区居民语言接触的相关情况，包括语码转换、语言氛围及语言转用等情况。

在本民族语言使用中使用国家通用语言方面。在 715 名受访样本中，394 名受访者表示自己在说本民族语时不使用国家通用语言词汇，200 名受访者表示自己在说本民族语时很少用国家通用语言词汇，99 名受访者表示自己在说本民族语时会用一些国家通用语言词汇，20 名受访者表示自己在说本民族语时经常使用国家通用语言词汇，2 名受访者表示自己在说本民族语时全用国家通用语言词汇，如表 9—14 所示。

表 9—14　说本民族语言时使用国家通用语言的情况

说本民族语时使用一些国家通用语言词汇情况	样本量（名）	百分比（%）	累计百分比（%）
不用	394	55.10	55.10

续表

说本民族语时使用一些国家通用语言词汇情况	样本量（名）	百分比（%）	累计百分比（%）
很少用	200	27.98	83.08
用一些	99	13.84	96.92
经常用	20	2.80	99.72
全用	2	0.28	100.00
合计	715	100.00	

在是否存在只会使用国家通用语言而不会说藏语的朋友或亲人方面。在715名受访者中，455名受访者表示自己身边完全没有只会说国家通用语言而不会说藏语的朋友或亲人，151名受访者表示自己身边没有只会说国家通用语言而不会说藏语的朋友或亲人，89名受访者表示自己身边有一些只会说国家通用语言而不会说藏语的朋友或亲人，11名受访者表示自己身边有很多只会说国家通用语言而不会说藏语的朋友或亲人，9名受访者表示自己身边几乎都是只会说国家通用语言而不会说藏语的朋友或亲人，如表9—15所示。

表9—15　只会说国家通用语言而不会说藏语的朋友或亲人情况

只会说国家通用语言而不会说藏语的朋友或亲人情况	样本量（名）	百分比（%）	累计百分比（%）
完全没有	455	63.64	63.64
没有	151	21.12	84.76
有一些	89	12.44	97.20
很多	11	1.54	98.74
几乎都是	9	1.26	100.00
合计	715	100.00	

在存在国家通用语言和藏语都说的很好的朋友或亲人方面，表9—16统计了109名受访者身边国家通用语言和藏语都说得很好的朋

友或亲人情况。7 名受访者表示自己身边完全没有国家通用语言和藏
语都说得很好的朋友或亲人，7 名受访者表示自己身边没有国家通用
语言和藏语都说得很好的朋友或亲人，80 名受访者表示自己身边有一
些国家通用语言和藏语都说得很好的朋友或亲人，11 名受访者表示自
己身边有很多国家通用语言和藏语都说得很好的朋友或亲人，4 名受
访者表示自己身边几乎都是国家通用语言和藏语都说得很好的朋友或
亲人。

表 9—16　国家通用语言和藏语都说得很好的朋友或亲人情况

国家通用语言和藏语都说得很好的朋友或亲人情况	样本量（名）	百分比（%）	累计百分比（%）
完全没有	7	6.42	6.42
没有	7	6.42	12.84
有一些	80	73.40	86.24
很多	11	10.09	96.33
几乎都是	4	3.67	100.00
合计	109	100.00	

注：606 名受访者表示身边没有只会说国家通用语言而不会说藏语的朋友或亲人，故在此不
统计。

在使用国家通用语言时在脑海中先用藏语翻译出来方面，表 9—17
统计了 715 名受访者说国家通用语言时在脑海中先用藏语翻译出来的情
况。395 名受访者表示自己说国家通用语言时不用在脑海中先用藏语翻
译出来，147 名受访者表示自己说国家通用语言时很少在脑海中先用藏
语翻译出来，96 名受访者表示自己说国家通用语言时有时会在脑海中
先用藏语翻译出来，57 名受访者表示自己说国家通用语言时经常在脑
海中先用藏语翻译出来，20 名受访者表示自己说国家通用语言时总是
在脑海中先用藏语翻译出来。

表 9—17 说国家通用语言时在脑海中先用藏语翻译出来的情况

说国家通用语言时在脑海中 先用藏语翻译出来的情况	样本量（名）	百分比（%）	累计百分比（%）
不用	395	55.24	55.24
很少用	147	20.56	75.80
用一些	96	13.43	89.23
经常用	57	7.97	97.20
全用	20	2.80	100.00
合计	715	100.00	

从总的调查结果来看，受访人身边会说国家通用语言的朋友和亲人相对较少，国家通用语言在拉萨市农牧区的普及还需要进一步推动，以形成良好的语言环境。

第三节　拉萨农牧区语言能力与居民收入关系分析

提高民生必聚焦收入问题，根据第四章和第五章的结论发现，农牧民收入评分较低，自身对其收入的满意度不高，而语言能力对收入也具有重要影响，因此，本节将对拉萨市农牧区语言能力与收入的关系进行深入分析。

一、藏语能力与居民家庭收入

（一）藏语听力能力与居民家庭收入

藏语听力很好的受访者中有 122 名受访者认为自己的家庭收入保持不变，29 名受访者认为自己的家庭收入减少了，119 名受访者认为自己的家庭收入增加了，在此人群中很大比重的受访者认为自己的家庭收入保持不变或增加了，占比分别为 45.19% 和 44.07%。藏语听力比较好的受访者也基本认为自己的家庭收入保持不变或增加了，但在藏语听力能力较差或很差的人群中大部分受访者认为自己的家庭收入保持不变，如

表 9—18 所示。

表 9—18　藏语能力与居民家庭收入

藏语听力能力		家庭收入情况			合计
		保持不变	减少	增加	
很差	家庭数（户）	17	2	8	27
	占全部家庭收入情况比重（%）	62.96	7.41	29.63	100.00
	占家庭藏语能力比重（%）	5.33	2.22	2.61	3.77
比较差	家庭数（户）	6	3	3	12
	占全部家庭收入情况比重（%）	50.00	25.00	25.00	100.00
	占家庭藏语能力比重（%）	1.88	3.33	0.98	1.68
一般	家庭数（户）	41	16	41	98
	占全部家庭收入情况（%）	41.84	16.32	41.84	100.00
	占家庭藏语能力比重（%）	12.85	17.78	13.40	13.71
比较好	家庭数（户）	133	40	135	308
	占全部家庭收入情况比重（%）	43.18	12.99	43.83	100.00
	占家庭藏语能力比重（%）	41.69	44.45	44.12	43.08
很好	家庭数（户）	122	29	119	270
	占全部家庭收入情况比重（%）	45.19	10.74	44.07	100.00
	占家庭藏语能力比重（%）	38.25	32.22	38.89	37.76
合计	家庭数（户）	319	90	306	715
	占全部家庭收入情况比重（%）	44.61	12.59	42.80	100.00
	占家庭藏语能力比重（%）	100.00	100.00	100.00	100.00

（二）藏语会话能力与居民家庭收入

藏语会话能力很好的受访者中有 128 名受访者认为自己的家庭收入保持不变，35 名受访者认为自己的家庭收入减少了，126 名受访者认为自己的家庭收入增加了，在此人群中很大比重的受访者认为自己的家庭收入保持不变或增加了，占比分别为 44.29% 和 43.60%。藏语会话能力比较好的受访者也基本认为自己的家庭收入保持不变或增加了，但在藏语会话能力较差或很差的人群中大部分受访者认为自己的家庭收入保持不变，如表 9—19 所示。

表 9—19　藏语会话能力与居民家庭收入

| 藏语会话能力 | | 家庭收入状况 | | | 合计 |
		减少	保持不变	增加	
很差	家庭数（户）	1	11	5	17
	占全部家庭收入状况比重（%）	5.88	64.71	29.41	100.00
	占藏语会话能力比重（%）	1.11	3.45	1.63	2.38
比较差	家庭数（户）	2	14	6	22
	占全部家庭收入状况比重（%）	9.09	63.64	27.27	100.00
	占藏语会话能力比重（%）	2.22	4.39	1.96	3.07
一般	家庭数（户）	13	34	37	84
	占全部家庭收入状况比重（%）	15.47	40.48	44.05	100.00
	占藏语会话能力比重（%）	14.45	10.66	12.09	11.75
比较好	家庭数（户）	39	132	132	303
	占全部家庭收入状况比重（%）	12.88	43.56	43.56	100.00
	占藏语会话能力比重（%）	43.33	41.38	43.14	42.38
很好	家庭数（户）	35	128	126	289
	占全部家庭收入状况比重（%）	12.11	44.29	43.60	100.00
	占藏语会话能力比重（%）	38.89	40.12	41.18	40.42
合计	家庭数（户）	90	319	306	715
	占全部家庭收入状况比重（%）	12.59	44.61	42.80	100.00
	占藏语会话能力比重（%）	100.00	100.00	100.00	100.00

（三）藏语阅读能力与居民家庭收入

藏语阅读能力很好的受访者中有 99 名受访者认为自己的家庭收入保持不变，22 名受访者认为自己的家庭收入减少了，96 名受访者认为自己的家庭收入增加了。在此人群中很大比例的受访者认为自己的家庭收入保持不变或增加了，占比分别为 45.62% 和 44.24%。藏语阅读能力比较好的受访者也基本认为自己的家庭收入保持不变或增加了，但在藏语会话能力较差或很差的人群中大部分受访者认为自己的家庭收入保持不变，如表 9—20 所示。

表 9—20　藏语阅读能力与居民家庭收入

藏语阅读能力		家庭收入状况			合计
		减少	保持不变	增加	
很差	家庭数（户）	10	31	25	66
	占全部家庭收入状况比重（%）	15.15	46.97	37.88	100.00
	占藏语阅读能力比重（%）	11.11	9.72	8.17	9.23
比较差	家庭数（户）	5	30	16	51
	占全部家庭收入状况比重（%）	9.81	58.82	31.37	100.00
	占藏语阅读能力比重（%）	5.56	9.40	5.23	7.13
一般	家庭数（户）	18	52	49	119
	占全部家庭收入状况比重（%）	15.12	43.70	41.18	100.00
	占藏语阅读能力比重（%）	20.00	16.30	16.01	16.64
比较好	家庭数（户）	35	107	120	262
	占全部家庭收入状况比重（%）	13.36	40.84	45.80	100.00
	占藏语阅读能力比重（%）	38.89	33.54	39.22	36.65
很好	家庭数（户）	22	99	96	217
	占全部家庭收入状况比重（%）	10.14	45.62	44.24	100.00
	占藏语阅读能力比重（%）	24.44	31.04	31.37	30.35
合计	家庭数（户）	90	319	306	715
	占全部家庭收入状况比重（%）	12.59	44.61	42.80	100.00
	占藏语阅读能力比重（%）	100.00	100.00	100.00	100.00

（四）藏语写作能力与居民家庭收入

藏语写作能力很好的受访者中有 79 名受访者认为自己的家庭收入保持不变，18 名受访者认为自己的家庭收入减少了，80 名受访者认为自己的家庭收入增加了。在此人群中很大比例的受访者认为自己的家庭收入增加了或保持不变，占比分别为 45.20% 和 44.63%。藏语写作能力比较好的受访者也基本认为自己的家庭收入保持不变或增加了；但在藏语会话能力较差或很差的人群中大部分受访者认为自己的家庭收入保持不变，如表9—21所示。

表9—21 藏语写作能力与居民家庭收入

藏语写作能力		家庭收入状况			合计
		减少	保持不变	增加	
很差	家庭数（户）	17	46	34	97
	占全部家庭收入状况比重（%）	17.53	47.42	35.05	100.00
	占藏语写作能力比重（%）	18.89	14.42	11.11	13.57
比较差	家庭数（户）	6	38	22	66
	占全部家庭收入状况比重（%）	9.09	57.58	33.33	100.00
	占藏语写作能力比重（%）	6.66	11.91	7.19	9.23
一般	家庭数（户）	16	53	67	136
	占全部家庭收入状况比重（%）	11.76	38.97	49.27	100.00
	占藏语写作能力比重（%）	17.78	16.61	21.90	19.02
比较好	家庭数（户）	33	103	103	239
	占全部家庭收入状况比重（%）	13.80	43.10	43.10	100.00
	占藏语写作能力比重（%）	36.67	32.29	33.66	33.43
很好	家庭数（户）	18	79	80	177
	占全部家庭收入状况比重（%）	10.17	44.63	45.20	100.00
	占藏语写作能力比重（%）	20.00	24.77	26.14	24.75
合计	家庭数（户）	90	319	306	715
	占全部家庭收入状况比重（%）	12.59	44.61	42.80	100.00
	占藏语写作能力比重（%）	100.00	100.00	100.00	100.00

从以上统计结果来看，藏语听力、会话、阅读及写作能力对受访者家庭收入的增加有促进作用。

二、国家通用语言能力与居民家庭收入

（一）国家通用语言听力能力与居民家庭收入

国家通用语言听力能力很好和比较好的受访者中有55.56%和49.12%的受访者认为自己的家庭收入增加了，11.11%和17.55%的受访

者认为自己的家庭收入减少了；而在国家通用语言听力能力很差的受访者中有 34.60% 的受访者认为自己的家庭收入增加了，11.08% 的受访者认为自己的家庭收入减少了。可以看出，国家通用语言听力能力的提升，有助于增加农牧民的家庭收入，而对农牧民家庭收入的减少并没有显著的制约关系，如表 9—22 所示。

表 9—22　国家通用语言听力能力与居民家庭收入

国家通用语言听力能力		家庭收入状况			合计
		减少	保持不变	增加	
很差	家庭数（户）	41	201	128	370
	占全部家庭收入状况比重（%）	11.08	54.32	34.60	100.00
	占国家通用语言听力能力比重（%）	45.56	63.01	41.83	51.75
比较差	家庭数（户）	21	52	69	142
	占全部家庭收入状况比重（%）	14.79	36.62	48.59	100.00
	占国家通用语言听力能力比重（%）	23.33	16.30	22.55	19.86
一般	家庭数（户）	15	38	66	119
	占全部家庭收入状况比重（%）	12.61	31.93	55.46	100.00
	占国家通用语言听力能力比重（%）	16.67	11.91	21.57	16.64
比较好	家庭数（户）	10	19	28	57
	占全部家庭收入状况比重（%）	17.55	33.33	49.12	100.00
	占国家通用语言听力能力比重（%）	11.11	5.96	9.15	7.97
很好	家庭数（户）	3	9	15	27
	占全部家庭收入状况比重（%）	11.11	33.33	55.56	100.00
	占国家通用语言听力能力比重（%）	3.33	2.82	4.90	3.78
合计	家庭数（户）	90	319	306	715
	占全部家庭收入状况比重（%）	12.59	44.61	42.80	100.00
	占国家通用语言听力能力比重（%）	100.00	100.00	100.00	100.00

（二）国家通用语言会话能力与居民家庭收入

国家通用语言会话能力很好和比较好的受访者中有 68.75% 和 48.89% 的受访者认为自己的家庭收入增加了，12.50% 和 17.78% 的受访者认为自己的家庭收入减少了；而在国家通用语言会话能力很差的受访者中有34.53%的受访者认为自己的家庭收入增加了，11.51%的受访者认为自己的家庭收入减少了。可以看出，国家通用语言会话能力的提升，有助于增加农牧民的家庭收入，而对农牧民家庭收入的减少并没有显著的制约关系，如表9—23所示。

表9—23　国家通用语言会话能力与居民家庭收入

国家通用语言会话能力		家庭收入状况			合计
		减少	保持不变	增加	
很差	家庭数（户）	45	211	135	391
	占全部家庭收入状况比重（%）	11.51	53.96	34.53	100.00
	占国家通用语言会话能力比重（%）	50.00	66.15	44.12	54.68
比较差	家庭数（户）	22	58	79	159
	占全部家庭收入状况比重（%）	13.84	36.48	49.68	100.00
	占国家通用语言会话能力比重（%）	24.45	18.18	25.82	22.24
一般	家庭数（户）	13	32	59	104
	占全部家庭收入状况比重（%）	12.50	30.77	56.73	100.00
	占国家通用语言会话能力比重（%）	14.44	10.03	19.28	14.55
比较好	家庭数（户）	8	15	22	45
	占全部家庭收入状况比重（%）	17.78	33.33	48.89	100.00
	占国家通用语言会话能力比重（%）	8.89	4.70	7.19	6.29
很好	家庭数（户）	2	3	11	16
	占全部家庭收入状况比重（%）	12.50	18.75	68.75	100.00
	占国家通用语言会话能力比重（%）	2.22	0.94	3.59	2.24
合计	家庭数（户）	90	319	306	715
	占全部家庭收入状况比重（%）	12.59	44.61	42.80	100.00
	占国家通用语言会话能力比重（%）	100.00	100.00	100.00	100.00

（三）国家通用语言阅读能力与居民家庭收入

国家通用语言阅读能力很好和比较好的受访者中有75.00%和55.00%的受访者认为自己的家庭收入增加了，16.67%和12.50%的受访者认为自己的家庭收入减少了;而在国家通用语言阅读能力很差的受访者中有 37.62% 的受访者认为自己的家庭收入增加了,12.15% 的受访者认为自己的家庭收入减少了。可以看出,国家通用语言阅读能力的提升,有助于增加农牧民的家庭收入,而对农牧民家庭收入的减少并没有显著的制约关系,如表 9—24 所示。

表 9—24 国家通用语言阅读能力与居民家庭收入

国家通用语言阅读能力		家庭收入状况			合计
		减少	保持不变	增加	
很差	家庭数(户)	52	215	161	428
	占全部家庭收入状况比重(%)	12.15	50.23	37.62	100.00
	占国家通用语言阅读能力比重(%)	57.78	67.40	52.61	59.86
比较差	家庭数(户)	22	59	66	147
	占全部家庭收入状况比重(%)	14.96	40.14	44.90	100.00
	占国家通用语言阅读能力比重(%)	24.44	18.49	21.57	20.56
一般	家庭数(户)	9	31	48	88
	占全部家庭收入状况比重(%)	10.23	35.23	54.54	100.00
	占国家通用语言阅读能力比重(%)	10.00	9.72	15.69	12.31
比较好	家庭数(户)	5	13	22	40
	占全部家庭收入状况比重(%)	12.50	32.50	55.00	100.00
	占国家通用语言阅读能力比重(%)	5.56	4.08	7.19	5.59
很好	家庭数(户)	2	1	9	12
	占全部家庭收入状况比重(%)	16.67	8.33	75.00	100.00
	占国家通用语言阅读能力比重(%)	2.22	0.31	2.94	1.68
合计	家庭数(户)	90	319	306	715
	占全部家庭收入状况比重(%)	12.59	44.61	42.80	100.00
	占国家通用语言阅读能力比重(%)	100.00	100.00	100.00	100.00

(四)国家通用语言写作能力与居民家庭收入

国家通用语言写作能力很好和比较好的受访者中有 72.73% 和 53.49% 的受访者认为自己的家庭收入增加了,18.18% 和 11.63% 的受访者认为自己的家庭收入减少了；而在国家通用语言写作能力很差的受访者中有 **37.14%** 的受访者认为自己的家庭收入增加了，**12.62%** 的受访者认为自己的家庭收入减少了。可以看出，国家通用语言写作能力的提升，有助于增加农牧民的家庭收入，而对农牧民家庭收入的减少并没有显著的制约关系，如表 9—25 所示。

表 9—25　国家通用语言写作能力与居民家庭收入

国家通用语言写作能力		家庭收入状况			合计
		减少	保持不变	增加	
很差	家庭数（户）	53	211	156	420
	占全部家庭收入状况比重（%）	12.62	50.24	37.14	100.00
	占国家通用语言写作能力比重（%）	58.89	66.15	50.98	58.74
比较差	家庭数（户）	22	60	68	150
	占全部家庭收入状况比重（%）	14.67	40.00	45.33	100.00
	占国家通用语言写作能力比重（%）	24.44	18.81	22.22	20.98
一般	家庭数（户）	8	32	51	91
	占全部家庭收入状况比重（%）	8.79	35.17	56.04	100.00
	占国家通用语言写作能力比重（%）	8.89	10.03	16.67	12.73
比较好	家庭数（户）	5	15	23	43
	占全部家庭收入状况比重（%）	11.63	34.88	53.49	100.00
	占国家通用语言写作能力比重（%）	5.56	4.70	7.52	6.01
很好	家庭数（户）	2	1	8	11
	占全部家庭收入状况比重（%）	18.18	9.09	72.73	100.00
	占国家通用语言写作能力比重（%）	2.22	0.31	2.61	1.54
合计	家庭数（户）	90	319	306	715
	占全部家庭收入状况比重（%）	12.59	44.61	42.80	100.00
	占国家通用语言写作能力比重（%）	100.00	100.00	100.00	100.00

从以上统计结果来看，国家通用语言听力、会话、阅读及写作能力对受访者家庭收入的促进作用较为显著，其中阅读和写作能力的提升更能够促进受访者家庭收入增加。

第四节 语言能力收入效应的实证分析

一、研究假设

依据经济内生增长理论，语言能力的提升能够累积个体的劳动力资本，进而持续稳定推动个体收入的增长。语言能力作为人力资本的重要组成部分，能够提升个体的劳动力收入（赵颖，2016）[1]。语言不仅能够帮助居民更好地融入社会环境，也在一定程度上表现为重要的人力资本。具有优越语言能力的个体，在工作机会、工作效率以及社交方面 [王海宁等（Wang et al.），2016] [2] 都有卓越的表现。人力资本具有如下特征：需要付出成本，如时间、金钱、精力等；可以显著地转化为经济价值；必须以人为核心（张卫国，2008）[3]。

假设1：语言能力显著影响农牧民家庭收入。

语言能力对非农务工收入，即工资性收入具有显著影响作用（陈虹等，2021）[4]。语言能力作为一种人力资本能够扩大个体收入，但事实上语言能力对工资性收入以及转移性收入的提升效应更加显著。由于工资性收入、转移性收入，需要沟通与交流，掌握多语言的个体能够获取更多的信息与知识，接触更多的阶层，进而获取更多技能与经验的积累 [高文书和史密斯（Gao and Smyth），2011] [5]。

① 赵颖：《语言能力对劳动者收入贡献的测度分析》，《经济学动态》2016年第1期。

② H. Wang,et al.,"Language and Consumption", *China Economic Review*, Vol.40, 2016, pp.135–151.

③ 张卫国：《作为人力资本、公共产品和制度的语言：语言经济学的一个基本分析框架》，《经济研究》2008年第2期。

④ 陈虹等：《语言技能对农民工外出务工收入的影响分析》，《内蒙古农业大学学报（社会科学版）》2021年第5期。

⑤ W. Gao, R. Smyth, "Economic Returns to Speaking' Standard Mandarin' among Migrants. in China's Urban Labour Market", Economics of Education Review, Vol.30, No.2（2011），pp.342–352.

假设 2：语言能力显著影响农牧民工资性收入。

语言能力对中低收入层次影响更大，随收入层次的提高语言能力的影响下降。教育回报率会基于教育水平的改变而改变（张车伟，2006）[①]，即收入水平越高，教育回报率越高，"马太效应"形成。语言能力与收入水平之间是否存在相同的效应？在中低收入层次，语言能力效应显著，且中等层次显著影响作用最强（蔡文伯，2021）[②]。可能的原因是收入层次的提高，对语言能力依赖性开始逐渐下降，更多依靠教育程度与技能水平提高收入。

假设 3：语言能力对中低收入层次具有显著性影响。

二、变量说明

（一）数据来源

本书使用拉萨市农牧区民生发展调查（LLDR，2021）的数据，该调查拉萨市总有效家庭样本为 715 户，调查对象为拉萨农牧民家庭。调查采取"分层随机抽样为主，配额抽样为辅"的方式进行（徐爱燕等，2021）[③]。选取西藏拉萨市进行抽样。第一阶段，分层抽样，拉萨市抽取 7 个样本县(区)；第二阶段，按照农业、牧业、半农半牧业等比例抽样，从样本县（区）内抽取 63 个样本村；第三阶段，每个样本村按照村民户籍列表等距抽样，选取 12 户作为样本家庭。部分村庄因地理、气候等不可控因素，未达到 12 户家庭访问要求，但不影响样本村庄代表性。结合预调研数据，最终获取样本家庭 715 户。

依据模型需要，本书在 715 个样本家庭中，剔除受访者年龄在 18

---

① 张车伟：《人力资本回报率变化与收入差距："马太效应"及其政策含义》，《经济研究》2006 年第 12 期。

② 蔡文伯：《语言经济学视角下西部地区劳动力普通话能力对收入影响的研究》，《西南民族大学学报（人文社会科学版）》2021 年第 2 期。

③ 徐爱燕等：《拉萨市农牧区民生发展调查报告（2021）》，人民出版社 2021 年版。

岁以下、65 岁以上不符合劳动年龄，以及收入、语言能力等核心变量缺失的样本，最终获取有效样本 579 户。

（二）指标选取与描述性统计

1. 被解释变量

家庭年收入的对数。数据来源于调查问卷中关于家庭年度总收入的问题，为消除可能存在的异方差与其他潜在问题，对该变量进行对数处理。

2. 核心解释变量

语言能力。该变量来源于问卷当中"语言水平"部分，分别针对语言能力中的听、说、读、写能力进行提问，回答选项为"1.很差""2.比较差""3.一般""4.比较好""5.很好"，受访者在 1—5 的范围内进行选择评分，分值越高代表其语言能力越强。综合语言能力计算方式为，语言能力听、说、读、写四个问题总分数的平均值，范围为 1—5。

3. 控制变量

参考已有文献，模型将控制变量分为个人特征、家庭特征及村庄特征。其中，个人特征包括性别、年龄、婚姻状况、受教育程度、健康状况；家庭特征包括家庭人口数、家庭社会资本（以是否在村镇或更高级行政单位任职为代理变量）；村庄特征包括农牧区类型、宗教信仰（以村庄内有无白塔、寺庙为代理变量）。

上述变量定义及描述性统计结果如表 9—26 所示。

表 9—26　变量描述性统计

变量	变量说明	样本量	均值	标准差
被解释变量：收入	家庭全年收入，取对数	579	10.254	1.071
工资性收入	家庭全年工资性收入，取对数	358	9.780	1.220
经营性收入	家庭全年经营性收入，取对数	364	9.591	1.354

变量	变量说明	样本量	均值	标准差
财产性收入	家庭全年财产性收入，取对数	110	8.885	1.699
转移性收入	家庭全年转移性收入，取对数	204	7.703	1.425
解释变量： 语言能力	分值越高能力越强，范围为1—5	579	1.773	0.978
语言—听能力	分值越高能力越强，范围为1—5	579	1.929	1.150
语言—说能力	分值越高能力越强，范围为1—5	579	1.791	1.035
语言—读能力	分值越高能力越强，范围为1—5	579	1.674	0.992
语言—写能力	分值越高能力越强，范围为1—5	579	1.699	0.995
控制变量： 性别	男性为1，女性为0	579	0.648	0.478
年龄	2021年—出生年份，单位（岁）	579	47.119	9.815
婚姻状况	已婚为1，未婚或其他为0	579	0.898	0.303
受教育程度	分值越高受教育程度越高，取值范围为0—16	579	4.907	3.624
健康状况	健康为1，其他为0	579	0.967	0.178
家庭成员数量	实际长期共同居住三个月以上人口	579	5.086	2.276
社会资本	曾担任或正在担任村干部为1，否则为0	579	0.240	0.427
农牧区类型	农区为1，牧区为2，半农半牧区为3	579	2.057	0.885
宗教信仰	有白塔或寺庙为1，否则为0	579	0.680	0.467

三、模型构建

（一）模型设计

语言能力属于人力资本，因此本书选择明瑟（Mincer）模型。相较于其他人力资本模型，明瑟模型具有简洁性与可控性，常常被用于研究影响劳动者的收入因素。本书拟采取变形明瑟收入模型：

$$In\gamma = C + \alpha_1 language + \sum \alpha_i X + \varepsilon$$

其中，γ 是被解释变量，代表农牧民家庭劳动力年收入（为解决异方差问题，进行极端值处理与对数处理）；X 表示综合语言能力测算，代表农牧民语言能力中听、说、读、写能力的自评综合分数；α 为核心解释变量系数，代表语言综合能力提升的收入效应；C 为控制变量，包括了模型设定中个人特征、家庭特征及村庄特征的一系列控制变量；是随机误差项。经过检验，模型各变量之间的 VIF 值均小于 2，且平均 VIF 值仅为 1.15，据此判断该模型不存在多重共线性。

（二）误差处理

截面数据的实证检验，可能会估计偏差，原因可能来自：第一，遗漏变量或者反向因果导致的内生性问题；第二，样本选择过程中存在的异质性与选择偏差问题；第三，自评语言能力的评分过高或过低带来的测量误差。首先内生性问题一般选择工具变量解决，本书在已有研究与实证经验的基础上，选择问题"您在说本民族语时是否会使用一些国家通用语言词汇"，问题答案有"不用""很少用""用一些""经常用""全用"。在使用本民族语言时是否会穿插国家通用语言词汇，对个体的收入没有影响，但是对个体语言能力有影响，符合工具变量选择的基本原则。其次异质性与选择偏差问题可以用倾向性匹配方法进行检验，以确定模型稳健性。最后测量误差一般通过"严格定义"可得到有效解决（王兆萍和马小雪，2019），即一般及以下的选项定义为差，比较好与很好定义为好，采用二值变量进行检验。

四、实证结果

（一）基础回归结果

拉萨农牧民语言能力对收入影响的 OLS 回归结果如表 9—27 所示。

表 9—27 综合语言能力对收入影响的基础回归结果分析

变量	(1) 收入	(2) 收入	(3) 收入	(4) 收入
语言综合能力	0.576***	0.662***	0.557**	0.541**

变量	(1) 收入	(2) 收入	(3) 收入	(4) 收入
	（0.160）	（0.235）	（0.234）	（0.237）
性别		0.403***	0.287***	0.281***
		（0.105）	（0.101）	（0.100）
年龄		0.010	0.005	0.005
		（0.007）	（0.007）	（0.007）
婚姻状况		0.358**	0.288**	0.293**
		（0.147）	（0.136）	（0.135）
受教育程度		−0.042*	−0.038*	−0.037
		（0.025）	（0.023）	（0.023）
健康状况		0.676**	0.601*	0.560*
		（0.338）	（0.321）	（0.321）
家庭规模			0.070***	0.072***
			（0.022）	（0.022）
社会资本			0.298**	0.306**
			（0.139）	（0.140）
农牧区类型				−0.067
				（0.062）
村庄宗教信仰				−0.109
				（0.100）
常数项	9.230***	7.591***	7.742***	8.035***
	（0.286）	（0.645）	（0.678）	（0.646）
观测值	579	579	579	579

注：***、** 与 * 分别表示在 1%、5% 以及 10% 的水平上显著，括号内为标准误，下同。

据表 9—27 可知，语言能力的回归系数均在 5% 的水平上正向显著，即语言能力对拉萨农牧民收入效应具有积极推动作用。说明语言能力作为一种人力资本可以推动个体收入增长，帮助个人获得更多的就业与收入回报的机会。

第（1）列仅对核心变量进行回归，无控制变量；第（2）列回归结果加入个人特征控制变量，语言能力对收入影响依然显著，语言能力的系数提高了 0.086，性别、婚姻状况、健康状况等对收入影响显著，且均呈现强烈的正向影响。由此可见，个人特征变量的引入极大地增进了模型的解释力度；第（3）列加入家庭控制变量，语言能力正向促进收入的回归结果依然显著，且家庭规模与社会资本均对收入呈现正向影响，语言能力的系数降低了 0.105，系数变化相对较大，说明家庭特征变量在解释语言能力对农牧民收入影响中具有重要的作用；第（4）列加入村庄特征变量，结果依然显著，系数降低幅度为 0.016，与第（3）列相比没有较大变化。

总之，拉萨农牧民语言能力对收入效应具有显著的正向促进作用，在加入了个体、家庭、村庄等各层级控制变量后，结果依然显著，说明推普工作能够增加农牧民收入，在防范规模性返贫风险方面具有现实意义（卞成林等，2017；陈丽湘和魏晖，2019；苏剑，2020）。

不同语言能力层面对拉萨农牧民的收入影响如表 9—28 所示。据表 9—28 可知，语言听、说、读、写能力均对拉萨农牧民收入产生显著正向影响，即不同语言能力对农牧民收入均有促进作用。其中，语言能力中的会话能力和写作能力对收入影响较高，系数分别为 0.138 和 0.142，在 1% 的水平上显著为正。这可能是由于写作能力主要由学校教育获得，同等条件下具有较高的受教育程度往往可以获得较多的工作机会，增收效果也更明显；会话能力主要用来与外界沟通并获取信息，能够极大减少农牧民在市场与社会中的信息不对称现象，同时口语能力的社会沟通能够提升农牧民的社会网络，进一步帮助个人获取更多和收入有关的信息与渠道。语言能力中的听力能力和阅读能力的收入效应分别是 0.123 和 0.124，均在统计学意义上显著为正，亦能够促进拉萨农牧民收入的增加。

表9—28　不同语言能力对收入影响的基础回归结果分析

变量	(1) 收入	(2) 收入	(3) 收入	(4) 收入
语言能力—听能力	0.123***			
	（0.038）			
语言能力—说能力		0.138***		
		（0.042）		
语言能力—读能力			0.124***	
			（0.044）	
语言能力—写能力				0.142***
				（0.044）
控制变量	控制	控制	控制	控制
观测值	579	579	579	579
R—squared	0.017	0.018	0.013	0.017

收入类型一般存在多种形式，依据问卷设定将收入类型分为工资性收入、经营性收入、财产性收入及转移性收入，评估语言能力对不同收入来源的影响，探究语言能力对收入的具体影响渠道。在进行不同收入来源的实证分析中，拉萨农牧民收入的主要来源有所不同，因此不同收入来源的样本量会有所区别，但均满足统计学要求，语言能力对不同收入来源影响回归结果如表9—29所示。

表9—29　语言能力对不同收入来源影响的回归结果

变量	(1) 工资性收入	(2) 经营性收入	(3) 财产性收入	(4) 转移性收入
语言综合能力	0.540***	0.367***	0.170***	0.174***
	（0.031）	（0.032）	（0.060）	（0.050）
控制变量	控制	控制	控制	控制
观测值	358	364	110	204
R—squared	0.451	0.267	0.069	0.057

注：调研样本中不同家庭主要收入来源不同，因此样本观测值会呈现出差异化，不影响回归结果。

由表 9—29 可见，语言综合能力对工资性收入、经营性收入、财产性收入及转移性收入均具有显著正向影响，其中，工资性收入系数最大，而财产性收入系数最小。可能的原因是：（1）工资性收入、经营性收入与转移性收入需要农牧民与人沟通，甚至于有一定的社会网络，因此对语言能力的要求较高；（2）财产性收入一般来源于较高收入家庭的资产增值，这部分家庭收入虽然对语言能力有较强的依赖性，但更多的是对专业知识与教育水平的依赖，因此语言能力对财产性收入虽然具有显著性但是系数较低。

（二）稳健性检验

利用工具变量法以及 PSM 法，逐一对分析中可能出现的内生性问题以及选择偏差问题进行检验，检验结果如表 9—30、表 9—31 所示，具体解释如下：

1. 工具变量法

本书依据传统方法，在已有研究与实证经验的基础上选择"在说本民族语言时是否会穿插国家规范语言"问题作为工具变量，经验上该问题与收入不存在联系，与语言能力存在密切的内在联系，符合工具变量选取规范。分析结果如表 9—30 所示。

表 9—30 语言能力对收入影响的工具变量回归结果

变量	(1) First 语言能力	(2) Second 收入
普通话综合能力		0.541**
		（0.237）
工具变量	0.231***	
	（0.052）	
控制变量	控制	控制
观测值	579	579

续表

变量	(1) First 语言能力	(2) Second 收入
R—squared	0.274	0.010
Shea's partial R^2	0.033	
F 统计量	18.77	
（p 值）	（0.000）	

第一阶段回归系数在统计学意义上显著，且 F 统计量为 18.77，大于 10，通过弱工具变量检验，在实证上满足工具变量规范。第二阶段回归，普通话综合能力对收入影响在 5% 的水平上显著为正，与基础回归结果相似，实证分析过程中内生性问题得到有效解决，实证结果具有稳健性，因此，拉萨农牧民语言能力对收入具有促进作用。

2. 倾向得分匹配法（PSM）

样本选择与实证分析过程中，难免会出现选择偏差与异质性问题导致回归结果的偏误，引入倾向性匹配得分（PSM）方法解决该问题。概率得分是 PSM 的基本依据，将核心解释变量语言能力得分为 2 分及以下的样本定义为语言能力弱；将语言能力得分 3 分及以上者定义为语言能力强，对两组数据进行对照分析，分析结果如表 9—31 所示。

表 9—31　语言能力对收入影响的 PSM 估计结果

匹配方法		语言能力	
		系数	标准误
ATE Level	近邻匹配	0.3726***	0.1102
	半径匹配	0.5198***	0.0957
	核匹配	0.3684***	0.0989
	控制变量	Yes	Yes

采取近邻匹配、半径匹配以及核匹配方法分别进行 PSM 分析。结果表明，语言能力的 ATE 水平系数分别为 0.3726、0.5198、0.3684，且 p 值均呈现统计学意义上的显著性，进一步确定了基础结论"拉萨农牧

民语言能力对收入效应产生促进效应"的稳健性。

第五节　结论与建议

一、主要结论

第一，拉萨农牧民语言能力具有增收效应。语言能力具有显著的增收效应，尤其是加入各类特征控制变量之后，模型的解释力度更强，结论更具有可信度。

第二，写作能力增收效应最强。实证结论显示语言能力中的写作能力的增收效应最大，每提升农牧民 1% 的通用语言口语能力，会促进个人收入提升 14.2%。听、说、读等通用语言能力也对增收效应具有正向影响作用。

第三，语言综合能力对工资性收入、经营性收入、财产性收入及转移性收入均具有显著正向影响，其中，对工资性收入影响最大，对财产性收入影响最小。

二、政策建议

第一，持续深化国家通用语言文字的推广。政府须加大在拉萨的国家语言文字推广工作，尤其是针对拉萨农牧区。同时须强化义务教育阶段工作，提升整体教育水平，推动教育体制均衡化。

第二，有针对性地强化国家通用语言能力教育与推广。注重拉萨农牧区劳动人口的国家通用语言能力的提升，一方面应重视对中青年劳动力群体的语言能力推进工作，另一方面应重视市场给予劳动者语言能力正向反馈的机制构建。

第三，拓展农牧民就业渠道，增加农牧民增收方式，防止规模性返贫。政府应扩展农牧业市场，鼓励企业进入农牧业生产，增加农牧民职业选择，拓展非农就业渠道。

第十章

民生发展协同：家庭发展

在藏族社会中，家庭与婚姻、居住形态联系紧密。大部分藏族农牧民以家庭为生活单位，其生活的基本特点可以通过家庭反映出来。有关人口、家庭的研究中，通常将家庭界定为家庭户，以方便统计和规范研究对象。因此，本章中的"家庭户"即指以家庭成员关系为主、居住一处共同生活的人组成的户。

民生质量与家庭发展息息相关。家庭规模和结构影响着家庭的收入来源和消费结构，家庭人口素质也与教育、医疗等民生内容直接相关，增进农牧区民生福祉需要补齐就业、教育、养老领域的短板。此外，同民生发展提高居民生活福利水平相似，家庭发展过程中家庭结构、内部关系的变化，在特定条件下也可能提高家庭成员福利水平。在乡村振兴背景下，应协同推动农牧民家庭发展与民生改善，不断提高农牧民安全感、获得感、幸福感。

第一节 西藏家庭发展概述

和平解放前的西藏是封建农奴制社会，其政教合一的社会形态严重束缚社会经济发展。关于西藏人口和家庭的历史资料较少，且多为有关机构、部门的局部调查资料。通过有限的资料可见，西藏家庭形态在不同历史阶段表现出不同特征。

公元6—7世纪，吐蕃王朝时期男性在家庭中是参与社会经济的角色，家庭关系特点表现为强烈的父权、夫权制，家庭婚姻关系以一夫一妻制为主。随着吐蕃王朝衰落，西藏的社会形态向封建农奴制转变，多偶制的家庭婚姻形态屡见不鲜。

元朝时期西藏纳入中央政府管辖，中央在西藏地方开展了户籍清查。在清查中，一个标准家庭户构成为"有1间4根柱子的房屋、一对已婚夫妇、孩子、仆人共6人"。可见在当时的户口清查中，家庭户被认为是以共同生活的人组成的户。

自清朝初期至和平解放前，西藏人口的管理与记录是由各地区行政单位（rdzong）的专员负责，他们每三年就被要求编制"户口簿"（sgo khra they gan）。具体而言，编制过程为村民自主向村庄代表上报家庭人口数，村庄代表记录下后再交由地区专员。由于以区为单位编制户口簿且多由村民自主上报，因此在这一时期的西藏地区家庭人口资料有限，也难以在宏观上反映西藏家庭发展状况。据有限的资料，近代藏学家李有义先生提出，西藏家庭户以核心家庭为主，由父母和未婚子女构成，平均家庭户规模为4—5人，整体呈现出分家立户、家庭小型化的趋势，在农牧区可见大家庭[①]。

民主改革后，西藏大家庭开始出现分家立户的趋势。民主改革前后相比，7人户以上的大家庭减少，同时3人户以下的小家庭呈快速增加趋势。改革开放前，家庭功能在一定程度上被集体化所取代，在这一时期大家庭数量增长，小型户减少。改革开放以来，西藏经济社会快速发展，家庭户均规模也呈缩小趋势。1990年全国人口普查数据显示，西

---

① 杨成洲：《西藏人口发展与家庭户的变迁》，《青海民族大学学报（社会科学版）》2020年第3期。

藏平均家庭规模为 5.2 人，而 2000 年和 2010 年的全国人口普查数据表明，西藏平均家庭规模依次缩小至 4.75 人和 4.23 人。就家庭户结构而言，1990—2020 年核心家庭和单人户占西藏总家庭户数比重上升。在这一时期，城镇化带来了更多的就业机会，同时社会保障体系逐渐建立完善，加上人口婚姻家庭观念改变，从大家庭分离出来单独立户的人口增加，西藏整体呈现家庭小型化趋势。农牧区家庭规模大于整体水平，1995 年西藏百户家庭报告数据显示，在改革开放之后，农区（江孜县班觉伦布村）和牧区（安多县腰恰乡五村）户均人口均高于所在县平均水平，且牧区村庄出现了家庭户规模扩大趋势。

尽管西藏家庭规模总体呈现小型化趋势，但目前仍大于全国平均水平。西藏 2015 年、2020 年家庭户均规模分别为 4.29 人和 3.19 人，略高于同期全国平均家庭户规模（2015 年 3.1 人，2020 年 2.62 人[①]）。

第二节 农牧区家庭规模

本章基于 2021 年拉萨市农牧区民生发展调查数据，对拉萨市农牧区家庭规模情况进行分析。

一、家庭规模

本章所指家庭规模指家庭中的人口数。据 715 个受调查农牧民家庭的数据，拉萨市农牧区家庭以 4—6 人户为主，如图 10—1 所示。在调查家庭中，家庭成员最少的仅 1 人，这类家庭有 23 户；家庭成员最多的高达 16 人，这类家庭有 1 户。家庭成员为 4 人、5 人、6 人的家庭相对较多，分别占 20.98%、19.3% 和 13.43%，规模为 4—6 人的家庭合

---

① 数据来源：历次人口普查和 1% 人口抽样调查。

计占比为 53.71%。

据人口普查数据，西藏全区和拉萨市家庭规模总体呈现缩小趋势。"七人普"时西藏自治区、拉萨市户均人口分别为 3.19 人①和 2.33 人②，与"六人普"相比分别减少 1.04 人和 0.86 人。但从调研数据来看，拉萨市农牧区平均家庭规模连续三年呈上升趋势，由 2018 年的 3.8 人、2019 年的 4.76 人，上升到 2021 年的 5.04 人。

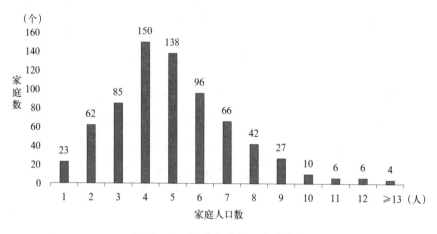

图 10—1 拉萨市农牧区家庭规模

二、不同生产方式地区家庭规模

随着家庭主要生产方式有农区、牧区和半农半牧区的不同，家庭发展状况也存在差异。据调查数据，从家庭规模来看，拉萨市农区平均每个家庭有 4.72 人，牧区为 5.54 人，半农半牧区为 5.06 人，农区家庭户均人口最少，牧区最多，如图 10—2 所示。与拉萨市农牧区平均水平相比，农区家庭规模略小，牧区家庭规模略大，半农半牧区家庭规模与全市农牧区平均水平相当。

① 《西藏自治区第七次全国人口普查主要数据公报》，2021 年 5 月 20 日，见 http://www.xizang.gov.cn/zwgk/zfsj/ndtjgb/202105/t20210520-202889.html。

② 数据来源：历次人口普查和 1% 人口抽样调查。

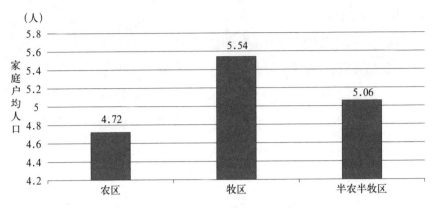

图 10—2　不同生产方式地区家庭户均人口

家庭规模受到家庭生产方式和经济发展水平的影响。受自然地理条件限制，拉萨市农牧区生产机械化水平不高，农业发展水平低于我国中东部农村地区。在此情况下，农牧区家庭的生产功能在家庭各种功能中占主导地位，需要较多劳动力的牧区或半农半牧区家庭，家庭规模相对较大。

三、各地区家庭规模

拉萨市各地区农牧区家庭规模差异较大，各县（区）内不同规模家庭的分布也不同。各县（区）中，当雄县较大规模的家庭比重大，6 人及以上户占 49.54%。家庭规模总体较小的是达孜区，6 人及以上户仅占 8.46%，占比较大的是 3 人、4 人、5 人户，分别占 21.13%、33.80% 和 26.76%，如表 10—1 所示。堆龙德庆区和曲水县不同规模家庭分布较为均衡，其他县（区）不同规模家庭的分布差异较为明显。

表 10—1　拉萨市各地区家庭规模

类型 地区	1 人		2 人		3 人		4 人		5 人		6 人及以上	
	户数	比重（%）	户数	比重（%）	户数	比重（%）	户数	比重（%）	户数	比重（%）	户数	比重（%）
堆龙德庆区	3	3	14	14	20	20	20	20	21	21	22	22
墨竹工卡县	3	2.36	9	7.09	8	6.30	20	15.75	28	22.05	59	46.46

类型	1人		2人		3人		4人		5人		6人及以上	
尼木县	2	2.38	7	8.33	10	11.90	13	15.48	11	13.10	41	48.81
当雄县	6	5.41	7	6.31	8	7.21	14	12.61	21	18.92	55	49.54
曲水县	3	3.66	13	15.85	11	13.41	20	24.39	16	19.51	19	23.17
林周县	4	2.86	9	6.43	15	10.71	37	26.43	22	15.71	53	37.84
达孜区	2	2.82	5	7.04	15	21.13	24	33.80	19	26.76	6	8.46

四、家庭规模的差异及影响

家庭规模受到分家以及家庭成员出生、死亡、迁移的影响。不同生产方式区域家庭的生育观念有较大差异。调查数据显示，62.42%的牧区家庭表示希望有 3 个及以上的孩子，农区和半农半牧区分别有69.70%和62.67%的受调查家庭表示希望拥有 2 个及以下的孩子。相对而言，农区家庭成员流动性更大。牧区多以家庭为单位进行牧业生产，家庭成员流动性小；而农区和半农半牧区在空间上更靠近城镇，居民外出务工等更为便利，家庭成员外迁的可能性相对更大。总之，家庭生产方式的根本区别决定了不同类型地区家庭发展对家庭成员的需求不同，由于经济发展条件和生育观念等方面的差异，拉萨市农区、牧区、半农半牧区家庭规模差异还将继续存在。

大部分农牧区家庭经济状况并不算好，大家庭的风险抵御能力面临挑战。较大规模家庭中家庭成员承受的风险损失更小；在家庭收入大于家庭消费的前提下，小规模家庭能够带来更强的经济保障能力。当家庭收入小于消费时，经济资源将被家庭成员稀释，家庭的保障功能会进一步弱化。农牧民货币收入有限，调查数据表明，有 57.20%的农牧民家庭在 2020 年的收入相较于上一年降低或是不变，有 27.41%的农牧民家庭在 2020 年收入大于支出，且在牧区有 35.00%的家庭支出大于收入。可见农牧区部分家庭收支不平衡，在较大规模的家庭中，家庭成员能够得到的经济保障有限。

第三节 农牧区家庭结构

家庭结构能直观地反映家庭成员的构成情况，在一定程度上还能够反映该地区的政治、经济、文化状况。本节基于调查数据对拉萨市农牧区家庭结构状况进行分析。

一、家庭代际层次

在接受调查的农牧民家庭中，有 11 个家庭无法识别家庭结构，因此本章关于家庭结构的分析基于 704 户受调查家庭的数据进行。

拉萨市农牧区以二代户家庭和三代户家庭为主。根据家庭中人口的代际状况，可以将家庭分为一代户、二代户、三代户、四代及以上户。调查数据显示，拉萨市农牧区家庭中，一代户、二代户、三代户、四代及以上户分别有 63 个、331 个、285 个和 25 个，分别占 8.95%、47.02%、40.48% 和 3.55%，其中二代户占比最大，如图 10—3 和表 10—2 所示。

表 10—2 拉萨市不同区域家庭户比重

单位：%

年份	地区	一代户	二代户	三代户	四代及以上户
2021 年	拉萨市农牧区	8.95	47.02	40.48	3.55

虽然在农区、牧区和半农半牧区都以二代户、三代户为主，但家庭代际层次在不同生产类型区域间存在差异。农区和半农半牧区占比最高的是二代户，分别占该类型区域全部家庭的 50.55% 和 49.12%；牧区则是三代户占比最高，为 46.00%。农区和半农半牧区四代户比重分别为 4.06% 和 4.24%，约为牧区的三倍，如表 10—3 所示。

表 10—3 拉萨市农牧区不同生产类型家庭结构

生产类型	总家庭数（户）	一代户		二代户		三代户		四代及以上户	
		户数（户）	占比（%）	户数（户）	占比（%）	户数（户）	占比（%）	户数（户）	占比（%）
农区	271	25	9.23	137	50.55	98	36.16	11	4.06
牧区	150	19	12.67	60	40.00	69	46.00	2	1.33
半农半牧区	283	18	6.36	139	49.12	114	40.28	12	4.24

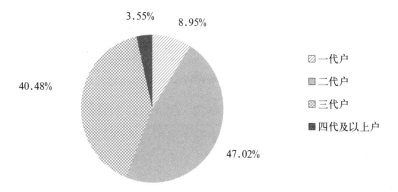

图 10—3 拉萨市农牧区家庭代际结构

　　拉萨市各地区间家庭代际层次同样存在差异。拉萨市各地区家庭多以二代户、三代户为主，不同地区家庭结构存在差异。各地区中，二代户占比最大的为达孜区，占本地区总家庭的 69.01%；三代户占比最大的是尼木县，占本地区被调查家庭的 53.09%；当雄县、达孜区农牧区家庭中约九成为二代户和三代户，一代户占比较低，且没有四代及以上户，如表 10—4 所示。堆龙德庆区在乡村城市化的进程中，农牧民的生产方式发生了变化，农牧民的衣食住用与城市居民渐趋接近。较好的住房与经济条件改善为分家立户提供了物质基础，同时也一定程度上受到城市居民"家庭小型化"观念的影响，该地区二代户家庭占比最大。

表 10—4　拉萨市各地区家庭代际层次

地区	一代户		二代户		三代户		四代及以上户	
	家庭数（户）	占比（%）	家庭数（户）	占比（%）	家庭数（户）	占比（%）	家庭数（户）	占比（%）
堆龙德庆区	13	13.13	49	49.49	33	33.33	4	4.04
墨竹工卡县	12	9.45	54	42.52	53	41.73	8	6.30
尼木县	8	9.88	25	30.86	43	53.09	5	6.17
当雄县	11	10.00	50	45.45	49	44.55	0	0.00
曲水县	7	8.75	44	55.00	25	31.25	4	5.00
林周县	9	6.62	60	44.12	63	46.32	4	2.94
达孜区	3	4.23	49	69.01	19	26.76	0	0.00

在家庭代际层次简化的大背景下，拉萨市农牧区还有不少多代共居的大家庭。家庭代际层次受居住环境、生产方式、观念、人口转变等因素的影响，农牧区生产活动多以家庭为单位，不少家庭会选择多代聚居以凝聚更多劳动力，且依附于大家庭的农牧民能够得到物质上的保障和精神上的支持。

二、家庭结构类型

以类型结构为视角，家庭可分为以下几种：单人户——仅有一人构成的家庭；核心家庭，仅存在一个婚姻单位的家庭（包括夫妇核心、一般核心、扩大核心等），其中单亲家庭被定义为缺损核心家庭，同样属于核心家庭；直系家庭，家庭中至少有两个婚姻单位，且每一代成员不超过一个婚姻单位（包括二代直系、三代直系、隔代直系等）；复合家庭，家庭中有一代存在两个及以上的婚姻单位（包括二代复合、三代复合等）；残缺家庭，家庭中有两个以上兄弟姐妹且没有父母，或有两个以上的兄弟姐妹和其他成员。在此之外，家庭中还可能生活着与家庭成员关系密切但无法明确关系的成员，将其归类为其他。

以 715 户受调查农牧民家庭的家庭结构来反映拉萨市农牧区不同类

型的家庭结构现状。调查数据显示有两个家庭存在一夫多妻的现象，在分类中将其视为一个婚姻单位。

　　整体而言，拉萨市农牧区家庭结构以核心家庭和直系家庭为主，两类型家庭占农牧区家庭的比重分别为 37.90% 和 35.94%。联合家庭、单人户、缺损家庭占比分别为 13.57%、3.22%、0.70%，如图 10—4 所示。其中，核心家庭和直系家庭的构成还有以下特征：一方面，多数核心家庭有一个及以上子女，且部分扩大核心家庭中存在多个亲代未婚兄弟姐妹共同居住的现象，因此相较于标准的核心家庭（双亲和一个未婚子女），农牧区核心家庭中家庭成员数量更多（核心家庭户均 3.84 人）；另一方面，在直系家庭中，多见成年未婚子代，可见农牧区成年未婚人口仍与大家庭保持着密切的联系。

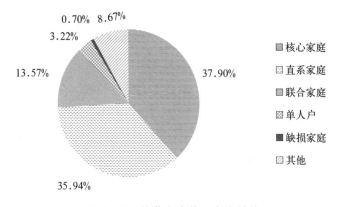

图 10—4　拉萨市农牧区家庭结构

　　农区和半农半牧区核心家庭占本类型区域家庭比重最大，牧区直系家庭占本类型区域家庭比重最大。调查数据显示，核心家庭在农区和半农半牧区所占比重分别为 39.05% 和 39.08%，而直系家庭在牧区所占比重为 37.58%。同时，牧区联合家庭所占比重大于另外两个区域。在牧区，家庭的生产功能占主导地位，家庭成员婚后不分家立户，有利于其家庭成员共用草场、保持家庭劳动力充足，因此在该类型区域直系家庭、联合家庭所占比重大于农区和半农半牧区，如表 10—5 所示。

表 10—5 拉萨市农牧区不同生产方式类型区域的家庭结构

生产类型	总家庭数（户）	家庭类型											
		单人户（户）	占比（%）	核心家庭（户）	占比（%）	直系家庭（户）	占比（%）	联合家庭（户）	占比（%）	缺损家庭（户）	占比（%）	其他（户）	占比（%）
农区	274	7	2.55	107	39.05	95	34.67	34	12.41	3	1.09	28	10.23
牧区	157	10	6.37	53	33.76	59	37.58	25	15.92	0	0.00	10	6.37
半农半牧区	284	6	2.12	111	39.08	103	36.27	38	13.38	2	0.70	24	8.45

1995 年的西藏百户调查表明，从民主改革到 20 世纪 90 年代，在农村牧区所有家庭中所占比重最大的是核心家庭，且直系家庭是西藏地区的基本结构类型之一①。调查数据显示，拉萨市农牧区家庭结构仍延续了这一特征，虽核心家庭占比最大，但其比例与直系家庭不相上下。分家立户需要在个人主义和家庭主义之间作出权衡，在我国的道德观念和法律条文中都可以看到原有的家庭主义仍在持续，在旧时藏族的立法中也强调父母的价值，家庭在农牧民心中占据着重要的地位，西藏文化中对于婚姻、家庭的支持态度在一定程度上决定了该地区以直系家庭为基本的结构。

三、家庭人口年龄构成

在受调查的 715 户农牧区家庭中，有 19 户家庭没有老年人，占 2.66％，其中独老户 11 户，两老户 6 户，两老一小户 2 户。有 696 个家庭有劳动年龄人口，占 97.34％。在有劳动年龄成员的家庭中，有 523 个家庭中有老人需要赡养或儿童需要抚育，占农牧区家庭的

---

① 中国藏学研究中心社会经济研究所：《西藏家庭四十年变迁》中国藏学出版社 1996 年版。

73.15%。

（一）家庭抚养负担

参照用人口抚养比反映社会抚养负担的思路，用家庭抚养比（家庭成员中老年和儿童的总和数与家庭成员中劳动年龄人数的比值）反映家庭抚养负担。拉萨市农牧区平均家庭抚养比为0.80，即平均每个家庭中一个劳动年龄人口需要抚养0.80个非劳动年龄人口。农区有抚养负担家庭有192户，占农区家庭的70.07%，其平均家庭抚养比为0.79；牧区有抚养负担家庭有121户，占牧区家庭的77.07%，其平均家庭抚养比为0.84；半农半牧区有抚育负担家庭有210户，占半农半牧区家庭的73.94%，其家庭平均抚养比为0.78，如表10—6所示。对比发现，牧区有抚养负担家庭占本类型区域家庭的比重最大，且家庭平均抚养比最大，数据表明在牧区还存在着家庭中一个劳动年龄家庭成员需要抚养5个非劳动年龄成员的情况，可见牧民有更大的抚养负担。家庭平均抚养比与家庭规模、结构相关。与农区和半农半牧区相比，牧区的家庭规模更大，代际结构更为复杂，因此家庭平均抚养比最大。牧区地广人稀，公共服务能够覆盖的范围有限，赡养老人、抚育子女仍主要由家庭内部的劳动年龄家庭成员承担。牧区一些家庭在本不宽裕的经济条件下抚养较多的非劳动年龄成员，家庭抚养负担重。

表10—6 拉萨市农牧区有抚养负担家庭现状

生产类型	总家庭数（户）	有抚养负担家庭（户）	占比（%）	农牧区平均家庭抚养比
农区	274	192	70.07	
牧区	157	121	77.07	0.80
半农半牧区	284	210	73.94	

（二）有老家庭情况

在715户受调查家庭中，有318户家庭有年龄在60岁及以上的老年人，占农牧区家庭的44.48%。其中有一个老人的家庭有220户，有两个老人的家庭有 92 户，有三个及以上老人的家庭有 6 户。随着人均寿命的增加，约半数的农牧区家庭家中至少有一个老人。相较于城镇地区，农牧区老年人的经济来源更为单一、能够得到的社会支持和保障更少，家庭在农牧区养老中仍发挥巨大作用。

农区有老家庭为 113 户，占农区家庭的 41.24%；牧区有老家庭为 78 户，占牧区家庭的 49.68%；半农半牧区有老家庭为 127 户，占半农半牧区家庭的 44.72%，如表 10—7 所示。牧区有老家庭占比最大，半农半牧区有老家庭占比最小。值得注意的是，牧区单人老年户相对于农区和半农半牧区占比更大，且牧区居住环境和医疗条件相对较差，应重视牧区老年人的健康问题。

表 10—7　拉萨市农牧区有老家庭现状

类型	有老家庭数（户）	有一个老年人				有两个老年人				三个及以上老年人	
		单人户（户）	占比（%）	其他户（户）	占比（%）	两老户（户）	占比（%）	其他户（户）	占比（%）	户数（户）	占比（%）
农区	113	3	2.65	76	67.26	2	1.77	29	25.67	3	2.65
牧区	78	6	7.69	53	67.95	2	2.56	16	20.51	1	1.29
半农半牧区	127	2	1.57	80	62.99	2	1.57	41	32.30	2	1.57

（三）有小家庭情况

在 715 户受调查家庭中，有 408 户家庭有 14 岁及以下的未成年人口，占农牧区家庭的 57.06%。农区、牧区、半农半牧区有抚育负担的家庭分别有 143 户、99 户、166 户，分别占该生产类型区域家庭的 52.18%、63.05%、58.45%。其中，农区和半农半牧区 80% 以上的家庭有一到两个 14 岁及以下未成年人，而牧区各类有小家庭分布均匀，有四个及以上 14 岁及以下未成年人的家庭占比达 17.17%，如表

10—8 所示。

表 10—8 拉萨市农牧区有小家庭现状

生产类型	总家庭数（户）	有一个小孩		有两个小孩		有三个小孩		四个及以上小孩	
		户数（户）	占比（%）	户数（户）	占比（%）	户数（户）	占比（%）	户数（户）	占比（%）
农区	143	61	42.66	62	43.36	16	11.19	4	2.80
牧区	99	32	32.32	28	28.28	22	22.22	17	17.17
半农半牧区	166	81	48.80	58	34.94	17	10.24	10	6.02

四、结构视角下的家庭功能

有小家庭面临着对子女数量和质量的权衡。在农牧区，半数以上的有小家庭都不止一个小孩，更多的孩子意味着家庭中拥有更多的劳动力，这对于传统的农牧社会无疑是有益的。但在现代化进程中，农牧区所需求的不再是大量的劳动力，而是高质量的劳动力。农牧民家庭的经济资源和社会资本有限，若选择生育更多的子女，平均每个子女所能得到的经济和教育资源将被稀释，因此如何在子女数量和质量间进行选择是有小家庭所面临的现实问题。

此外，有老家庭将面临社会养老和家庭养老的选择。农牧区有老家庭较多，且养老的基础设施水平不高，仍然以家庭养老为主。拉萨市农牧民家庭中子代与亲代的关系表现出典型的传统代际秩序，与亲代间互动频率高，子女能够履行赡养义务。西藏农牧区社会保障体系于 1987 年建立，社会养老基础薄弱，依然存在传统的"家庭式"养老观念。然而，在家养老模式各种条件尚不成熟，当老人身体条件健康时一切稳定，一旦老人身体健康出现状况，子女分身乏术或者家庭背上沉重负担，家庭式养老则弊端凸显，不能让老人优雅地安度晚年。调查数据表明，**77.20%**的受调查农牧民表示有子女的老人应该由子女负责养老，认为政府、老人、子女都应负责的（家庭养老和社会养老相结合）的受调查农牧民仅占 18.46%，农牧民仍偏好于家庭养老。一方面是农牧民对家庭养老的偏好和依赖，另一方面是家庭规模和结构变化带来的家庭养老功能弱化，可见从结构视角来看，农牧区家庭功能变化及其对农牧民可能产生的影响应予以更多关注。

第四节　农牧区家庭内部支持

家庭和睦幸福与社会的祥和安定息息相关，社会发展的历史镌刻在家庭转变的痕迹中。相较于全国平均水平，拉萨市农牧区家庭小型化、简单化的程度相对较轻，对家庭成员生活而言，家庭依然发挥着重要功能。本节基于 715 个受调查家庭资料，分析拉萨市农牧区家庭内部支持情况。

一、与亲代间的支持

从狭义上讲，代际支持是家庭内部子代与亲代间经济或非经济（劳务）资源的双向流动。从广义上讲，家庭代际支持是父母与子女之间所形成的功能性关系，具有相对稳定性，体现了家庭在亲子之间抚幼养老、婚丧嫁娶等方面的核心功能。代表家庭接受调查的农牧民中，有278 人的父亲或母亲至少有一位健在，占全部受调查者的 38.88%，这里用受调查农牧民与其父亲或母亲的相互支持情况反映农牧区家庭成员与亲代的代际支持情况。

（一）与亲代之间的支持基础

拉萨市农牧民与亲代之间有较为牢固的代际支持基础。调查数据表明：第一，农牧民与亲代之间联系的频率较高，59.35%的农牧民几乎每天与亲代交流，与亲代从不交流的农牧民仅占 1.08%，表示与亲代一周交流几次、一月交流几次、一年交流几次的农牧民占比分别为

34.17%、4.68%、0.72%。第二，农牧民与亲代有较高的亲近程度，有62.59%的农牧民认为自己与亲代非常亲近，认为比较亲近和一般的分别占33.45%和3.24%。第三，农牧民与亲代的看法有较高程度的相似性。认为与亲代就同一事物看法非常相似的农牧民占43.53%，认为比较相似的占51.08%，认为一般、比较不相似、非常不相似的农牧民分别占比3.60%、1.44%、0.36%，如图10—5所示。

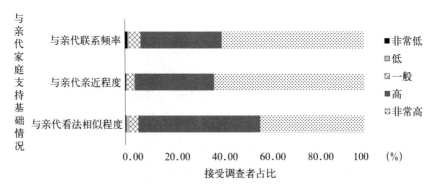

图10—5　拉萨市农牧民与亲代间的代际支持基础情况

（二）与亲代间的代际支持

在拉萨市农牧民与健在的亲代间的家庭代际双向支持中，均存在经济支持和生活照料，对比而言，生活照料的频率和程度更高，如表10—9所示。

表10—9　拉萨市农牧民与亲代间的代际支持现状

单位：%

程度／代际支持	经济支持		程度／代际支持	生活照料	
	向上	向下		向上	向下
	过去12个月内给父母提供钱或礼物的价值	过去12个月内父母给您提供钱或礼物的价值		过去12个月里给父母提供家务帮助的次数	过去12个月里父母给您提供家务帮助的次数
非常高	25.18	22.30	几乎每天	56.12	52.16

续表

程度 / 代际支持	经济支持		程度 / 代际支持	生活照料	
	向上	向下		向上	向下
	过去 12 个月内给父母提供钱或礼物的价值	过去 12 个月内父母给您提供钱或礼物的价值		过去 12 个月里给父母提供家务帮助的次数	过去 12 个月里父母给您提供家务帮助的次数
比较高	43.88	37.05	每周至少一次	24.82	21.58
一般	25.18	26.62	每月几次	11.51	11.15
比较低	5.76	10.79	很少	6.47	8.99
非常低	0.00	3.24	几乎没有	1.08	6.12

第一，农牧民与亲代之间经济支持存在较高的互动性。父母健在的农牧民中，表示在过去的 12 个月中为父母提供的钱或礼物价值非常高和比较高的分别占比 25.18% 和 43.88%，没有农牧民表示为父母提供的钱或礼物价值非常低。同时，在受调查者中，表示在过去的 12 个月中接受父母提供的钱或礼物价值非常高和比较高的农牧民分别占比 22.3% 和 37.05%；仅有 3.24% 的农牧民表示自身从父母处接收到钱或礼物价值非常低。

第二，农牧民与亲代间生活照料同样存在互动性，且高于经济支持互动。父母健在的农牧民中，表示在过去的 12 个月中几乎每天、每周至少一次为父母提供家务帮助的农牧民占比分别为 56.12% 和 24.82%，有 3 人表示在过去的 12 个月中几乎没有为父母提供过家务帮助，仅占 1.08%。与此同时，有 52.16% 和 21.58% 的受调查农牧民表示在过去 12 个月中几乎每天、每周至少一次能够得到父母的家务帮助，认为父母几乎没有提供家务帮助的农牧民占 6.12%。

第三，经济支持和生活照料是向上倾斜的，生活照料的频率和程度更高。在过去 12 个月中给予父母钱或礼物价值非常高、几乎每天都向父母提供家务帮助的农牧民分别占比 25.18% 和 56.12%，而从亲代处获得相同程度经济支持和相同频率生活照料的农牧民占比更小。表示几乎每天、每周至少一次向父母提供生活照料的农牧民合计占比 80.94%，比重高于从亲代处获得相同频率生活照料。

拉萨市农牧民家庭中与子代、亲代的关系表现出典型的传统秩序，子代与亲代间互动频率高。随着社会保障体系不断完善，家庭养老功能总体上也表现出逐步弱化的趋势，但就拉萨市农牧区来看，家庭中子代对亲代的支持仍然牢固。

二、与子代间的支持

与成年子女之间的代际支持关系在一定程度上可以反映农牧民家庭养育、经济、情感等功能情况。在拉萨市接受调查的农牧民中，有 486 人有 14 岁以上的子女，占全部受调查者的 67.97%。

（一）与子代之间的支持基础

拉萨市农牧民与子代之间有稳固的代际支持关系。第一，农牧民与子代的交流频率高。调查数据表明，90.00% 以上的农牧民与子代间有非常高或较高的联系频率，仅有 0.82% 的农牧民表示自己与子女一年交流几次或几乎从不交流。第二，农牧民与子代间有较高的亲近程度，有 95.47% 的农牧民表示自己与子代非常亲近或比较亲近，仅有 1 人表示自己与子代非常不亲近，占 0.21%。第三，农牧民与子代

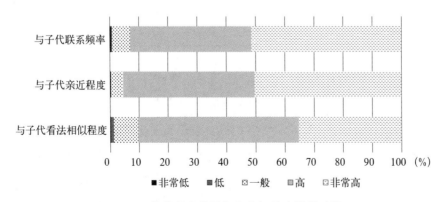

图 10—6　拉萨市农牧民与子代间的支持基础情况

观念相似程度较高，半数以上（54.94%）的农牧民表示与子代对于同一事物的看法较为相似，认为自己与子代看法非常相似的农牧民占比35.39%，仅有 1 人表示自己与子代对于同一事物的看法完全不一样，如图 10—6 所示。

（二）与子代间的代际支持

拉萨市农牧民与成年子女间存在双向代际支持，相对而言，生活照料方面的代际支持程度更高，如表 10—10 所示。

表 10—10　农牧民与子代间的代际支持现状

单位：%

程度／代际支持	经济支持		程度／代际支持	生活照料	
	向下	向上		向下	向上
	过去 12 个月内给子女提供钱或礼物的价值	过去 12 个月内子女给您提供钱或礼物的价值		过去 12 个月里您给子女提供家务帮助的次数	过去 12 个月里您子女给您提供家务帮助的次数
非常高	23.46	20.37	几乎每天	36.01	33.13
比较高	44.65	40.53	每周至少一次	32.30	32.10
一般	23.87	26.34	每月几次	17.90	20.99
比较低	4.12	8.02	很少	9.26	11.11
非常低	3.91	4.73	几乎没有	4.53	2.67

第一，农牧民与子代之间存在明显的双向经济支持。调查数据表明，表示在过去的 12 个月中为子女提供的钱或礼物价值非常高和比较高的农牧民分别占 23.46% 和 44.65%，表示为子女提供的钱或礼物价值非常低的仅占 3.91%。同时，在受调查者中，表示在过去的 12 个月中，接受子女提供的钱或礼物价值非常高和比较高的农牧民分别占 20.37%和 40.53%，仅有 4.73%的农牧民表示自己从子女处收到的钱或礼物价

值非常低。

第二，农牧民与子代间也存在明显的相互生活照料支持。调查数据表明，表示在过去的 12 个月中几乎每天、每周至少一次为子女提供家务帮助的农牧民分别占 33.13% 和 32.1%，只有 2.67% 的农牧民表示在过去的 12 个月中几乎没有为子女提供过家务帮助。与此同时，有 36.01% 和 32.30% 的农牧民表示在过去 12 个月中几乎每天、每周至少一次能够接受子女的家务帮助，认为子女几乎没有提供家务帮助的农牧民仅占 4.53%。

第三，整体而言，农牧民与子代间有较强的双向代际支持，经济支持和生活照料都向下倾斜。对于程度"比较高和非常高"的支持关系而言，提供和接受经济支持的农牧民分别占比 68.11% 和 60.90%，提供和接受生活照料的农牧民分别占比 68.31% 和 65.23%。对于程度"非常低"的代际支持关系而言，提供和接受经济支持、生活照料的农牧民占比较低。

中国综合社会调查数据表明，近十年来子女向父母的经济支持、生活照料和感情支持均有增加，拉萨市农牧民接受家庭中成年子女给予的支持程度也不低。

（三）代际支持现存压力

在接受调查的 715 位农牧民中，至少父母中一位健在且有 14 岁以下子女的农牧民有 166 人，其中有 59.64% 的农牧民有较大的代际支持压力。这一群体或是需要给予亲代和子代较多的经济支持（给予高价值的钱或礼物），或是需要同时为亲代和子代提供高频率的生活照料（几乎每天提供家务帮助），如图 10—7 所示。这一群体的平均年龄偏高，为 47 岁，其中有 3.66% 的人认为自己身体不健康。在高海拔地区，农牧民能够享受到的高质量社会服务有限，家庭的养老和育幼功能对于应对"一老一小"相关问题仍具有重要作用，应加大对农牧民家庭发展的关注，促进家庭功能得到更有效发挥。

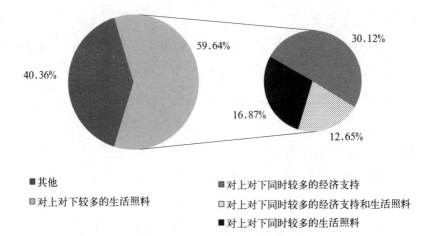

■ 其他 ■ 对上对下同时较多的经济支持
■ 对上对下较多的生活照料 ▨ 对上对下同时较多的经济支持和生活照料
■ 对上对下同时较多的生活照料

图 10—7　拉萨市农牧民代际支持压力情况

三、同代间的支持

除了子代与亲代间的相互支持关系，农牧民家庭中还有同代间在经济、生活照料等方面的支持关系。在西藏农牧区家庭中，有一个以上子女的家庭不在少数，属于同一代人的兄弟姐妹间的相互支持在整个家庭支持关系中发挥着重要作用。在接受调查的农牧民中，有 673 人有亲兄弟姐妹，占全部调查者的 80.70%，这里用其与亲兄弟姐妹之间的支持状况反映拉萨市农牧民家庭中同代之间的家庭支持状况。

拉萨市农牧民与同代间存在双向支持关系，与经济方面的支持相比，生活照料方面的支持程度更高，如表 10—11 所示。调查数据显示：第一，农牧民与同代之间存在一定程度上的双给经济支持。表示在过去的 12 个月中几乎每天、每周至少一次给兄弟姐妹提供钱或礼物的农牧民分别占比 24.08%、26.71%。表示在过去 12 个月中几乎每天、每周至少一次接受兄弟姐妹的钱或礼物的农牧民分别占比 21.79%、26.71%。过去 12 个月中几乎没有给予、接收到兄弟姐妹礼物的农牧民分别占比 9.14%、7.56%。第二，农牧民与同代间存在较高程度的双向生活照料支持。表示几乎每天、每周至少一次向兄弟姐妹提供钱或礼物的农牧民合计占比 54.31%，表示几乎每天、每周至少一次接受兄弟姐妹钱或礼物的农牧民合计占比 53.96%，表示在过去的 12 个月中几乎没有提供、接受兄弟姐妹生活照料的农牧民分别占比 10.19%、9.67%。第三，总体而言，农牧民与同代间的经济支持和生活照料程度相近。

表 10—11　农牧民与同代间的支持状况

单位: %

程度 \ 代际支持	经济支持		生活照料	
	向外	向内	向外	向内
	过去 12 个月内给兄弟姐妹提供钱或礼物的次数	过去 12 个月内兄弟姐妹给您提供钱或礼物的次数	过去 12 个月里您给兄弟姐妹提供家务帮助的次数	过去 12 个月里兄弟姐妹给您提供家务帮助的次数
几乎每天	24.08	21.79	26.01	25.66
每周至少一次	26.71	26.71	28.30	28.30
每月几次	23.55	26.36	21.79	24.78
很少	16.52	17.57	13.71	11.60
几乎没有	9.14	7.56	10.19	9.67

从联系频率、亲近程度、看法相似度来看，拉萨市农牧民与同代间的相互支持基础稳固。第一，农牧民与同代之间联系频率高，有 78.95% 的农牧民与同代间有非常高或较高的交流频率，一年交流几次、几乎从不交流的农牧民仅分别占比 6.93%、1.78%。第二，农牧民与同代间有较高的亲近程度，有 91.97% 的农牧民表示自身与同代间非常或比较亲密，仅有 3 人（0.45%）表示自己与同代非常不亲近。第三，农牧民与同代间的看法相似性高，7.22% 的农牧民表示自己与同代对于同一事物的看法非常相似或比较相似，仅有 4 人表示自身与子代看法非常不相似，占比 0.59%，如图 10—8 所示。

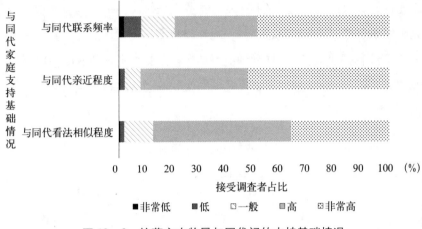

图 10—8　拉萨市农牧民与同代间的支持基础情况

四、须关注家庭内部支持变化的影响

传统家庭之所以拥有一些重要功能，正是依赖于家庭内部代际、同代间的相互支持关系。随着现代化进程推进，拉萨市农牧区家庭结构也趋于简单化，家庭内部支持关系也可能受到影响，家庭养老、情感等功能相应弱化。因此在这一背景下如何推动社会公共服务体系不断完善，对于农牧民民生改善而言非常重要。

从另一个角度来看，强大的家庭纽带对家庭成员的社会化意愿和行为存在一定的制约作用。为维护家庭财富稳固和聚集更多劳动力，西藏有大家庭共同居住的传统，家庭成员之间交流频率高，并且相互提供情感慰藉、经济支持、生活照料。在这一家庭秩序下，家庭能够稳定且持久地延续，家庭成员会形成较强的家庭观念，家庭成员的外向型社会交往动机会受到影响，该类型家庭成员存在社会信任感较低的问题。在农牧区，居民的职业类型以兼业或全职务农放牧为主，多以家庭为单位进行生产。若这些劳动力向第二、第三产业转移，意味着不再依附于家庭进行生产，而是完全从家庭经济中独立出来，长期以来形成的家庭观念可能阻碍农牧民参与非农经济产生。

第五节　农牧区家庭人口素质

较高的人口素质是推动经济社会发展的重要因素，也是民生改善的直接体现。家庭成员个体的素质各不相同，家庭由不同素质的家庭成员构成，家庭人口素质在一定程度上可以反映当前家庭发展存在的问题以及家庭发展的潜力。这里分别通过受教育程度和自评健康水平两个方面的指标反映人口科学文化素质和健康素质，对拉萨市农牧区家庭人口素质情况进行分析。

一、家庭人口文化素质

在接受调查的农牧民家庭中，有 712 户家庭提供了所有家庭成员的受教育程度信息，用家庭成员平均受教育年限、家庭成员最高受教育程度等指标反映拉萨市农牧民家庭人口文化素质状况。

（一）家庭 6 岁及以上家庭成员平均受教育年限

拉萨市农牧区家庭人口科学文化素质较低。调查数据显示，农牧区家庭成员平均受教育年限（6 岁及以上人口）为 6.62 年，最低为 0.75 年，最高为 16 年。家庭成员平均受教育年限在 6 年及以下的家庭有 303 户，占比 42.56%，6—9（含）年的家庭有 317 户，占比 44.52%，9—12（含）年的家庭有 85 户，占比 11.94%，12 年及以上的家庭有 7 户，占比 0.98%。

不同生产类型的家庭中家庭成员平均受教育年限存在较大差异，牧区家庭人口科学文化素质低于农区和半农半牧区。在农区和半农半牧区，家庭成员平均受教育年限在 6—9 年的家庭占比最大，分别为 46.35% 和 45.23%；牧区有 54.19% 的家庭其成员的平均受教育年限在 6 年及以下，且没有一个家庭中家庭成员平均受教育年限在 12 年及以上，如表 10—12 所示。牧区家庭居住分散，部分家庭的居住地还因季节而改变，在较长时期内牧区教育发展相对滞后，这些都是牧民家庭人口科学文化素质相对较低的原因。

表 10—12　拉萨市农牧区不同生产类型区域家庭成员平均受教育年限

生产类型	家庭总数（户）	6 年及以下		6—9 年（含）		9—12 年（含）		12 年以上	
		户数（户）	占比（%）	户数（户）	占比（%）	户数（户）	占比（%）	户数（户）	占比（%）
农区	274	105	38.32	127	46.35	38	13.87	4	1.46
牧区	155	84	54.19	61	39.35	10	6.45	0	0.00
半农半牧区	283	114	40.28	128	45.23	38	13.43	3	1.06

Pearson chi2（8）=18.8316，Pr=0.016。

（二）家庭成员最高受教育程度

在接受调查的农牧民家庭中，除家庭成员均未受过教育的家庭外，家庭成员最高受教育程度情况在农牧区分布较为均衡。调查数据表明，家庭成员均未受过教育的家庭有 23 户，占比 3.23%，家庭成员中最高受教育程度为小学的家庭有 124 户，占比 17.42%；家庭成员中最高受

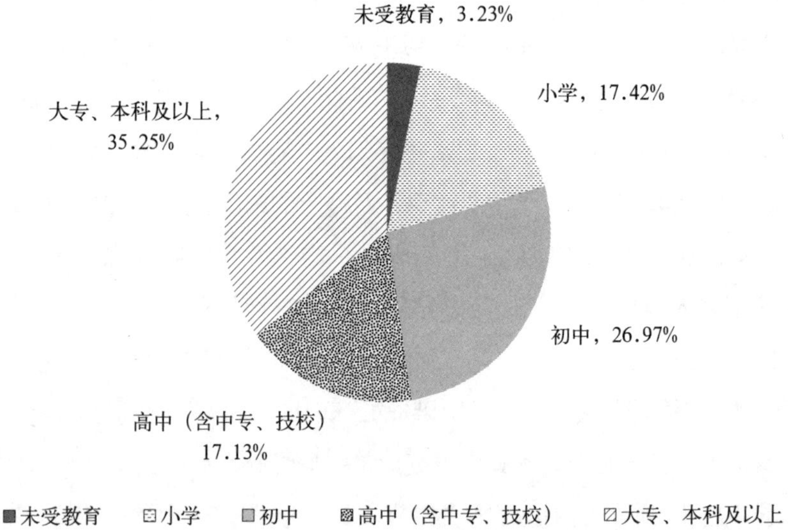

未受教育，3.23%

小学，17.42%

大专、本科及以上，35.25%

初中，26.97%

高中（含中专、技校）17.13%

■未受教育　☐小学　▨初中　▨高中（含中专、技校）　☑大专、本科及以上

图 10—9　拉萨市农牧区家庭成员最高受教育程度

教育程度为初中的家庭有 192 户，占比 26.97%；家庭成员中最高受教育程度为高中（含中专、技校）的家庭有 122 户，占比 17.13%；家庭成员中最高受教育程度为大专、本科及以上的有 251 户，占比 35.25%，如图 10—9 所示。近年来西藏教育事业快速发展，农牧民对子女教育愈发重视，目前农牧区多数家庭中家庭成员最高受教育程度在高中及以上。

从家庭成员最高受教育程度来看，牧区人口科学文化素质总体低于农区和半农半牧区。农区和半农半牧区家庭成员最高教育程度为大专、本科及以上的家庭占本类型区域家庭总数比重最大，分别为 37.23%、40.28%。而牧区家庭成员最高受教育程度占比最大的是初中，为 35.48%。与此同时，牧区家庭成员均未受过教育的家庭占该类区域家庭的比重远大于农区和半农半牧区。在牧区家庭成员均未受过教育的家庭占比 9.03%，农区和半农半牧区家庭成员均未受过教育的家庭分别占比 1.82%、1.41%，如表 10—13 所示。

表 10—13　拉萨市农牧区不同生产类型区域家庭成员最高受教育程度

生产类型	家庭总数（户）	未受教育		小学		初中		高中（含中专）		大专、本科及以上	
		户数（户）	占比（%）	户数（户）	占比（%）	户数（户）	占比（%）	户数（户）	占比（%）	户数（户）	占比（%）
农区	274	5	1.82	46	16.79	76	27.74	45	16.42	102	37.23
牧区	155	14	9.03	21	13.55	55	35.48	30	19.35	35	22.58
半农半牧区	283	4	1.41	57	20.14	61	21.55	47	16.61	114	40.28

Pearson chi2（18）=52.8988，Pr <0.001。

在农牧区，年龄较大的农牧民接受教育的年限较短，甚至没有接受过教育，目前不少家庭人口科学文化素质偏低。随着经济社会发展，西藏农牧民接受教育的条件不断改善，农牧民对子女教育的重视程度也大幅提高，有利于农牧区家庭人口素质的提升。

二、家庭人口健康水平

健康可分为主观健康和客观健康，主观健康可以通过自评健康水平反映。相较于客观健康指标，自评健康是受调查者根据自己主观的感受，结合自己关于疾病的知识和过去的经历进行的自主判断。作为客观健康指标的补充，自评健康可以反映受调查个体多方面的信息，如个体社会心理健康现状、死亡风险、期望寿命等。通过比较自评健康水平，可以比较不同群体之间健康水平、健康寿命之间的差异。调查将自评健康分为三个水平：健康、一般、不健康，这里用 715 户农牧民家庭、合计 3604 名家庭成员的自评健康水平反映拉萨市农牧民家庭人口健康水平状况。

（一）农牧区人口健康水平

第一，拉萨市农牧区总体人口健康状况较好。调查数据显示，在 715 个家庭共 3604 名家庭成员中，有 3274 人健康，占比 90.84%；健康状况为一般、不健康的农牧民分别占比 5.49%、3.66%。

第二，牧民的总体健康水平更高。调查数据显示，牧区有 92.76% 的居民表示身体状况为健康，而农区和半农半牧区身体健康的居民占本类型区域居民的比重分别为 89.96%、90.84%。

（二）家庭人口健康水平

总体而言，拉萨市农牧区家庭人口健康状况良好。调查数据表明，家庭所有人口均为健康的家庭有 608 户，占 85.03%。有 14.97% 的家庭中有不健康人口，数量为 107 户，如图 10—10 所示；其中有两个及以上家庭成员不健康的家庭有 21 户，占该类型家庭的 19.63%。

若健康水平低的家庭成员占全部家庭成员的比重较大，会增加家庭的生活照料负担，其他家庭成员的健康状况也会受到影响。用健康家庭成员数占家庭成员总数的比重来反映家庭人口健康状况（家庭健康比 = 家庭健康成员数 / 家庭总人口数）。

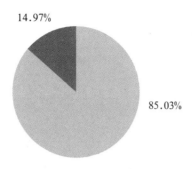

14.97%

85.03%

■ 家庭成员中有不健康人口的占比　　■ 家庭成员均为健康的占比

图 10—10　农牧民家庭人口健康水平

相对而言，牧区家庭人口健康状况更好。调查数据表明，在农区和半农半牧区家庭中有半数及以上成员不健康的家庭均为 22 户，占本类型区域家庭的比重分别为 8.03%、7.75%；牧区仅有 5.73% 的家庭中有半数以上的家庭成员不健康，如表 10—14 所示。自评健康综合了主客观两方面健康状况，受调查者在回答该类问题时会参考不同的框架，当个体有更高的社会资本、受教育程度更高时，对于健康的期望会更高。牧区居民健康水平较高可能是农牧民健康水平差异的体现，同时也可能与"自评健康"这一指标的主观性有关。相较于农区和半农半牧区，牧区居民的受教育程度、健康信息在牧区普及程度以及牧民对于疾病的认识程度等都相对较低，牧民可能对于健康的期望相对不高，从而有更高的自评健康水平。

表 10—14　拉萨市农牧区不同生产类型区域家庭健康比

生产类型	总家庭数（户）	家庭健康比在 0.50 及以下		家庭健康比在 0.50 以上	
		数量（户）	占比（%）	数量（户）	占比（%）
农区	274	22	8.03	252	91.97
牧区	157	9	5.73	148	94.27
半农半牧区	284	22	7.75	262	92.25

三、家庭人口素质提升压力大

家庭发展内生动力受到家庭成员受教育程度和健康状况的影响。牧区家庭人口文化素质整体较低，主观上与观念有关，客观上也与过去农牧区教育发展相对滞后有关。虽然农牧区家庭人口健康水平较高，但青藏高原高寒、缺氧、强紫外线、干旱缺水的自然环境仍然对农牧民身体健康存在消极影响。农牧民健康意识有待增强，较为简单的饮食结构和一些生活习惯也可能对健康产生威胁。总之，农牧区家庭人口素质是家庭发展内生动力的重要支撑，必须着力提升农牧区家庭人口科学文化素质和健康素质，促进家庭发展和民生改善。

农牧民家庭人口科学文化素质不高，对于农牧民非农就业也具有不利影响。据调查数据，63.04%的农牧民就业为全农或放牧，而适当比例的非农就业是农牧民家庭增收的有效途径，也是乡村振兴的内在要求。尽管拉萨市农牧区35.11%的家庭中有大专及以上受教育程度的家庭成员，但家庭成员平均受教育年限依然较低。此外，农牧民国家通用语言水平较低，有84.90%的农牧民无法使用国家通用语言与他人交流，这也制约着农牧区家庭人口素质的提高。

第六节　结论与讨论

一、农牧民家庭生活评价

总体而言，拉萨市农牧区家庭内部支持基础牢固，家庭的传统功能发挥着较为重要的作用，农牧民有较高的家庭生活满意度和较强的家庭幸福感知。农牧民对于家庭生活的满意度较高。调查数据显示，表示非常满意、比较满意的农牧民合计占比92.59%，仅有1.12%的农牧民表示对家庭生活比较不满意，没有人表示对家庭生活非常不满意，如图10—11所示。拉萨市农牧民有较强的家庭幸福感。调查数据显示，表示自己的家庭非常幸福和比较幸福的农牧民合计占比93.29%，仅有0.42%的农牧民表示其家庭不太幸福，如图10—12所示。

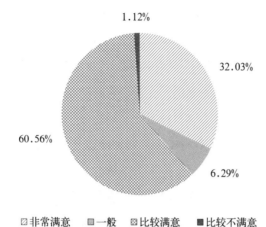

图 10—11　农牧民生活满意度

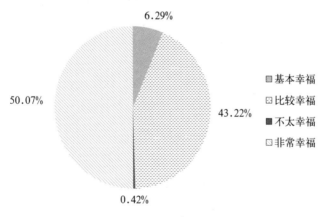

图 10—12　农牧民家庭幸福感

二、总结与建议

从2021年调查数据来看，农牧区家庭规模较城镇更大，家庭代际结构也更为复杂。农牧民与家庭成员间的家庭内部支持基础牢固，亲代与子代、同代之间存在生活照料和经济方面的双向支持。绝大多数农牧民家庭人口健康水平较高。农牧区多数家庭氛围良好，农牧民有较强的家庭生活满意度和较高的家庭幸福感。值得注意的是，农牧区部分家庭抚养或赡养压力较大，家庭人口科学文化素质仍有待提升。家庭是构成社会基本且重要的单位，其结构、功能、关系、内部氛围等，对社会稳定和发展有重要影响。在西藏农牧区，传统家庭特征如较大的家庭规模、较为复杂的家庭关系等仍然存在，家庭功能在满足农牧民美好生活需要方面仍然发挥着重要作用。但是，与过去相比，西藏农牧区也表现出家庭小型化、家庭关系简化、家庭功能弱化等现代家庭的特征。为此，应建立完善的家庭发展支持政策体系。

第一，注重核心家庭的抚育压力。实现"有小"家庭幼有所育、学有所教。在农牧区重点村庄推广普惠性托育服务，为已孕妇女提供婴幼儿照护培训，幼儿营养供给提供补贴，减轻农牧民家庭育儿负担。在已实现15年义务教育的基础上进一步提高针对农牧民子女的生活补助标准，建立优质教育资源向农牧区倾斜机制，实现城乡教育均等化发展，减轻农牧民家庭教育支出。

第二，加大对特殊家庭关注。就缺损家庭而言，社会外部力量支持家庭内部团结。特别关注家庭中未成年人心理健康状况、劳动年龄人口就业状况、老人健康状况；就老年独户而言，应在保障基本生活保障的基础上提高其生活质量。在村庄建设邻里养老互助点，衔接村委会和社会公益组织，为互助养老筹集足够资金。在重点村庄或邻近城镇修建养老服务中心，实现自理能力较差的老年独户集中养老。

第三，减轻多代家庭抚养负担。建立养老与托幼双重保障体系，为直系、联合家庭提供保障。推进家庭适老化改造工程，在实现农牧民住房改造的基础上，进一步为有老家庭配置老年人生活辅助器具和个性化服务。在村委会建设代际学习中心，将家庭的内部功能外向化，增强未成年和老年农牧民的社会融入感。探索构建养老、孝老、敬老政策体系和社会环境，推进"医养结合"，加快老龄事业和产业发展。

附录一

调研纪实

调研知民生，吹梦到"西洲"

（郭子飞 2021级中国少数民族经济硕士班）

西洲何有？白雪覆高丘，云闲方外日长明，康巴汉子牵牛，吐蕃文明悠远，茶马互市犹近似眼前。在这片神圣的雪域高原上，祖国西南边陲，世界的第三极，似乎有太多我们不知道的故事在上演。循着风花雪月的诗歌传说，我们感受到、触摸到、听到的现实，是调研中"土里土气"的真切民意。在一年年调研积累下，我们有了长期追踪的样本目标。但在跨期追踪过程中，个别受访家庭已经物是人非。尽管西藏民生大型入户调研一直在继续，接过调研接力棒的学生在一代一代接续，是坚持不懈、脚踏实地的韧劲和努力支撑着"民生人"一直坚持做这件事情，关于西藏的"民生梦"是大家共同的追求。

承接过师兄师姐的接力棒，我第一次参加调研真的感慨颇多，却也收获颇丰。从最开始的调研培训，师兄师姐手把手带着我们过问卷、熟悉题目、熟练操作，大家也都争做调研中的"熟练工"，努力不给整体工作拖后腿。后期调研开展过程中，后勤组和调研组分工明确，有条不紊，保证了民生调研的顺利完成。总结我们调研成功的经验，有以下三点：

一是准备工作到位。准备好调研必备的物料和议程。每一组的督导和副督导都会在出发前一天准备好调研村镇所需的文件、聘书、锦旗等一应物品，与所属村干部电话沟通协调第二天的调研事项。同时，准备好慰问农牧民的礼品。调研工作中，我们也会给农牧民们送去我们的问候，每调研完一户，我们都会送出诚意满满的礼品，千里送鹅毛，礼轻情意重。物资装满车辆，载着我们的心意，带回农牧区的民意是每一天调研的状态。

二是调研工作扎实。出发前往调研村后，副督导会和村内干部联系到达的大概时间，请村干部帮忙寻找向导和翻译、通知访户等，以便调研小组抵达村内就能展开调研工作，加快调研进度、提高调研效率。在入户调研的过程中，每一次打开样本，每一次用相机记录下与访户沟通的一瞬，我都觉得我和他们像一对对多年未见的老友，听他们徐徐道来多年的境遇、今年收成几何、工作和生活遇到了那些困难、政府帮忙解决了多少问题、村里发生了哪些变化……他们说的不急不缓，酥油茶添了一次又一次，眼里的笑意也深了一层又一层，我用指尖将这些记录进问卷，感受着他们的喜怒哀乐，感谢着民生调研给予我的这次机会，又庆幸着这个伟大梦想的编织，我也在其中穿针引线。

三是调研结束的"围炉"夜话。集体调研结束那天是冬至，冬至的饺子是在徐爱燕老师家里大家亲手包的，将不多不少的馅料包进不大不小的皮里，加上每个人不同的手法，最后饺子的形状可能各异，但大家的目标是相同的，所以我们一起吃上了这顿热气腾腾的水饺。我想民生调研也是一样的，虽然各种努力不同，但我们的目标都是将拉萨市农牧区大型入户调研继续做下去，做得越来越好、越来越广。"绿蚁新醅酒，红泥小火炉"，大家围坐在一起，交流着近来调研中的收获和发现的问题，在一言一语中都足见大家对这件工作的热爱与付出。我相信，2021

年民生调查的篇章落下帷幕并不意味着结束，当帷幕拉开的那一刻，我们将继续以坚实的脚步去丈量这片土地，未来我们在路上⋯⋯

五载调研风雨兼程 继往开来再创佳绩

（王彦斌 2020 级行政管理硕士班）

2021 年是疫情席卷全球、人类携手共渡难关的艰辛一年，也是中国全面脱贫奔小康、开启"十四五"规划的崭新一年，更是我们藏大"民生人"在原有成果的基础上，不忘初心，继往开来，持续为拉萨市农牧区谋发展、用双脚丈量农牧区的接续一年。

拉萨市作为西藏自治区政治和经济发展的中心，首当其冲受到了疫情冲击。疫情防控的压力使得此次民生调查的进行困难重重。但在政府领导、老师们和全体同门们的齐心协力下，我们冲破重重阻碍，克服种种困难，完成了 2021 年拉萨市农牧区民生发展调查。

作为一名藏大学子，我很荣幸能够加入"民生"队伍，参与此次大型调查。由于疫情影响，原本计划夏季开展的入户调研推迟到冬季进行，寒冷的天气、艰险的道路、稀薄的氧气，为此次调研带来了一定困难。但正是大家的团结协作、持之以恒，调研任务才得以圆满完成。

非常感谢给我此次参与调研机会的老师，能让我为拉萨市农牧区的发展贡献自己的绵薄之力。此次调研不仅丰富了我的人生阅历，充实了我的价值观念，还使我认识到只有做一位对国家、对社会、对人民有用的人，才能成就最有价值的人生。在此次实地调研中，通过与农牧民交流，我体会到农牧区的民风淳朴、友善和谐，也体会到了人间百态，生活或苦或甜，都需要有一颗积极向上、善良朴实的心。

在四次的大型调查中，"民生人"始终以一片赤诚之心，走过拉萨市的每一寸土地，通过采集的数据，切实反映拉萨市农牧民的现实需求，进一步解决农牧民的"急难愁盼"问题。"民生人"调查所走过的每一个角落、所流过的每一滴汗水，都是为拉萨市农牧区谋发展、谋福利的最好见证。尽管山难水险，"民生人"仍矢志不渝、克服困难，为拉萨民生数据库的筹备添砖加瓦，为拉萨市农牧区民生持续改善贡献团队力量。

五载调研风雨兼程春华秋实，山高水长继往开来再创佳绩。衷心希望民生团队在未来能够初心不改、齐心协力，为农牧民的美好生活继续努力，续写民生团队新的辉煌！

脱贫攻坚的胜利成果跃然眼前

（杜晓楠　2021 级区域经济学硕士班）

"日夕北风紧，寒林噪暮鸦。"随着拉萨冬季的来临，我们终于迎来了 2021 年拉萨市农牧区民生发展调查。非常荣幸自己能够参与这次调研，与农牧民深入交流，深切感受他们的生活现状，"全面脱贫"四个字已跳跃出新闻稿，生动形象地展现在我眼前。

第一，最基本的住房问题有保障。在访问的 715 户家庭中，695 户农牧民拥有自建房屋。访谈得知，政府对农牧民房屋改造方面有相应的扶持政策，格桑（化名）家就是典型案例。前些年，格桑一家住在多年失修的老房子，狭小的老房子并不能容纳他们一家五口，但由于缺少对政策的了解及资金短缺等问题，修建房屋的计划便被搁置。今年，老房子经过整修，焕然一新，足够一家五口人居住。而且修建费用政府出资 70%，格桑一家只付了修建费用的 30%。花了较少的钱就解决了困扰一家人的住房问题，格桑表示特别开心，特别感谢政府给的住房政策。

第二，最关注的教育问题能解决。百年大计，教育为本，中央、自治区党委、政府一直很注重西藏的教育问题。调研问卷有一项是"2021年的支出"，其中教育支出较少甚至为零。通过进一步访谈得知，西藏全区实行十五年义务教育，与内地相比义务教育年限更长；且孩子们的学费不用家庭承担，家里只需负担孩子的日常开销。到 2025 年，西藏农牧区平均教育年限很低的问题，一定能够得到有效解决。

第三，最棘手的养老问题有方法。调研发现，村委会特别注重解决老年人的住房问题，并有专门负责人定期上门疏导。龙珠岗村一位未婚老奶奶多年独居，住在离村委会较远的一处房屋，房子年久失修，为此政府出资为她建造了新房，但老人表示自己这么久住惯了，拒绝搬迁。村里多次劝导未果。为解决老奶奶的问题，村委会联系相关工作人员坚持定期查看老奶奶的安全问题，劝说老奶奶进行搬迁。期待我们下次调研时能看到老奶奶搬进新居。

这次调研中，每个村都有这样那样不尽如人意的情况。但总的来看，拉萨各县区基础设施不断完善，补助政策不断优化，基层工作方法科学得当，农牧区民生满意度不断提升，切切实实做到了"人民生活有保障"，真真正正完成了"脱贫攻坚"。2021 年开始进入巩固拓展脱贫攻坚成果同乡村振兴有效衔接的阶段，农牧区民生不断改善、迈向共同富裕，还需要多方协同努力，创造新的高原奇迹。

2021 年拉萨市农牧区民生发展调查已画上完美的句号，但民生发展的研究之路仍持续前进，我们需要做的还有很多，民生调查，我们一直在路上。

自我成长与研究思考

（米玛　2022 级行政管理硕士班）

"民为邦本，本固邦宁"，人民是国家的根本，习近平总书记多次强调"民生是人民幸福之基、社会和谐之本，增进民生福祉是发展的根本目的"。民生问题自古以来就是社会发展历程中广受关注的焦点问题，因此，持续改善民生，特别是关注民族地区的民生改善问题，对于增进全国各族人民的福祉、实现区域间协调发展具有重要意义。在西藏，研究民生问题是解决一切问题的根基，第七次全国人口普查数据显示，西藏乡村人口占西藏总人口的 64.27%，农牧民一直是西藏各项事业发展的主力军。因此，西藏农牧区民生研究是一项有价值的、系统的社会研究，对西藏的长治久安和高质量发展具有重要的现实和理论意义。下面我将主要从两个方面阐述本次调研经历。

一、自我成长

本次调研，我感触最深的有三点：一是参与的重要性。只有亲身参与和经历过了，才会有更多的成就感。在过去的求学生涯中，我一直生活在书本的世界里，问题的答案都在书上找、问题的解决都按书上的要求做，书上怎么说，我就怎么记；对于平日里耳闻目睹的现象，我也没有深入地思考过，更没有深入家乡以外的农牧区调研过。2021 年拉萨市农牧区民生发展大调查是我第一次深入参加的、大规模的实践调查，是第一次在老师的带领下深入基层展开调研，也是第一次真正意义上从实践角度开始思考西藏农牧民所思、所需和所盼问题。如同我国古代学者荀子在《劝说》中提到的"故不登高山，不知天之高也；不临深溪，不知地之厚也"。只有深入实践，深入调研，才能真正体会到社会的变化并真切感受到百姓的世俗民情。

衷心感谢西藏大学珠峰研究院西藏民生研究中心给予我参加这次拉萨市农牧区民生发展调查的机会，我自己也对民生发展问题研究比较感兴趣，很荣幸能参与这次调研。从调研前的培训、入户调研到最后的调研交流会，我深入了解体会到了西藏不同地区的风土人情、地理环境和民风习俗，这极大地开拓了我的学术视野，提升了我的研究思维能力。在这个过程中我能清楚感受到自己的进步，特别是在如何发现问题、规划调研时间、同农牧民做到有效沟通、设计问卷和访谈调查等一系列问题上有了自己的理解；通过每天晚上的交流会，我在表达方面的逻辑性也得到了充分锻炼。

二是团队协作的重要性。团结就是力量，团结奋斗是中国人民创造历史伟业的必由之路。团队内部成员间的协作是展开调研工作的关键，本次调研教会我如何计划、组织、领导和协作，让我在现实生活中亲身体会到管理的四个职能。在调研中，全体督导员提前联系相关单位、准备各组物资、分配好各自的任务。督导和调查员们都认真对待每一次访谈，并仔细记录每一个细节问题。调研过程中出现的任何差错都能得到队友的协助，大家互相帮忙、互相分担，向导和农牧民群众也很好地配合我们的工作。虽然有些村落比较远、自然条件相对艰苦，但没有一个学生为此妥协，都坚持认真地完成了各自的任务。

三是沟通表达能力的重要性。良好的沟通表达能力是调研过程中每个调查员应具备的条件，直接关系到调研数据的效度。在本次调研过程中，有些农牧民不理解的专业术语必须通过自己的逻辑思维和良好的表达能力进行解释，因此我从农牧民的角度把问卷调查里所有专业术语与生疏词汇都整理到本子上，并且每天调研完都更新里面的内容，将所有理解不到位的问题重新整理，这样日复一日，一户接一户，我的沟通表达能力在调研结束时有了很大的提升。

二、研究思考

作为一名行政管理专业的学生，本次调研活动让我对西藏农牧区的基层治理建设问题有了深入思考。

一是农牧区基层党建方面，调研发现西藏农牧区存在基层党组织体系不完善、领导干部年龄结构不合理、现代技术掌握程度不够、创新意识薄弱、农牧民党员占比较低等问题。比如，村党支部书记对党建工作的侧重点不清楚、对整个基层党建工作的意识淡薄，导致很多事情无法按期完成，影响整村的评优与发展。因此，我认为在基层党建方面，需要优化基层党组织结构、强化基层班子的领导能力，同时加强年轻党员的培养。

二是基层公共服务方面，存在供需矛盾、基础设施建设落后等问题。比如，垃圾桶和垃圾池的建设过于简单，没有把垃圾分类箱单独设置在农村；村中垃圾的清运不及时，垃圾桶的配备数量不足。当前，农牧区的人们对垃圾分类的认识不足，对垃圾箱的利用率也不高，严重影响了村整体的村容村貌并延缓了农牧区人居环境"脏乱差"现象的整治。在西藏农牧区，除村委会配有公共厕所外，整个村庄几乎没有公共卫生间。因此在搞一些大型活动的时候，场地周围垃圾和粪便成堆，严重影响了村容村貌。因此，我认为在基层公共服务方面，需要从细处入手，深入完善农牧区基础设施的建设。

三是基层人才方面，存在基层人才匮乏、治理能力弱的问题。比如，最典型的问题是农牧区县（乡）人民医院医疗技术人才的稀缺，在农牧区除了一些常见的小病外，大病基本上得不到有效治疗，因此常常存在有医院和设备但农牧民看不了病的现象。因此，我认为在基层人才方面需要重视其"引育用留"工作，同时多措并举强化人才的保障机制建设。

四是农牧民文化水平低，普遍是小学及以下水平，因此他们存在主体意识不强、政治参与积极性低、法制观念薄弱等问题。比如，对相关政策的了解程度低、网络信息与食品安全的判断能力差，纠纷问题也往往不到法院解决。因此，我认为应在农牧区多开展脱盲再教育培训，加强在农牧民群体中进行时事政治和法律知识的宣传，激发他们的政治参与积极性，提升他们的文化水平。

这是一场艰苦又充满阳光、难忘又充满挑战的满载而归的经历。这片土地养育了我，调研之前我一直妄自菲薄，认为自己作为众多农牧民的一员，个体的力量犹如沧海一粟，对于农牧区的发展作用微小。但通过这次难得的调研经历，我收获了满满的价值感，发觉自身也可以为西藏农牧区的发展贡献自己的绵薄之力。不积跬步无以至千里，不积小流无以成江海。尽管一个人在一次调研中的贡献在无数次的调研中显得那样单薄，但却是必不可少的。聚沙成塔，集腋成裘。只有努力集聚每一位个体的微弱贡献，才有可能汇集成改善西藏农牧区民生的磅礴力量。有这样一次经历，未来就会有很多很多这样的经历，相信未来，我会有更多更有价值的贡献。期待下一次的民生大调查，期待再一次成长的自己，更期待越来越好的西藏农牧区。

"三重角色"中的实践操作与调研感悟

（李鹏姬　2021级少数民族经济博士生）

作为徐爱燕老师的博士生，我有幸全程参与了2021年拉萨市农牧区民生发展调查研究。这一年的调研可谓"一波三折"，最终通过多方努力，在12月11日开启了为期10天的集体调研。我在调研中既是外联人员，又是带队督导与调研员，身兼"三重角色"，主要工作是部门对接、车辆调度与基层调研。现将工作中的一些实践操作与调研感悟记录下来，供大家慧眼拾取，以期为下一次调研提供启发性建议。

一、积极有效对接部门

调研的顺利进行离不开基层干部的配合，基层干部的配合离不开上级部门的指示。西藏的特殊性决定了调研对象及调研途径的特殊性。首先，我们通过与拉萨市商务局签订委托协议，由市商务局作为桥梁，帮助我们与各县（区）商务局负责人进行对接。我负责与他们联系，表明调研目的、调研时间、调研村庄、向导安排、样本人数（未提供样本个人信息）。接着，各县（区）商务局负责人上下联动织成一张大网，推进我们各位督导与各村委会负责人的工作对接。最后，各村委会负责人发挥纽带作用，连接我们的调研人员与各村追踪调研的12户农牧民。通过这样层层衔接的模式，调研得以有序进行。

二、严谨合理调度车辆

司机作为车辆的驾驶者和行程的掌控者，对整个任务进程有着不可忽视的影响。此次调研用车全部来自合作多年的"晋美车队"。硬件方面，每辆车均为三证齐全的四驱丰田普拉多或陆巡，越野性能强，能够完美应对农牧区个别路段的土路与砂石路面；软件方面，每位司机师傅都来自拉萨农牧区，均具有远超 10 年的驾龄。他们常年在藏驾驶，熟悉路况、经验丰富、见多识广。在车辆的调度中，由我提前一晚告诉晋美师傅第二天所需车辆的数量、接调研人员与物资的时间以及需要前往的调研村，由晋美师傅负责联系车队中最为熟悉当地路况的师傅出车。通过这样的模式，保障了调研出行的安全与高效。

三、有序统筹调研基层

在此次调研中，我去了日喀则市白朗县扎林村、江孜县加热村，林芝市米林县西嘎门巴村、波密县德吉村，山南市加查县拉岗村，拉萨市尼木县日措村、强聂村与当雄县纳木湖村、八嘎当村。其中，在调研拉萨市各村时，我作为学生督导带队前去。

学生作为督导独自带队调研，在历年调查中尚数首次。这也是项目负责人徐爱燕老师深思熟虑后作出的重要决定。不敢让学生带队的原因：一是出于沟通协调的顾忌；二是出于责任安全的顾忌；三是出于统筹管理的顾忌。作为学生督导：一要与所调研的村委会积极对接，及时沟通。提前一天联系目的地村委会，说明调研目的、调研时间、向导安排、样本人数等，以便第二天调研的顺利开展。二要积极应对突发情况，调控任务进程。如遇到车辆损坏，积极与师傅沟通调度备用车辆以保障调查进程；或在样本缺失需要替换时及时与派样人员对接，请求派样。三要统筹划分样本区域，明确小组分工。如在调研中，结合样本家庭住址信息，根据距离村委会的远近划分样本区域，由村委会提供的向导带领调查小队分头调研。在团队伙伴的鼎力支持下，我以博士研究生身份履行了督导的职责。调研的圆满完成，一方面锻炼了民生人的综合能力，另一方面展现了民生人不屈不挠的精神。

脚踏藏地热土，真实感受区情民情。"抱朴守拙，知行合一"，此次调研激发了我继续深入探索研究西藏农牧区的兴趣，在一定程度上帮助我形成了关注西藏民生问题的为民情怀。若还有机会，我将持续深入参加追踪调查，继续在田野调查和学术理论的互动中不断成长。

推进美丽乡村建设，共创人居友好环境
——拉萨市农牧区美丽乡村建设之堵点

（白富华　2021 级中国少数民族经济硕士班）

了解民生、贴近民生，才能发展民生、改善民生。作为一名少数民族经济学的硕士生，我一直期待自己可以对西藏农牧区的民生建设有所贡献。2021 年，我有幸参与拉萨市农牧区民生大调研，让我的心愿得以实现。调查中发现，西藏农牧区民生持续改善，老百姓的民生满意度不断提升，但有效推进美丽乡村建设还有待重点突破的堵点。

一是水冲厕所普及困难。党的十九大报告中习近平总书记提出乡村振兴的伟大发展战略，西藏作为我国曾经的集中连片贫困地区，更应该紧抓乡村振兴发展机遇，加快实现美丽乡村建设。拉萨是西藏的首府，是西藏的政治经济中心，拉萨的城市面貌一定程度上代表着整个西藏的面貌，拉萨实现美丽乡村的建设将为全区乡村建设带去宝贵的经验。然而此次调研发现，拉萨周边城市和乡村依旧保持着旱厕，这是陈旧且不卫生的如厕方式。因此，如何改善拉萨周边乡村村容村貌，推进厕所革命便成为一大难题。根据实际走访询问以及相关资料查阅，我们总结出了拉萨市农牧区水冲式厕所难以普及的原因：其一是气候因素，由于拉萨全年气温偏低，昼夜温差大，水易结冰，因此水冲厕所较难普及；其

二是基础设施不完善，调研发现农牧区下水管道修建数量严重不足，限制了水冲厕所的普及；其三是生活习惯难以改变，与农牧民聊天得知，人们普遍缺乏卫生健康意识，并不了解水冲厕所的优点，更喜欢现在的旱厕方式。

二是如何有效利用牛粪。美丽乡村建设少不了对村容村貌的整体优化。牛粪作为藏族人民生活的重要物资是不可或缺的，它既是土地的肥料又是生火做饭的主要能源，千百年来一直为藏族人民所喜爱。调研发现家家户户都将牛粪整齐地排列在自家的院子里或者是围墙上，极具特色，但它和美丽乡村的整体规划势必要产生矛盾，甚至可能成为能源革命路上的绊脚石。深究其原因如下：其一是区位因素，拉萨市农牧区面积广阔，村与村、户与户之间相对分散，在天然气管道铺设、道路硬化等方面均有非常大的困难。其二是经济因素，牛粪既可以作为春耕时的化肥，减少耕种开支，又可作为四季烧火做饭的燃料，减少生活开支。因此，如何在有效利用牛粪的前提下，保证乡村整洁美观是亟待解决的问题。

三是文化建设有待提升。文化建设是打造美丽乡村的重要环节，是提升人民幸福感、满意度的重要手段。自治区第十次党代会提出着力推进"四个创建"、努力做到"四个走在前列"，这就要求拉萨市在文化建设方面进一步优化。调研发现，目前拉萨市周边乡村文化建设匮乏，仅有少数乡村在村委会建有简易篮球场，村委会附近有1—2家供村民消遣的茶馆，以及稀稀疏疏的文化宣传标语。究其原因有二：其一是农牧区青壮年劳动力短缺，未上过学的老年人多为农牧业主要从业者，呈现出身体素质相对差、文化程度相对低的特点，因此文化宣传接受度低，体育设施利用度低。其二是村委会资金匮乏、人才有限，无法支撑体育设施的充分购置以及文化教育的大面积、多方式宣传。因此，乡村文化的振兴举措需要从硬件基础设施和软件文化乡情融入系统着手。

附录二

调研写真

《与村书记的会谈》——2021 年 12 月牟必燕摄于拉萨市尼木县

《民生锦旗的接
续》——2021 年 12 月
王彦斌摄于拉萨市尼木
县麻江乡

《格达牦牛群》——
2021 年 12 月王彦斌摄
于拉萨市当雄县格达乡

《授牌：村校携
手》——2021 年 12 月
李娜摄于拉萨市尼木县
麻江乡

《暮光当雄》——2021年12月徐爱燕摄于拉萨市当雄县

《文化下乡》——2021年12月米玛摄于拉萨市尼木县林岗村

《初升的太阳》——2021 年 12 月辛馨拍摄于墨竹工卡县

《农牧民的生活》——2021 年 12 月李娜拍摄于拉萨市墨竹工卡县

参考文献

Claessens, S., et al.,"Access to Financial Services:A Review of the Issues and Public Policy Objectives", Policy Research Working Paper Series, 2006.

Demirguc-Kunt, A. and Levine, R.,"Finance and Economic Opportunity", Policy Research Working Paper Series, 2008.

Sarma, M.,"Index of Financial Inclusion (Very Priliminary Draft)", General Information, 2008.

Mialou, A., et al.,"Assessing Countries' Financial Inclusion Standing–A New Composite Index", *Journal of Banking and Financial Economics*, Vol.2, No.8 (2017), pp.105–126.

Camara, N. and Tuesta, D.,"Measuring Financial Inclusion: A Multidimensional Index", Social Science Electronic Publishing, BBVA Bank, Economic Research Department, 2015.

Aduda, J., et al.,"Financial Inclusion and Financial Sector Stability with Reference to Kenya:A Review of Literature", *Journal of Applied Finance & Banking*, Vol.4, No.1 (2014), pp.141–159.

Cull, R., et al.,"Benchmarking the Financial Performance, Growth, and

Outreach of Greenfield Microfinance Institutions in Sub-Saharan Africa",
Policy Research Working Paper Series, No.25（2014）, pp.92–124.

Chakravarty, S. R. and Pal, R.,"Financial Inclusion in India: An Axiom-
atic Approach", *Journal of Policy Modeling*, Vol.35, No.5（2013）, pp.813–
837.

Zhang, Quanda and Posso, Alberto,"Thinking inside the Box: A Closer
Look at Financial Inclusion and Household Income", *Journal of Develop-
ment Studies*, Vol.55, No.7（2019）, pp.1616–1631.

Gupte, R., et al.,"Computation of Financial Inclusion Index for India",
Procedia-Social and Behavioral Sciences, Vol.37, No.1（2012）, pp.133–
149.

Han, R. and Melecky, M.,"Financial Inclusion for Financial Stability:
Access to Bank Deposits and the Growth of Deposits in the Global Financial
Crisis", Policy Research Working Paper, 2013.

Sarma, M.,"Measuring Financial Inclusion", *Economics Bulletin*,
Vol.35, No.1（2015）, pp.604–611.

Sarma, M.,"Measuring Financial Inclusion Using Multidimensional
Data", *World Economics*, Vol.17, No.1（2016）, pp.15–40.

Chiswick, B. R., *The Economics of Language: International Analyses*,
United Kingdom: Routledge, 2014.

Dustmann, C.,"Speaking Fluency, Writing Fluency and Earnings of
Migrants", *Journal of Population Economics*, Vol.7, No.2（1994）, pp.133–
156.

Gao, W. and Smyth, R.,"Economic Returns to Speaking 'Standard
Mandarin' among Migrants in China's Urban Labour Market", *Economics
of Education Review*, Vol.30, No.2（2011）, pp.342–352.

Marshak, Jacob, *Economics of Language*, Germany:Springer Netherlands,1974.

Lindley, Joanne,"The English Language Fluency and Earnings of Ethnic Minorities in Britain", *Scottish Journal of Political Economy*, Vol.49, No.4 (2002), pp.467–487.

Juan, P. R. and Ginsburgh, V.,"Is There a Gender Bias in the Use of Foreign Languages in Europe?", *Kyklos*, Vol.66, No.4 (2013), pp.552–566.

Rendon, S.,"The Catalan Premium: Language and Employment in Catalonia", *Journal of Population Economics*, Vol.20, No.3 (2007), pp.669–686.

Wang, H., et al.,"Language and Consumption", *China Economic Review*, Vol.40, 2016, pp.135–151.

Gambetta, E. D.,"Do Strong Family Ties Inhibit Trust?", *Journal of Economic Behavior & Organization*, Vol.75, No.3 (2010), pp.365–376.

Morgan, S. P. and Hirosima, K.,"The Persistence of Extended Family Residence in Japan:Anachronism or Alternative Strategy?", *American Sociological Review*, No.28 (1983), pp.269–281.

成学真、陈小林:《区域发展自生能力界定与评价指标体系构建》,《内蒙古社会科学》2010 年第 1 期。

董红刚:《自生能力:职业体育发展的逻辑起点》,《武汉体育学院学报》2013 年第 10 期。

傅安国等:《脱贫内生动力机制的质性探究》,《心理学报》2020 年第 1 期。

侯佳君等:《自生能力、交易环境与农民专业合作社绩效——基于四川省 321 家农民专业合作社的实证研究》,《农村经济》2020 年第 11 期。

李飞跃、林毅夫:《发展战略、自生能力与发展中国家经济制度扭曲》,《南开经济研究》2011 年第 5 期。

李周等:《我国国有企业自生能力的评价及培育》,《江西社会科学》

2020 年第 9 期。

廖国民、王永钦：《论比较优势与自生能力的关系》，《经济研究》2003 年第 9 期。

刘向兵等：《以自生能力理论审视高校对口支援》，《中国高教研究》2014 年第 4 期。

苏基才：《激发与再造农村自生能力是新农村建设的前提条件》，《南方农村》2007 年第 6 期。

吴清扬、姜磊：《工业企业自生能力与存活时间：基于新结构经济学视角》，《经济评论》2021 年第 4 期。

《习近平在中央第七次西藏工作座谈会上强调　全面贯彻新时代党的治藏方略　建设团结富裕文明和谐美丽的社会主义现代化新西藏》，《人民日报》2020 年 8 月 30 日。

《习近平谈治国理政》第二卷，外文出版社 2017 年版。

熊德斌、娄欢：《生产效率、交易效率与企业自生能力研究——基于制造业上市公司数据分析》，《产业经济论》2022 年第 1 期。

许志源：《我国互联网产业自生能力建设研究》，《经济纵横》2020 年第 12 期。

赵怡洁、杨丽莎：《包容性增长视角下我国西部地区自生能力的提升》，《科技创新发展战略研究》2022 年第 1 期。

周丰滨等：《产业自生竞争力的评价指标体系研究》，《哈尔滨商业大学学报（社会科学版）》2008 年第 1 期。

郭振海：《西藏农牧区普惠金融发展》，《中国金融》2014 年第 31 期。

徐爱燕、罗艳云：《西藏普惠金融发展的微观特征研究》，《西藏大学学报（社会科学版）》2021 年第 1 期。

巩艳红、庞洪伟：《金融素养对居民借贷行为影响研究——基于西藏民生调查的实证分析》，《西藏大学学报（社会科学版）》2020 年第 3 期。

尹志超等：《中国家庭普惠金融的发展及影响》，《管理世界》2019

年第 2 期。

刘亦文等:《中国普惠金融发展水平测度与经济增长效应》,《中国软科学》2018 年第 3 期。

王修华等:《中国农村金融包容的省际差异及影响因素》,《经济评论》2016 年第 4 期。

宋晓玲、侯金辰:《互联网使用状况能否提升普惠金融发展水平?——来自 25 个发达国家和 40 个发展中国家的经验证据》,《管理世界》2017 年第 1 期。

张栋浩、尹志超:《金融普惠、风险应对与农村家庭贫困脆弱性》,《中国农村经济》2018 年第 4 期。

李建军、韩珣:《普惠金融、收入分配和贫困减缓——推进效率和公平的政策框架选择》,《金融研究》2019 年第 3 期。

陈立中:《转型时期我国多维度贫困测算及其分解》,《经济评论》2008 年第 5 期。

齐麟等:《中国家庭社会经济地位能影响家庭金融素养吗——基于 CHFS 2017 年数据的分析》,《社会科学研究》2021 年第 5 期。

杨茜、石大千:《交通基础设施、要素流动与城乡收入差距》,《南方经济》2019 年第 9 期。

谭燕芝等:《数字鸿沟还是信息红利:信息化对城乡收入回报率的差异研究》,《现代经济探讨》2017 年第 10 期。

罗能生、彭郁:《交通基础设施建设有助于改善城乡收入公平吗?——基于省级空间面板数据的实证检验》,《产业经济研究》2016 年第 4 期。

郭新华等:《收入不平等与家庭借贷行为——家庭为追求社会地位而借贷的动机真的存在吗》,《经济理论与经济管理》2016 年第 5 期。

高帅:《社会地位、收入与多维贫困的动态演变——基于能力剥夺视角的分析》,《上海财经大学学报》2015 年第 3 期。

张博等：《社会网络、信息获取与家庭创业收入——基于中国城乡差异视角的实证研究》，《经济评论》2015 年第 2 期。

谢里等：《交通基础设施投资与居民收入——来自中国农村的经验证据》，《湖南大学学报（社会科学版）》2012 年第 1 期。

金烨等：《收入差距与社会地位寻求：一个高储蓄率的原因》，《经济学（季刊）》2011 年第 3 期。

胡振华：《中国农村合作组织分析：回顾与创新》，知识产权出版社2010 年版。

张亿钧等：《基于乡村振兴战略下的农民合作社发展路径探索》，《中国合作经济》2019 年第 7 期。

赵晓峰、许珍珍：《农民合作社发展与乡村振兴协同推进机制构建：理论逻辑与实践路径》，《云南行政学院学报》2019 年第 5 期。

王海南等：《农民专业合作社发展与乡村振兴战略研究》，《农村金融研究》2018 年第 2 期。

崔超、张旺：《乡村振兴视域中农民合作社建设路径研究》，《山东行政学院学报》2019 年第 1 期。

刘勇：《乡村振兴战略背景下我国农民合作社发展的困境与路径选择》，《党政干部论坛》2019 年第 8 期。

赵天荣：《乡村振兴视域下农民专业合作社内部资金互助研究》，《重庆师范大学学报（社会科学版）》2019 年第 6 期。

李大垒、仲伟周：《农民合作社、农产品区域品牌与乡村振兴》，《深圳大学学报（人文社会科学版）》2019 年第 6 期。

占瑛：《乡村振兴背景下农民合作社高质量发展的现实路径》，《中国农民合作社》2020 年第 10 期。

胡彬彬：《乡村振兴战略下农民专业合作社发展的问题与对策》，《农业经济》2020 年第 11 期。

郭晓鸣等：《龙头企业带动型、中介组织联动型和合作社一体化三种农业产业化模式的比较——基于制度经济学视角的分析》,《中国农村经济》2007 年第 4 期。

苑鹏:《中国特色的农民合作社制度的变异现象研究》,《中国农村观察》2013 年第 3 期。

邓宏图等:《农业产业化中的"位势租":形成机制与利润分配》,《经济学动态》2018 年第 10 期。

张晓山:《农民专业合作社的发展趋势探析》,《管理世界》2009 年第 5 期。

柏振忠、宋玉娥:《农民专业合作社科技扶贫理论逻辑与实践研究》,《科技进步与对策》2017 年第 18 期。

蒋宁、陈宏伟:《产业扶贫视角下合作社参与行为及其益贫效果——来自江西省罗霄山片区的实证调查》,《财贸研究》2019 年第 7 期。

杨丹:《合作社发展方向:农业社会化服务市场中的社企竞争合作》,《中国农民合作社》2019 年第 3 期。

刘后平等:《新中国农民合作社 70 年:政策、功能及演进》,《农村经济》2020 年第 4 期。

冯秋鸣:《农民专业合作社对农民收入影响的实证分析——以如东金沙滩果蔬专业合作社为例》,硕士学位论文,山东理工大学,2020 年。

姚兆余、郝泽芸:《欠发达地区农民合作社产业发展的策略和逻辑——以甘肃陇中地区 B 合作社为例》,《南京农业大学学报(社会科学版)》2021 年第 6 期。

邓衡山、王文烂:《合作社的本质规定与现实检视——中国到底有没有真正的农民合作社?》,《中国农村经济》2014 年第 7 期。

戈锦文等:《社会资本对农民合作社创新绩效的作用机理研究——吸收能力作为中介变量》,《农业技术经济》2016 年第 1 期。

崔宝玉、刘丽珍:《交易类型与农民专业合作社治理机制》,《中国农村观察》2017 年第 4 期。

钟真、黄斌:《要素禀赋、入社门槛与社员增收——基于三家农民合作社的案例分析》,《中国合作经济评论》2018 年第 2 期。

廖小静等:《收入效应与利益分配:农民合作效果研究——基于农民专业合作社不同角色农户受益差异的实证研究》,《中国软科学》2016 年第 5 期。

高盼:《农民专业合作社带动贫困户增收影响因素研究——以贵州省纳雍县为例》,硕士学位论文,四川大学,2021 年。

陆泉志、张益丰:《合作社多元社会化服务的社员增收效应——基于山东省农户调研数据的"反事实"估计》,《西北农林科技大学学报(社会科学版)》2022 年第 1 期。

柏振忠、李亮:《武陵山片区农民合作社助力精准扶贫研究——以恩施土家族苗族自治州为例》,《中南民族大学学报(人文社会科学版)》2017 年第 5 期。

蒋宁、陈宏伟:《产业扶贫视角下合作社参与行为及其益贫效果——来自江西省罗霄山片区的实证调查》,《财贸研究》2019 年第 7 期。

崔宝玉、孙倚梦:《农民合作社的贫困治理功能会失灵吗——基于结构性嵌入的理论分析框架》,《农业经济问题》2020 年第 12 期。

张梅等:《农民合作社扶贫的路径选择及对贫困户收入的影响研究》,《农林经济管理学报》2019 年第 4 期。

封国莉:《西藏农民专业合作社绩效评价与影响因素分析》,硕士学位论文,西藏农牧学院,2021 年。

拉珍:《西藏农牧民合作社的减贫效应研究——以墨竹工卡县扎西岗乡为例》,硕士学位论文,西藏大学,2021 年。

付邰汝等:《林芝市农民专业合作社发展特点与问题分析》,《高原农业》2021 年第 6 期。

崔丽丽等:《社会创新因素促进"淘宝村"电子商务发展的实证分析——以浙江丽水为例》,《中国农村经济》2014 年第 12 期。

时小侬：《"新零售"理念下我国农产品营销创新模式构建》，《商业经济研究》2018 年第 13 期。

凌红：《网络经济视角下农村电商发展模式分析》，《商业经济研究》2017 年第 3 期。

于海云等：《乡村电商创业集聚的动因及机理研究——以江苏沭阳"淘宝村"为例》，《经济管理》2018 年第 12 期。

陈旭堂等：《基于钻石模型的县域农村电子商务发展要素分析——以浙江遂昌为例》，《农村经济》2018 年第 5 期。

石全胜等：《农村电子商务可持续发展模式探讨》，《商业经济研究》2018 年第 12 期。

卞成林等：《少数民族地区普通话推广的经济发展效应分析：来自广西市际面板数据的证据》，《制度经济学研究》2017 年第 3 期。

蔡文伯：《语言经济学视角下西部地区劳动力普通话能力对收入影响的研究》，《西南民族大学学报（人文社会科学版）》2021 年第 2 期。

陈虹等：《语言技能对农民工外出务工收入的影响分析》，《内蒙古农业大学学报（社会科学版）》2021 年第 5 期。

陈丽湘、魏晖：《推普脱贫有关问题探讨》，《语言文字应用》2019 年第 3 期。

陈媛媛：《普通话能力对中国劳动者收入的影响》，《经济评论》2016 年第 6 期。

程名望等：《语言对外来农民工收入的影响——基于对上海外来农民工情况的调查》，《经济与管理研究》2016 年第 8 期。

丁赛等：《西部民族地区农村不同民族间收入分配的差距及原因》，《中央民族大学学报（哲学社会科学版）》2015 年第 4 期。

杜敏、姚欣：《乡村振兴新语境与农民语言能力的新构成》，《西北大学学报（哲学社会科学版）》2022 年第 3 期。

黄少安、苏剑：《语言经济学的几个基本命题》，《学术月刊》2011

年第 9 期。

姜太碧、刘嘉鑫：《城市少数民族汉语能力与收入效应分析》，《民族学刊》2020 年第 5 期。

雷昊等：《语言能力对劳动者收入的影响效应研究——基于外语、普通话和方言的实证分析》，《西北人口》2020 年第 6 期。

李志忠、任晔：《人口流动与新疆少数民族国家通用语言能力的提升》，《语言文字应用》2021 年第 3 期。

刘金林、马静：《边疆民族地区居民语言能力的劳动者收入效应研究——语言与国家治理系列研究之五》，《云南民族大学学报（哲学社会科学版）》2021 年第 6 期。

秦广强：《进京农民工的语言能力与城市融入——基于适应性区群抽样数据的分析》，《语言文字应用》2014 年第 3 期。

石琳：《精准扶贫视角下少数民族地区国家通用语言文字普及深化的策略》，《社会科学家》2018 年第 4 期。

苏剑：《语言扶贫的理论逻辑、经验支持与实现路径》，《学术月刊》2020 年第 9 期。

王海兰：《"三区三州"地区普通话能力的收入效应研究——以西藏自治区波密县的调查为例》，《云南师范大学学报（哲学社会科学版）》2019 年第 4 期。

王兆萍、马小雪：《中国少数民族劳动力普通话能力的语言收入效应》，《西北人口》2019 年第 1 期。

徐爱燕等：《拉萨市农牧区民生发展调查报告（2021）》，人民出版社 2021 年版。

张车伟：《人力资本回报率变化与收入差距："马太效应"及其政策含义》，《经济研究》2006 年第 12 期。

张卫国：《作为人力资本、公共产品和制度的语言：语言经济学的一个基本分析框架》，《经济研究》2008 年第 2 期。

赵颖:《语言能力对劳动者收入贡献的测度分析》,《经济学动态》2016 年第 1 期。

周炜:《西藏农村居民的语言能力及语言使用》,《中央民族大学学报》2003 年第 2 期。

白赛藏草:《西藏中部农业地区藏族家庭结构调查——以山南拉加里为例》,《中央民族大学学报(哲学社会科学版)》2019 年第 6 期。

格勒等:《西藏家庭调查》,《决策与信息》2010 年第 3 期。

何一民等:《清代民国时期西藏地区多种婚姻家庭形态论析》,《贵州民族研究》2014 年第 8 期。

杨成洲:《西藏人口发展与家庭户的变迁》,《青海民族大学学报(社会科学版)》2020 年第 3 期。

格勒:《西藏家庭与西藏现代化三个发展阶段》,《中国藏学》2011 年第 2 期。

彭希哲等:《家庭规模缩小对家庭经济保障能力的影响:苏南实例》,《人口与经济》2002 年第 1 期。

格勒等:《都市化与堆龙德庆乡村的变迁》,《中国藏学》1995 年第 3 期。

王跃生:《当代中国家庭结构变动分析》,《中国社会科学》2006 年第 1 期。

王跃生:《百年来中国家庭结构研究的回顾与展望》,《杭州师范大学学报(社会科学版)》2021 年第 5 期。

黄宗智:《中国的现代家庭:来自经济史和法律史的视角》,《开放时代》2011 年第 5 期。

李春斌:《论西藏藏族婚姻形态习惯与国家法的会通》,《中央民族大学学报(哲学社会科学版)》2015 年第 4 期。

张广利等:《藏族农牧民养老问题探析——基于西藏林芝地区的调查》,《西北农林科技大学学报(社会科学版)》2014 年第 2 期。

袁佳黎等：《孝道观念、代际支持与青年群体赡养行为的变迁：2006—2017》，《中国青年研究》2022 年第 1 期。

杨珏、李建新：《我国老年人自评健康影响因素分析——以中国健康与养老追踪调查（CHARLS）数据为例》，《老龄科学研究》2017 年第 11 期。

毕秋灵、胡建平：《中国人口自评健康期望寿命研究》，《中国卫生统计》2008 年第 2 期。

何蕾等：《微观社会资本对农转非居民主客观健康认知一致性的影响研究》，《中国卫生事业管理》2022 年第 1 期。

后 记

光阴荏苒。转瞬间，在藏生活已二十余载。本书即将付梓之际，坐在电脑前，思绪万千。《拉萨市民生发展调查报告（2023）》是继《拉萨市民生发展调查报告（2017）》《拉萨市民生发展调查报告（2018）》《拉萨市民生发展调查报告（2021）》之后，西藏民生研究中心的又一重要研究成果。我们持续书写着拉萨市农牧区的日新月异，也再次审视着那个与西藏共同成长的青年的自己。

受新冠疫情的影响，2020 年未开展拉萨市农牧区民生发展调查。2021 年的调查也比以往来得更晚一些。2021 年 12 月，在持续追踪拉萨市二区五县 62 个村的基础上，我们在日喀则市、山南市、林芝市、那曲市与昌都市增加了 10 个县（区）10 个村、108 户农牧民家庭作为试点。按照"试点先行、以点带面、逐步推开"的原则，我们拟于 2023 年在全区范围内进行民生大调查。本次调研以 2017 年到 2019 年逐渐流程化、系统化的任务分工与路线规划等信息为经验指导，保证了数据的真实性、可靠性与科学性。

2021 年的调查工作，后台数据处理由西南财经大学中国家庭金融中心完成，其他研究事项均由西藏大学师生协力承担。西藏民生研究中心成员由各类交叉学科领域前沿教师和身心素质俱佳的调研学生组成，是调研前、中、后期各项工作得以高效完成的保障，实为一支强强联合的团队。下水方知水深浅，探索真理靠实践。调研队伍所历经的每一次日出而作、日落而不息，都是为了立足西藏发展实际，让调研数据更加完善，以更真切地实现"让世界了解西藏，让西藏认识自己"的使命与初心。一项大型调研的圆满完成，离不开各界人士的大力支持。在这个艰辛而又幸福的过程里，深切地感谢为拉萨农牧区民生发展作出卓越贡献的人们！

特别感谢第八批援藏干部杨丹校长（现任北京外国语大学党委副书记、校长，曾任西藏大学副校长、中组部第八批援藏干部），从项目的最初到每年的持续开展，离不开杨丹校长从头到尾的关心。不管是从调查问卷的设计，还是调研活动的进行，杨丹校长在整个过程中给予了大量的人力、物力与财力支持。其用情怀和忠诚践行着共产党员的初心，用担当和实干书写着新时代"援藏精神"。这份初心鞭策着我不断前行，这份精神也激励着我们团队克服困难，圆满完成一次又一次的农牧区大调查。

感谢团队调查成员，问卷设计：杨丹、徐爱燕、辛馨；问卷培训：辛馨、肖志杨；数据整理：杨帆、李国栋；线路规划与派样、调研员与翻译员的招募：李鹏姬、肖志杨；保险及劳务合同处理：罗心玲；信息汇总与材料收发：白富华；材料整理与后勤协调：秦国斐；物资调配：王彦斌、汤洋。调研教师督导：且增强白、黄嵩、李国栋、刘佳、普布卓玛、王发莉、王晓芳、张晓莉（首字母顺序排序，下同）；调研学生督导：白富华、白玛色珍、杜晓楠、李娜、李鹏姬、罗涛、马桂华、牟必燕、汤洋、王彦斌；调查员：尕藏措、郭子飞、李骏睿、李盼雪、罗心玲、马绍铭、秦国斐、王乾成、胥玥雯、杨慧佳、杨森；翻译员：白玛卓玛、边宗、次旦尼玛、次旦卓嘎、且增久美、且增尼玛（男）、且增尼玛（女）、且增益嘎、且增益西、且增尊追、多吉顿珠、嘎宗、贡秋卓玛、拉姆罗吉、罗布旺堆、米玛、米玛拉珍、尼玛、尼片、普布扎西、普次仁、普琼次仁、强巴益西、曲桑罗布、桑珠曲桑、索朗措姆、索朗德吉、吾金群宗、益西卓嘎、玉琼卓嘎、扎西拉姆、扎西卓玛。

感谢最最可爱的人们：农牧区受访户与调研村村委会。入户调研时，家家户户全力配合，真诚以待。他们所呈现的人性的美好，令我们动容。尽管生活并不富裕，但还是把家里最好的东西双手捧着递给调研人员。无限续杯的酥油茶，一颗颗乳白色的奶渣……像他们那般朴实无华的食物，仔细品尝，又别有一番淳重的口感。高原闭塞的环境虽在一定程度上限制了家庭、个体的发展，却为其保留了一份农牧民特有的赤子之心，他们有着未经雕琢的天真和自由！感谢调研村村委会。正是由于村委会的积极引导与尽心尽力，帮助我们加快调研进程。在闲聊中，我们感受到了新一代基层干部的党性修养，他们对自己的严格要求与对群众的责任担当。荒山下心形的沟渠是他们自身浪漫与诗意的见证，忙碌而琐碎的基层生活并没有熄灭他们内心深处向往美好的火焰。从他们身上我们能感知到，整个西藏越来越好的喜悦。观众生，见自己。我们热爱脚下的这片土地，更要将这份真心转化为切实的造福西藏的能力，这是一场"路漫漫其修远兮，吾将上下而求索"的旅途，我们仍需不断前行。

感谢报告撰写团队成员，是你们让这次"种植"结了"果实"。调查报告由杨丹、徐爱燕负责总撰设计，具体章节负责人撰写初稿，后经过杨丹、徐爱燕、辛馨等不断论证和修订，最终形成了本书。具体完工情况如下：第一章：徐爱燕、白富华；第二章：徐爱燕、胥玥雯；第三章：徐爱燕、杜晓楠；第四章：徐爱燕、杨森；第五章：师晓娟、何花、钟山；第六章：辛馨、郭子飞；第七章：臧敦刚、贺坚峰；第八章：普布卓玛、李娜；第九章：侯俊霞、何卓静、曹传锋；第十章：杨帆。统稿和校对：李娜。2023年的调查报告与2021年相比较，在继承中创新，在创新中继承。针对2021年实际调研中发现的新问题，以及老百姓关注的民生领域焦点与痛点，结合乡村振兴战略，研究专题做了一些调整，保留了普惠金融专题，增加了自生能力、合作社、电商、语言发展、家庭发展等专题。这也是我们历年研究一直保持的特色，在保留专题的同时亦有新话题的植入，以期全面系统地认识西藏民生动态。

感谢专家顾问团队的悉心指导和专业技术人员的保驾护航。衷心感谢杨铮教授为拉萨市民生发展调查项目的开展作出的开创性与奠基性工作。感谢北京大学林毅夫教授与中国国际经济交流中心王一鸣教授多次为本系列书稿作序，认可民生报告的价值，这是一种莫大的精神鼓舞。感谢人民出版社曹春编审参与组稿全过程，给出专业独到的建议。感谢西藏自治区人大常委会副主任、西藏大学党委书记尼玛次仁同志、金永兵校长、孟芳兵（第九批援藏干部，西藏大学副校长，现任武汉理工大学副校长）副校长的支持，藏学研究所（珠峰研究院）书记次旦扎西教授、藏学研究所所长兼珠峰研究院常务副院长陈天禄教授与珠峰研究院副院长鲁万波教授的厚爱，经济与管理学院赵栋材院长与拉巴次仁书记的支持。

一项公共政策调研项目，离不开相关部门的大力支持。在此特别感谢拉萨市商务局及二区五县商务局各负责人的多方协调。作为生活在这片土地上的人民，我们也切实感受到拉萨市委市政府做了大量立足长远、惠及人民的前瞻性工作。一项项改革举措、一件件民生实事传递出鼓舞人心、令人温暖的力量。如今的西藏，人与自然和谐共生，人民生活持续向好。各族人民群众越来越多地享受到了"稳稳的幸福"。

以上，祝好。行文至此，落笔之处。付梓出版的书稿难免存在一些疏漏，敬请读者批评指正。

徐爱燕

2023 年 4 月于拉萨

责任编辑：曹　春

封面设计：汪　莹

图书在版编目（CIP）数据

拉萨市农牧区民生发展调查报告.2023 / 徐爱燕，杨丹，辛馨 著 . — 北京：

人民出版社，2023.12

ISBN 978 − 7 − 01 − 026053 − 2

I.①拉⋯　II.①徐⋯②杨⋯③辛⋯　III.①居民生活 − 调查报告 − 拉萨 − 2023

IV.① D668

中国国家版本馆 CIP 数据核字（2023）第 244515 号

拉萨市农牧区民生发展调查报告（**2023**）

LASASHI NONGMUQU MINSHENG FAZHAN DIAOCHA BAOGAO (2023)

徐爱燕　杨丹　辛馨　著

人 民 出 版 社 出版发行

（100706　北京市东城区隆福寺街 99 号）

北京盛通印刷股份有限公司印刷　新华书店经销

2023 年 12 月第 1 版　2023 年 12 月北京第 1 次印刷

开本：710 毫米 ×1000 毫米 1/16　印张：22.25

字数：300 千字

ISBN 978 − 7 − 01 − 026053 − 2　定价：98.00 元

邮购地址 100706　北京市东城区隆福寺街 99 号

人民东方图书销售中心　电话（010）65250042　65289539